2021年度国家社科基金项目"英雄人物对社会主义核心价值观的传播作用研究"(21BKS006)结项成果

英雄人物对社会主义核心价值观的传播作用研究

田海舰 ◎ 著

中国社会科学出版社

图书在版编目（CIP）数据

英雄人物对社会主义核心价值观的传播作用研究 / 田海舰著. -- 北京：中国社会科学出版社，2025.5. -- ISBN 978-7-5227-4881-8

Ⅰ. D616；G206.2

中国国家版本馆 CIP 数据核字第 2025PP3479 号

出 版 人	赵剑英
责任编辑	刘　艳
责任校对	陈　晨
责任印制	郝美娜

出　　版	中国社会科学出版社
社　　址	北京鼓楼西大街甲 158 号
邮　　编	100720
网　　址	http://www.csspw.cn
发 行 部	010-84083685
门 市 部	010-84029450
经　　销	新华书店及其他书店
印　　刷	北京君升印刷有限公司
装　　订	廊坊市广阳区广增装订厂
版　　次	2025 年 5 月第 1 版
印　　次	2025 年 5 月第 1 次印刷
开　　本	710×1000　1/16
印　　张	16.75
插　　页	2
字　　数	210 千字
定　　价	98.00 元

凡购买中国社会科学出版社图书，如有质量问题请与本社营销中心联系调换
电话：010-84083683
版权所有　侵权必究

目录

绪　论 / 1

第一章　英雄及英雄精神概述 / 23

第一节　英雄和英雄精神的历史文化渊源 / 23

　　一　人类英雄文化 / 23

　　二　英雄人物、英雄精神在西方的历史渊源 / 25

　　三　英雄人物、英雄精神在中国的历史渊源 / 32

第二节　历史唯物主义"人民英雄"观的生成逻辑 / 39

　　一　马克思、恩格斯"人民英雄"观的创立 / 39

　　二　历史唯物主义"人民英雄"观生成的理论逻辑 / 41

　　三　历史唯物主义"人民英雄"观生成的实践逻辑 / 44

　　四　历史唯物主义"人民英雄"观的基本内涵 / 46

第三节　英雄的本质定位和价值底蕴 / 66

　　一　英雄的本质定位 / 66

　　二　英雄的价值底蕴 / 74

第四节　英雄精神的思想内涵和时代价值 / 79

　　一　英雄精神的思想内涵 / 79

二　英雄精神的时代价值　／87

第二章　英雄人物及精神与社会主义核心价值观的内在契合　／97

  第一节　社会主义核心价值观概述　／98

　　一　社会主义核心价值观的表现形态　／98

　　二　社会主义核心价值观的内涵功能　／102

　　三　社会主义核心价值观的基本特征　／109

  第二节　英雄人物及精神与社会主义核心价值观的契合　／111

　　一　英雄人物及精神与社会主义核心价值观
      内在契合的主要表现　／111

　　二　英雄人物及精神与社会主义核心价值观
      内在契合的时代必然　／123

　　三　英雄人物及精神与社会主义核心价值观
      内在契合的基本特点　／127

第三章　英雄人物对社会主义核心价值观的传播作用、过程和规律　／133

  第一节　英雄人物对社会主义核心价值观的传播作用　／134

　　一　英雄人物在社会主义核心价值观传播中具有
      巩固和拓展作用　／134

　　二　英雄人物在社会主义核心价值观传播中具有
      诠释和建构作用　／137

　　三　英雄人物在社会主义核心价值观传播中具有
      引领和强化作用　／139

　　四　英雄人物在社会主义核心价值观传播中具有
      规范和协调作用　／141

五　英雄人物在社会主义核心价值观传播中具有
　　　　熏陶和升华作用　/ 143

　　六　英雄人物在社会主义核心价值观传播中具有
　　　　示范和引领作用　/ 146

　　七　英雄人物在社会主义核心价值观传播中具有
　　　　激励和鞭策作用　/ 147

　　八　英雄人物在社会主义核心价值观传播中具有
　　　　唤醒和激活作用　/ 148

　　九　英雄人物在社会主义核心价值观传播中具有
　　　　辨识和警示作用　/ 148

　　十　英雄人物在社会主义核心价值观传播中具有
　　　　团结和凝聚作用　/ 149

第二节　英雄人物对社会主义核心价值观的传播过程　/ 150
　　一　选择事实阶段　/ 151
　　二　转换事实阶段　/ 152
　　三　信息接受阶段　/ 154
　　四　信息反馈阶段　/ 155

第三节　英雄人物对社会主义核心价值观的传播规律　/ 157
　　一　传播效用规律　/ 157
　　二　相对价值规律　/ 159
　　三　梯度转移规律　/ 160
　　四　信息循环规律　/ 161

第四章　英雄人物传播社会主义核心价值观的现实考察和
重大意义　/ 164

第一节　英雄人物传播社会主义核心价值观的现实考察　/ 164

一　英雄人物传播社会主义核心价值观存在的
　　　　薄弱环节 ／165
　　二　英雄人物传播社会主义核心价值观的
　　　　影响因素 ／168
　　三　英雄人物传播社会主义核心价值观需要
　　　　克服的不良倾向 ／172
第二节　英雄人物传播社会主义核心价值观的重大意义 ／177
　　一　英雄人物传播社会主义核心价值观的学理价值 ／177
　　二　英雄人物传播社会主义核心价值观的现实意义 ／187

第五章　英雄人物传播社会主义核心价值观的对策分析 ／194
第一节　英雄人物传播社会主义核心价值观秉承的
　　　　基本理念 ／194
　　一　代表社会主义核心价值观内容的先进性 ／195
　　二　坚守社会主义核心价值观本质的人民性 ／195
　　三　鉴证社会主义核心价值观理念的正确性 ／197
　　四　确保社会主义核心价值观认同的实效性 ／199
第二节　英雄人物传播社会主义核心价值观遵循的
　　　　基本原则 ／200
　　一　遵循"三性一体化"原则 ／200
　　二　遵循"四性相协调"原则 ／202
　　三　遵循"五律相结合"原则 ／204
第三节　英雄人物传播社会主义核心价值观要优化
　　　　传播路径 ／207
　　一　强化主体效能 ／207
　　二　创新内容生产 ／209

三　丰富呈现形式　/ 211

四　活化场域联动　/ 212

第四节　英雄人物传播社会主义核心价值观要创新

　　　　传播方式　/ 213

一　找准传播着力点　/ 214

二　丰富传播载体　/ 215

三　注重仪式教育　/ 216

四　重视榜样教育　/ 217

五　推进话语范式转换　/ 218

第五节　英雄人物传播社会主义核心价值观要完善

　　　　传播机制　/ 219

一　完善传播机制　/ 219

二　拓展宣传手段　/ 220

三　强化法治保障　/ 220

第六章　英雄人物传播社会主义核心价值观的典型

　　　　案例和做法经验　/ 224

第一节　英雄人物传播社会主义核心价值观的

　　　　典型案例　/ 224

一　爱国奉献方面的典型案例　/ 225

二　爱岗敬业方面的典型案例　/ 229

三　助人为乐方面的典型案例　/ 230

四　见义勇为方面的典型案例　/ 232

五　诚实守信方面的典型案例　/ 234

第二节　英雄人物传播社会主义核心价值观的

　　　　做法经验　/ 236

一 深化宣传普及 / 236

二 引导全民实践 / 239

三 吸收优秀传统文化养分 / 241

四 增强宣传的时代感与实效性 / 242

五 建立完善多维保障体系 / 243

参考文献 / 245

后　记 / 259

绪 论

一 选题依据

习近平在党的二十大报告中明确提出:"弘扬以伟大建党精神为源头的中国共产党人精神谱系,用好红色资源,深入开展社会主义核心价值观宣传教育,深化爱国主义、集体主义、社会主义教育,着力培养担当民族复兴大任的时代新人。"[①]他在党史学习教育动员大会上的讲话中指出,在一百年的非凡奋斗历程中,一代又一代中国共产党人顽强拼搏、不懈奋斗,涌现了一大批视死如归的革命烈士、一大批顽强奋斗的英雄人物、一大批忘我奉献的先进模范,形成了一系列伟大精神,构筑起了中国共产党人的精神谱系,为我们立党兴党强党提供了丰厚滋养[②]。英雄人物及精神具有价值引领和榜样示范作用。学习英雄人物,传承英雄精神,有助于在全社会广泛践行社会主义核心价值观。中共中央办公厅在印发的《关于培育和践行社会主义核心价值观的意见》中明确提出:"大力宣传先进典型,评选表彰道德模范,形成学习先进、争当先进的浓厚风气。"[③]中共中央、国务院在印发的《关

---

① 习近平:《高举中国特色社会主义伟大旗帜 为全面建设社会主义现代化国家而团结奋斗——在中国共产党第二十次全国代表大会上的报告》,人民出版社2022年版,第44页。
② 《习近平谈治国理政》第四卷,外文出版社2022年版,第514页。
③ 《关于培育和践行社会主义核心价值观的意见》,人民出版社2013年版,第14—15页。

于加强和改进新形势下高校思想政治工作的意见》中强调："要弘扬中华优秀传统文化和革命文化、社会主义先进文化，实施中华文化传承工程，推动中华优秀传统文化融入教育教学，加强革命文化和社会主义先进文化教育。"① 英雄精神作为中华优秀传统文化、革命文化和社会主义先进文化的有机组成部分和重要内容，对于广泛践行社会主义核心价值观具有引领和示范作用。研究英雄人物对社会主义核心价值观的传播作用，对于新时代新征程全面建设社会主义现代化国家、全面推进中华民族伟大复兴，无疑具有重要的学术价值和强烈的现实意义。

（一）国内外相关研究

党的十八大以来，如何利用各种手段和方式提升社会主义核心价值观的传播实效，增强认知认同和自觉践行，成为学术界、理论界关注和研究的热点之一。

关于社会主义核心价值观的传播，相关国家级课题立项10多项，学界成果比较丰硕。总的来看，主要分布在马列·科社、中共党史党建学、新闻学与传播学等学科，研究视角和背景集中于新时代、全球化、大数据、全媒体、新媒体、微时代、"一带一路"、乡村振兴等维度，传播载体涉及数字媒体、动画动漫、流行音乐、民谣童谣、传统礼仪、国家仪式、电视公益广告、网络流行语、红色文化、校训校歌，内容涵盖传播存在的问题、面临的挑战、实现路径、机制创新、应对策略等方面。已有学术成果大多着眼于探究传播社会主义核心价值观的意义、载体、路径、策略等问题，只有少部分从宏观角度对传播体系、传播规律、传播机制等问题进行了研究。

---

① 《中共中央国务院印发〈关于加强和改进新形势下高校思想政治工作的意见〉》，《人民日报》2017年2月28日。

关于英雄人物在价值观传播中的地位作用，学者普遍认为英雄是民族精神和社会主义核心价值观的集中表现。宇文利指出，英雄是国家的财富、民族的脊梁，是指导民众和带领民众奋勇前进的旗帜，象征了国家和民族的精神品质，学习英雄、敬仰英雄的优良传统是中国人生存与行为世界的主流价值取向①。韩立新等认为，英雄是一个国家、一个民族在既定时代和社会进程中的"价值观符号"②。柳礼泉、庞申伟认为，英雄精神较之于英雄事迹而言，更具有永恒性与抽象性的特征，是社会主义核心价值观的基础；英雄精神为社会主义核心价值观提供丰厚的"精神资源"，也是社会主义核心价值观的"现实载体"③。张明仓则认为，英雄文化是培育英雄模范和锻造英雄精神的土壤，是维系国家进步和民族发展的基因血脉，是孕育英雄精神、不懈前行奋斗的内生力量，能够引领方向、振奋人心、鼓舞士气、凝聚力量，其中，英雄精神是人类向上向善的动力，是文明发展不可或缺的基因④。庄文城指出，英雄是时代的精神坐标，是民族复兴的先锋，是广大人民群众奋勇前进的旗帜；英雄精神体现了中国人的主流价值取向和价值共识；英雄是进步价值观的杰出代表，英雄文化是社会主义核心价值观中最为丰厚的精神养料⑤。张正江则从美育角度阐明了革命英雄的行为表现出的不屈意志和强大生命力量，能够唤起人对自身使命和生命力量的崇敬，让人们直面生命，追问生命的价值和意义⑥。唐勇主张，英雄精神是实现中华民族伟大复兴中国梦的重要动力，是培育和践行社会主义核心价值观的重要途径，是引领时代主流

---

① 宇文利：《中华民族永远需要英雄》，《中国教育报》2015年9月16日。
② 韩立新、张秀丽、杨新明：《英雄淀、歌淀：白洋淀文化建设的意象隐喻——基于雄安地区英雄人物的文献分析》，《现代传播（中国传媒大学学报）》2018年第7期。
③ 柳礼泉、庞申伟：《英雄精神涵养核心价值观》，《思想政治工作研究》2015年第11期。
④ 张明仓：《英雄文化的反思与重构》，《南京政治学院学报》2016年第5期。
⑤ 庄文城：《论英雄爱国的价值捍卫与时代传承》，《思想教育研究》2018年第4期。
⑥ 张正江：《革命英雄故事是生命教育的重要课程资源》，《当代教育科学》2006年第4期。

文化和社会风尚的重要源泉,是增强国家软实力的重要组成部分①。许多学者提出,应当利用英雄事迹及精神进行社会主义核心价值观教育,但至于怎样利用并未进行深入研究。

关于英雄精神与社会主义核心价值观的关系,学者阐明两者具有内在一致性。柳礼泉等认为,二者在价值要求上具有高度的一致性,弘扬英雄精神有利于从情、理、意、行四个维度涵养社会主义核心价值观②。唐勇指出,二者在文化渊源、价值追求和思想特性上高度契合和一致,将英雄精神融入核心价值观教育,有助于丰富教育内容、拓宽教育渠道、凝聚教育力量③。李寿国等指出,英烈精神与社会主义核心价值观在具体内容上虽然有所不同,但在理想目标、精神诉求上却是相通的;二者都展现了坚定的人民立场和爱国主义精神,英烈精神中勇于担当的气魄、舍己为民的情怀、百折不挠的精神等都是社会主义核心价值观的具体表达④。何勇海指出,每一个人都存有英雄的情结,需要重视和发掘,尤其应该侧重于对青少年的教育,关注青少年英雄精神的素质养成⑤。王月指出,英雄精神具有丰厚的文化底蕴和历史底蕴,是社会主义核心价值观的形成养料,也是当代学生价值观形成的重要精神基础,发挥着良性引导作用,有助于学生自我价值意识形成和道德品质提升⑥。高秀芝认为,英雄观对个体的行为活动起着引领和导向作用,其所具有的德育价值主要包括:正确"英雄观"的建构,有利于提高青少年道德辨别能力;英雄的励志作用,可以激励青

---

① 唐勇:《捍卫与传承:英雄精神的当代价值及实现路径》,《思想教育研究》2019年第2期。
② 柳礼泉、庞申伟:《英雄精神涵养核心价值观》,《思想政治工作研究》2015年第11期。
③ 唐勇:《捍卫与传承:英雄精神的当代价值及实现路径》,《思想教育研究》2019年第2期。
④ 李寿国、赵叶子、黄克勤:《新时代英烈精神的科学内涵和价值传承》,《理论导刊》2020年第8期。
⑤ 何勇海:《素质教育应注重激发"英雄情怀"》,《吉林日报》2018年5月21日。
⑥ 王月:《英雄精神对大学生价值观塑造研究》,《现代交际》2020年第20期。

少年建立崇高的人生目标；学习英雄的品质，有利于全面提高青少年的道德素质①。

关于英雄人物引领社会主义核心价值观的现实考察，学者们从多个角度进行研究论述。一方面，针对当前英雄教育薄弱的现状，羊森概括了英雄在校园隐退的五大原因：学生缺乏对英雄的信仰，学生个性意识的虚妄化，文化生活、精神生活的粗俗，个体情感的淡漠，功利化的教育目的②。王雪梅等则归纳出英雄教育收效差的三大原因：一是对英雄典型的学习周期太短，影响学习效果；二是信息资源共享度低，导致教育影响范围狭窄；三是承载体缺乏艺术性，对学生的吸引力低③。高秀芝指出，当代青少年英雄教育失效的原因在于：青少年没有形成合理的英雄观，对英雄的理解有片面的、简单化的误区；对英雄的认知过于书面化、标签化④。另一方面，一些学者进一步指出应当利用英雄及其事迹进行价值观教育。对于如何利用英雄人物及事迹进行传播，唐勇认为，需从"坚定理想信念、厚植爱国情怀、加强品德修养、培养奋斗精神、构建育人合力"上下功夫，最终实现立德树人的目标⑤。莫冠指出，要充分汲取英雄文化的教育激励价值，通过挖掘英雄文化的教育元素，宣传英雄文化的价值理念，颂扬民族英雄的人格魅力，提升大学生的价值选择与价值判断能力，树立大学生的人格崇拜⑥。刘涛提出，要将英雄情怀作为爱国主义教育的重要构成内容，遵循讲事实、讲情感、讲形象、讲道理的原则来传达英雄故事⑦。陆士桢主张，要让学生们深刻认

---

① 高秀芝：《德育与青少年"英雄观"的建构》，《天津教育》2007年第8期。
② 羊森：《论英雄与英雄崇拜在当今校园的隐退》，《理论观察》2013年第12期。
③ 王雪梅、但继恩：《大学生英雄模范典型育人机制》，《当代青年研究》2007年第7期。
④ 高秀芝：《德育与青少年"英雄观"的建构》，《天津教育》2007年第8期。
⑤ 唐勇：《英雄精神融入社会主义核心价值观教育略探》，《学校党建与思想教育》2019年第16期。
⑥ 莫冠：《英雄文化在大学生社会主义核心价值观培育中的实践方式》，《山西青年职业学院学报》2020年第4期。
⑦ 刘涛：《让英雄情怀融入青少年血液》，《中国教育报》2018年4月10日。

识到英雄教育的价值,不断创新教育方法,将英雄教育融入学校的日常德育工作①。崔萍等认为,要把英模精神教育贯穿到国民教育特别是中小学教育的各个阶段,渗透到精神文化产品的创作生产中,融入网络文化建设中②。

西方对英雄的研究可追溯到古希腊时期。从人类历史上来看,在社会发展进程中每个民族都有属于自己的英雄、英雄文化和英雄精神。例如,在古希腊神话中所谈的"英雄",大都性格多样、复杂而全方面,直接体现了古希腊民族精神,也具象反映了西方宗教观、命运观和人生观。荷马史诗《伊利亚特》《奥德修纪》中就有过这样的描述和记载。英国历史学家卡莱尔最早对"英雄"概念进行了深入探讨,分为神灵(如奥丁)、先知(如穆罕默德)、诗人(如但丁、莎士比亚)、教士(如路德、诺克斯)、文人(如约翰逊、卢梭、彭斯)、君王(如克伦威尔、拿破仑)等六大基本类型,并视其为历史的推动者和创造者。

美国当代心理学家菲利普指出,英雄是那些拥有并显示某些英雄特有属性,在处事能力方面能够随机应变、社会意识情感浓烈、持之以恒地为社会作出贡献的人。他认为,我们之所以需要英雄,是因为英雄及其行为能够使人激励自我、提升自我、改变自我,激发学习英雄的内在意识,在英雄精神中汲取奋进力量。

英雄人物和英雄形象在教育中的示范作用尤为显著。国外文献大多从教育学、伦理学视角对典型示范教育、榜样教育进行研究。在西方国家,英雄观教育在国民教育中具有举足轻重的地位和作用,并同榜样教育紧密结合。苏霍姆林斯基认为教师应不断提升自身的道德修

---

① 陆士桢:《让孩子们从心底里喜欢、崇敬英雄》,《人民教育》2018年第11期。
② 崔萍、佟庆恩、吴月冬:《英雄模范精神与建设核心价值体系》,《新长征》2007年第10期。

养,用自身的示范行为感化和引导学生,从而发挥榜样示范作用。美国班杜拉则比较全面和系统地阐述了榜样对人的道德行为的深刻影响,提出观察学习是人类间接学习的有效形式、对行动具有指导作用等重要理念①。

综上所述,学术界关于英雄人物及事迹、英雄精神和英雄文化的研究取得了不少成果,主要集中于英雄人物的内涵特征、价值示范、效应弱化及英雄形象的捍卫、英雄精神的价值和弘扬等方面的内容。然而这些研究散见于期刊和报纸,大多篇幅小、碎片凌乱,对于英雄精神与社会主义核心价值观的内在联系、英雄在社会主义核心价值观中的传播作用等问题,并未获得足够地重视和充分地揭示,缺乏总体把握和实证研究,并且还没有这方面的专著,只是有学者在著作中论及"领导干部"在社会主义核心价值观建设中的作用②,至于论文成果更是寥寥无几、门可罗雀。现有成果存在着仅对某一单个英雄或群体的事迹进行梳理,未进一步对英雄精神、英雄文化的本质做出深刻概括和提炼,特别是未能结合时代要求具体阐述英雄为何能够传播、如何传播社会主义核心价值观,在一定程度上存在着时代特征不鲜明、体系性较弱、重学理轻实践、重表象轻实质等问题和倾向。本研究立足新的时代条件,旨在深入探析英雄人物对社会主义核心价值观的传播作用,提出系统有效的传播策略和方案。

(二) 学术价值和应用价值

关于社会主义核心价值观传播,相关国家级课题有 10 多项,分布在马列·科社、新闻学与传播学学科。本研究的独特价值在于:

---

① [美]阿尔伯特·班杜拉:《社会学习理论》,陈欣银、李伯黍译,中国人民大学出版社 2015 年版,第 17 页。
② 裴德海:《从一般价值到核心价值——社会主义核心价值观培育与践行的双重逻辑》,安徽教育出版社 2013 年版,第 88—98 页。

其一，学术价值。有利于深刻理解习近平关于学习英雄人物、培育和践行社会主义核心价值观重要论述的重大意义和思想精髓，正确认识英雄精神的时代内涵和重要价值；有利于深刻理解历史唯物主义"人民英雄"观对历史唯心主义"个人英雄"观的超越和升华，更好把握"群众史观"的科学内涵和当代价值，牢固树立"人民是真正英雄"的历史观；有利于丰富和改进"四史"教育和革命英雄主义教育的内容和方法，助推新时代思想政治教育理论创新。

其二，应用价值。有利于发挥英雄人物等"重点人群"对社会主义核心价值观的传播作用，整合传播资源，拓展传播路径，优化传播方法，提升传播效能，推进社会主义核心价值观落地生根；有利于发扬光荣传统、传承红色基因，实现英雄精神代际传承，在全社会树立崇尚英雄的良好风尚，引导干部群众积极向上向善，助推中国特色社会主义文化建设和精神文明建设；有利于自觉批判和坚决抵制丑化、虚化、淡化、"污名"化英雄形象的历史虚无主义和文化虚无主义思潮，认清诋毁英雄形象的险恶目的和实质危害；有利于推进文化自信自强，增强全面实现中华民族伟大复兴的精神力量，铸就社会主义文化新辉煌。

二 研究内容

(一) 研究对象

以英雄人物对社会主义核心价值观的传播作用及实现为对象，深刻阐释其理论基础、现实必要，全面剖析其发挥的重要作用、过程规律、面临的困境，深入探索发挥最大效应的路径机制，从理论与实践结合上深刻回答英雄人物对社会主义核心价值观"何以能够传播""通过什么途径传播""怎样才能实现有效传播"这一重大课题，为新时代背景下培育和践行社会主义核心价值观构建和开拓新的学术生发点与着力点。

（二）框架思路

以习近平关于英雄人物及社会主义核心价值观的重要讲话和论述为指导，聚焦对英雄人物在社会主义核心价值观传播过程中的作用进行多维研究，对影响传播效果的因素和破解的对策进行深入探讨，对实践中涌现的典型案例和成功做法进行系统总结。

本书的主要内容与基本思路如下：

第一章，深刻阐析英雄人物和英雄精神的本质内涵

1. 阐明英雄文化的历史文化渊源。中华民族自古以来就十分注重崇尚英雄、敬仰英雄，其英雄历史可谓源远流长，其英雄文化可谓博大精深。早在先秦时期，"英""雄"二字在诗文中就借指杰出人物。三国时期，"英雄"一词被广泛使用。中国共产党几代中央领导集体一向重视英雄人物的重大历史作用。在西方，荷马史诗对英雄有过详细的描述，卡莱尔最早从理论层面对"英雄"概念进行过探讨。

2. 阐释历史唯物主义的"人民英雄"观的生成逻辑。英雄烈士为民族自觉和民族解放提供了必要的精神条件。习近平指出："人民是历史的创造者，群众是真正的英雄"①"人民是历史进步的真正动力"②"历史是人民创造的，英雄的人民创造英雄的历史"③"伟大出自平凡，英雄来自人民"④。英雄也是人民群众创造的，其本身就是人民群众中的一员。

---

① 《十八大以来重要文献选编》（上），中央文献出版社2014年版，第70页。
② 《习近平谈治国理政》第二卷，外文出版社2017年版，第189页。
③ 《习近平谈治国理政》第二卷，外文出版社2017年版，第48页。
④ 《学习英雄事迹弘扬英雄精神将非凡英雄精神体现在平凡工作岗位上》，《人民日报》2018年10月1日。

3. 阐析英雄人物的本质定位和价值底蕴。英雄的本质在于：是为了争取民族独立和人民解放，实现国家富强和人民幸福，促进世界和平和人类进步而毕生奋斗、英勇献身的先进模范人物；来自人民、来自平凡，代表人民、服务人民，扎根人民、凝聚人民。其地位表现为："为党、为国家、为人民作出奉献和牺牲"的杰出代表，"民族最闪亮的坐标"①"新时代最可爱的人"②。其品质在于：深刻诠释了"中华民族精神和社会主义核心价值观"，生动体现了"忠诚、执着、朴实的鲜明品格"③，是其所处时代的精神和道德的制高点。其价值在于：对民族独立和人民解放作出了不可磨灭的历史贡献，是"中华民族的脊梁"④，是"中国人民弥足珍贵的精神财富，永远是激励中国人民克服一切艰难险阻、为实现中华民族伟大复兴而奋斗的强大精神动力"⑤。

4. 阐发英雄精神的思想内涵和时代价值。英雄精神集中体现了社会主义核心价值观，蕴含着丰富的思想内容和高远的价值魅力。英雄精神包含爱国精神、奉献精神、奋斗精神等基本内涵，具体表现为坚定高远的理想信念、为人民服务的根本宗旨、艰苦奋斗的优良作风、实事求是的科学态度、顽强拼搏的意志品质⑥。

第二章，深入探讨英雄人物及精神与社会主义核心价值观的内在契合

1. 概要阐述社会主义核心价值观的表现形态、主要内涵及基本

---

① 《习近平谈治国理政》第二卷，外文出版社2017年版，第351页。
② 《十九大以来重要文献选编（中）》，中央文献出版社2021年版，第706页。
③ 习近平：《在国家勋章和国家荣誉称号颁授仪式上的讲话》，《人民日报》2019年9月30日。
④ 习近平：《在纪念中国人民抗日战争暨世界反法西斯战争胜利70周年系列活动上的讲话》，人民出版社2015年版，第19页。
⑤ 习近平：《在纪念中国人民抗日战争暨世界反法西斯战争胜利69周年座谈会上的讲话》，《人民日报》2014年9月4日。
⑥ 程雄飞、王先亮：《红色资源概念再分析》，《西部学刊》2017年第9期。

特征。①剖析社会主义核心价值观的表现形态。社会主义核心价值观,经历了一个历史的发展演变过程,表现为从抽象到具体、从空想到科学、从理论到实践、从革命到建设和改革的转换,存在着革命的逻辑、建设的逻辑与改革的逻辑之间的差异,在不同国家、不同历史时期有着不同的表现形态,表现为在资本主义社会中仅作为一种"思想体系和理论学说"存在的社会主义核心价值观,作为一种社会形态、社会制度的"社会主义社会"价值观。②阐释社会主义核心价值观的主要内涵。社会主义核心价值观作为观念上层建筑,是社会主义思想文化、意识形态、道德规范的综合体,实质上是对社会主义基本制度、发展道路和生活方式的反映,是社会主义的"精神自我"①。立足于国家层面而提出的"富强、民主、文明、和谐"的发展目标,立足于社会层面而提出的"自由、平等、公正、法治"的价值追求,立足于个体层面而提出的"爱国、敬业、诚信、友善"的行为准则,形成了一个政治理想、社会导向、行为准则相互联系和作用的有机整体,回答了我们要"建设什么样的国家""建设什么样的社会""培育什么样的公民"等关系国家长远发展和社会长治久安的重大问题,具有表达社会理想、宣示立国原则、引领社会思潮、凝聚社会共识、确立行为规范等社会功能和作用。③探析社会主义核心价值观的基本特征。社会主义核心价值观体现了国家意志与个人价值的统一、先进性与广泛性的统一、继承性与超越性的统一、主导性与包容性的统一、理想性与现实性的统一、稳定性与开放性的统一②。

2. 深入分析英雄人物及精神与社会主义核心价值观的内在关联与

---

① 田海舰:《论社会主义核心价值观的三个维度》,《河北大学学报(哲学社会科学版)》2012年第4期。

② 田海舰:《培育和践行社会主义核心价值观多维研究》,人民出版社2015年版,第28—34页。

亲缘契合。为英雄人物进行社会主义核心价值观传播提供本源前提、思想基础，论证其发挥传播作用的可能性与可行性。①二者具有一致性。英雄人物作为社会价值的标杆，与社会主义核心价值观有紧密的内在关系和相互支撑，都是实现国家富强、民族振兴、人民幸福、社会发展的推动力，共同服务于满足全体社会成员的精神需求①，具有价值理念的一致性、指导思想的一元性、终极目标的同向性②。英雄人物是社会主义核心价值观的坚定信仰者、积极宣传者、模范践行者，其报国为民的情怀、勤业敬业的精神、诚实守信的作风、爱人利众的品格，与社会主义核心价值观倡导的价值准则相契合。英雄精神彰显了人民立场、革命理论和阶级分析原则，展现了中华优秀传统文化的思想精髓，是对革命文化的最好继承和发展，是对社会主义先进文化的丰富和弘扬，与社会主义核心价值观在文化渊源、目标追求、思想内涵上有着密切关联。②二者具有互补性。英雄人物及精神与社会主义核心价值观相辅相成、良性互动，是"体"与"魂"的关系。英雄人物是社会价值的标杆、民族精神的脊梁、革命道德的模范，是对社会主义核心价值观的最好注脚，是"具象"的、"行走"的社会主义核心价值观。英雄人物与事迹是社会主义核心价值观的丰富养料、实践样本，丰富着其教育内容和传播方式③，为其传播提供思想资源、现实载体、方法手段，对其起着涵养与滋养作用，从信仰高度赋予其培育的原动力，提升其培育的耐挫力，提高其培育的向心力。社会主义核心价值观孕育、激励、引领人们成为英雄，为英雄的涌现创造良好社

---

① 王宇、张澍军：《论革命精神对社会主义核心价值观培育的支持力》，《思想政治教育研究》2017年第5期。

② 马健永、费聿辉：《论社会主义核心价值观与中国梦的内在契合性》，《学习论坛》2018年第3期。

③ 田海舰、李阁：《论英雄模范人物与事迹对社会主义核心价值观的传播作用》，《思想理论教育导刊》2021年第8期。

会条件。培育和践行社会主义核心价值观,需要大力挖掘、高度凝练、深度解读英雄人物的内涵价值,充分发挥其榜样力量、示范作用和辐射效应,通过教育、宣传、熏陶、实践等多种途径方式和体制机制,使之不断内化于心、外化于行,形成见贤思齐、崇尚英雄、争做先锋的良好社会环境和氛围。③二者内在契合的实践主体、时代必然和基本特点。中华民族创造和推动着英雄精神的生成发展,英雄精神反过来又推动着中华民族向前发展,"社会主义核心价值观是中华民族在新的历史时期的文化创造。中华民族不仅是中华传统文化的创造主体,也是社会主义核心价值观的生成主体,这是二者能够契合的主体要素"①。英雄精神具有超越时代、解决人类问题的智慧,为社会主义核心价值观的现代性生长提供了文化滋养,它们蕴藏着解决当代人面临难题的重要启示,这构成了二者内在契合的时代必然。二者彰显着先进性与大众性、理论性与实践性、现实性与超越性、传承性与创新性的统一。

第三章,系统剖析英雄人物对社会主义核心价值观的传播作用、过程和规律

1. 英雄人物对社会主义核心价值观的传播作用。①具有巩固和拓展作用。英雄人物作为具象化、可视化的社会主义核心价值观,以其感人事迹和可贵精神巩固社会主义核心价值观在话语秩序中的合法性与权威性。英雄事迹的宣传、英雄精神的弘扬,能够增强社会主义核心价值观的生动性、鲜活性,提升社会主义意识形态的渗透性、凝聚力和吸引力。②具有诠释和建构作用。英雄人物集中体现了中国共产党人和人民群众在中国革命、建设、改革的伟大实践中形成的先进道德标准和行为准则,诠释着社会主义核心价值观的丰富内涵,建构起

---

① 王新刚:《论中华优秀传统文化与社会主义核心价值观的内在契合》,《思想理论教育导刊》2018年第12期。

与迥异的民众知识背景和生活背景相适应的话语体系①。③具有引领和强化作用。英雄人物生存和成长于具体的社会生活实践，引领并强化着人们对社会主义核心价值观的理解与认同。对英雄人物的宣传，可以坚定人们正确的政治方向，鞭策人们主动实现自我价值、自觉维护整体利益并为之不懈奋斗。④具有规范和协调作用。英雄精神及事迹通过影响社会成员的价值判断和心理定势来协调社会成员的行为准则，能使人们感受个人与社会、民族与国家之间休戚与共的关系，激发他们的情感与意志，并上升为信念和动力，以达到共同体内部行动的一致和核心价值观的实现②。⑤具有熏陶和升华作用。英雄人物的事迹及精神让人们在感受中国革命和建设道路艰难曲折的同时，不断提升心灵境界、努力建构理想人格。英雄精神具有超越时空的历史厚重美、奉献牺牲的青春生命美、庄严肃穆的高尚人格美③，使人们抵御腐朽思想文化和错误思潮的侵袭，为传播社会主义核心价值观扫清思想阻碍。⑥具有示范和引领作用。英雄人物与事迹是社会主义核心价值观的物质载体，以具象性的公共文化产品和服务供给的形式在社会主义核心价值观传播中起到示范和引领作用。⑦具有激励和鞭策作用。英雄人物与事迹是社会主义核心价值观的丰富养料、实践样本，对广大人民群众践行社会主义核心价值观发挥着激励和鞭策的重要作用。⑧具有唤醒和激活作用。英雄人物与事迹是社会主义核心价值观获得认同和传播的"催化剂"，可以唤醒和激活人们潜在的思想观念。⑨具有辨识和警示作用。英雄人物与事迹是对社会主义核心价值观的积极而正向

---

① 王冬云：《社会主义核心价值观阐释与传播话语的价值探究》，《延边大学学报（社会科学版）》2019年第6期。

② 田雨晴：《习近平关于英雄精神价值的重要论述探析》，《思想教育研究》2020年第12期。

③ 李霞、曾长秋：《论红色资源的教育功能及其拓展》，《湖南师范大学社会科学学报》2011年第6期。

的传播，具有对违逆思想和行为的辨识和警示作用。⑩具有团结和凝聚作用。英雄人物与事迹的宣传教育是凝聚社会主义核心价值观向心力的重要方式和手段。

2. 英雄人物对社会主义核心价值观的传播过程。①选择事实阶段。传播者要对英雄人物事迹进行全面深入地调查采访，仔细分析、反复比较、筛选过滤，选择其中新鲜的、重要的、典型的、受众感兴趣的、具有个性特点的。②转换事实阶段。传播者可以利用丰富多样的载体平台、生动形象的符号工具将英雄事迹及精神转换为喜闻乐见、贴近生活、贴近事实的形式。③信息接受阶段。英雄人物及事迹"视觉化""故事化""场景化"的感性表达形式契合了大众的接受偏好、理解习惯以及情感诉求，有利于社会主义核心价值观实现从"庙堂之高"到"江湖之远"的转变①。④信息反馈阶段。传播者研究借鉴前一行为过程的得失，通过受众研究、效果研究、民意测验等方式来获得准确的信息反馈，并据之调整和改变传播的内容与方式，扬长避短，确保达到预期传播效果。

3. 英雄人物对社会主义核心价值观的传播规律。遵循传播效用规律、相对价值规律、梯度转移规律、信息循环规律②，提升传播的辐射力、衍生性、影响力和号召力，使传播更具系统性、持久性、连续性。

第四章，英雄人物传播社会主义核心价值观的现实考察和重大意义

1. 理性分析英雄人物传播社会主义核心价值观存在的薄弱环节与影响因素。①薄弱环节主要表现为：对英雄人物的宣传存在万能化、绝对化、功利化倾向；传播内容还不够全面系统，有碎片化、零散性、"同质化"倾向；传播形式还不够灵活，有"应景化"倾向；传播对

---

① 柏路、包崇庆：《运用全媒体优化社会主义核心价值观大众化传播论析》，《思想教育研究》2020年第9期。
② 苗国厚、李净、谢霄男：《浅析网络舆情的传播途径特点规律及监测对策》，《新闻世界》2014年第10期。

象还未能达到全覆盖,没有做到回归受众本位;传播效果还不够理想。②影响因素主要体现在:在主体方面,进行传播的积极性、主动性、自觉性有待增强,对受众的主体性、差异性、广泛性的认知程度有待深入,综合素质有待提高,降低了传播的阐释力;在客体方面,表现为认知上不清、情感上不愿、行为上不想,不愿进行组织传播、大众传播、人际传播,影响了传播的接受力;在介体方面,对英雄精神内涵挖掘不深,进行传播的载体方法陈旧单一、缺乏创新,消解了传播的辐射力;在环体方面,经济层面上全球化和市场经济带来的多元挑战,政治文化层面上社会思潮和文化渗透引发的多重矛盾,社会层面上网络时代和社会转型造成的多样冲击,动摇了传播的凝聚力。③需克服的倾向主要包括:破除典型人物宣传中千人一面、移花接木、浮光掠影、求全责备的"误区",注重其贴近性、平凡性、层次性;克服脱离实际的空洞性,强化面对现实的针对性;克服"经院哲学"的说教性,强化传播宣传的生动性;克服空泛浅薄的娱乐性,强化传播宣传的严肃性[①]。

2. 深刻阐释英雄人物对传播社会主义核心价值观的重大意义。①在理论意义方面,从考察英雄人物的产生成长、先进事迹和重大贡献等维度,阐释发挥英雄人物传播作用对坚持群众史观、传承民族精神、弘扬革命文化、进行榜样教育的学理价值。②在现实意义方面,从培育时代新人、增强价值认同、坚定文化自信、抵御"普世价值"、维护意识形态安全等维度,阐释发挥英雄人物传播作用的现实必要性和紧迫性。

第五章,深入探析提升英雄人物对社会主义核心价值观传播效果的对策

[①] 田海舰:《培育和践行社会主义核心价值观多维研究》,人民出版社2015年版,第179—180页。

1. 秉承基本理念。①代表社会主义核心价值观内容的先进性；②坚守社会主义核心价值观本质的人民性；③鉴证社会主义核心价值观理念的正确性；④确保社会主义核心价值观认同的实效性[①]。

2. 遵循重要原则。①遵循方向可控律（前提）、需要引导律、双向互动律（传播主体与受众共同促进）、要素协调律（各种载体环境内容的协调）、内化渐进律（过程渐进反复需要长久引导）。②坚持价值导向性、历史真实性、实践体验性等原则，突出时代性、增强思想性、注重群众性、把握真实性。

3. 优化传播路径。①强化主体效能，巩固主阵地、拓展新阵地。利用好高校主阵地，将英雄精神融入思政课教育教学。增强新型主流媒体的主导功能，构建社会主义核心价值观大众化传播的融合媒体矩阵；发挥关键群体的作用，激活大众的主体意识；打破传与受之间的多重壁垒，搭建主体间的交流渠道。②创新内容生产，打造"有深度、有高度、有温度"的内容体系。首先，聚合优质内容，挖掘英雄人物的鲜活故事，并在故事中融入社会主义核心价值观的"符号意义"，让大众第一时间以"亲历者的身份"感受视觉的冲击与心灵的震撼。其次，注重内容创新，提升内容品质。准确把握社会主义核心价值观的核心意涵，引入受众感兴趣的新题材和新观点。最后，调动情感逻辑，增强人文关怀。打造具有"调查性""解释性""故事性"的内容链条，通过故事化的叙事方式，加强传播的精准化和感染性。③丰富呈现形式，增强对抽象议题的视觉。从大众的具体生活实践出发，直面其生活图景以提炼出大众的共识性议题。利用各种图像资源与现代化的视觉手段激发大众兴趣。营造隐性教育环境，强化对受众喜爱偏好以及群体特征的分析研判，充分运用多感官、交互性、沉浸式的场景

[①] 田海舰、李阁：《论英雄模范人物与事迹对社会主义核心价值观的传播作用》，《思想理论教育导刊》2021年第8期。

应用技术,打造符合受众接受习惯的价值场景,为受众营造一种"共同在场"的真实感受,提升传播的感染力与亲和力①。④活化场域联动,实现"全圈域"渗透。加强爱国主义、集体主义、社会主义、"四史"教育,有机有效融入新时代公民道德建设和国民教育全过程。

4. 创新传播方式。①找准传播着力点,进行系统性宣传。在逐步渗透中进行自我教育,在启发引导中进行自我约束,在潜移默化中进行熏陶感染。②丰富传播载体,展开立体式宣传。充分运用大数据、物联网、全媒体,利用好大众传媒载体、活动载体、典型载体。充分运用红色资源,利用重大事件时间节点,参观革命纪念馆、革命博物馆、革命家故居、烈士陵园等。③注重仪式教育。在英雄人物牺牲纪念日、诞辰日,在开学典礼、毕业典礼,在节日庆典、座谈会、研讨会,通过雕塑、影视、舞蹈等多种艺术形式,开展红色文化专题实践活动。④重视榜样教育。正确有效地选树典型,准确扎实地采访典型,鲜活生动地报道好典型,真正展现出英雄的人格力量,发挥英雄精神、英雄事迹引导人、激励人的作用。⑤推进话语范式转换。转化话语形式,从单一主体灌输向双主体对话转换,从政治话语、主流话语、显性话语、精英话语、文本话语、学术话语、传统话语向大众话语、生活话语、通俗话语、情感话语、现代话语转换,提升话语表述能力,提高话语实效。

5. 完善传播机制。①构建党政领导、资源协调、反馈评估系统传播机制。坚持"党管媒体"原则,政府做好"把关人",掌控好传播的"议程设置"和"拟态环境",围绕传播力、引导力、影响力和公信力来构建社会主义核心价值观传播的评价指标体系,强化传播主体的自我评价功能、受众的价值评价功能、专业机构的事实

---

① 柏路、包崇庆:《运用全媒体优化社会主义核心价值观大众化传播论析》,《思想教育研究》2020年第9期。

评价功能,形成一个"监督、评价、反馈、监管、矫正"的评价链条。②完善机制建设,坚持定期、追踪、分期的可持续性宣传。开发传播的大数据评价系统与人工智能评价平台,规范"收集、处理、分析"的评价流程。通过数据的量化分析和人工智能的质化分析检视传播的覆盖率、送达率、亲和力和有效性[①]。③强化法治保障。就立法而言,制定主流意识形态传播的专门法,明确规定监督监管的原则、内容、程序、责任等。就执法而言,提升相关工作人员的政治素养、法律素养和媒介素养,加强法律法规培训,做好舆论引导的普法教育。就司法而言,对于不法分子"零容忍",视情节严重程度依法予以惩罚。

第六章,系统总结英雄人物传播社会主义核心价值观的典型案例和做法经验

英雄人物在爱国奉献、爱岗敬业、助人为乐、见义勇为、诚实守信、孝老爱亲等方面,充分彰显了社会主义核心价值观。本章从现实生活实践层面梳理和总结英雄人物传播社会主义核心价值观的典型和经验。

(三) 重点难点

1. 探析英雄人物及事迹所蕴含的英雄精神与社会主义核心价值观的逻辑关联。

2. 探究英雄人物对社会主义核心价值观的传播作用、传播过程、传播规律。

3. 探析发挥英雄人物对增进社会主义核心价值观传播作用和效果的路径机制。

---

① 柏路、包崇庆:《运用全媒体优化社会主义核心价值观大众化传播论析》,《思想教育研究》2020年第9期。

(四) 主要目标

在深入挖掘英雄人物与事迹所承载的英雄精神的核心内涵和时代价值的基础上，深刻阐析英雄人物对社会主义核心价值观的传播作用、传播过程和传播规律，构建全方位覆盖、多渠道渗透、情与理交融的传播对策体系，拓展社会主义核心价值观的培育方法和路径机制，提升对社会主义核心价值观科学内涵的价值认同，切实推动社会主义核心价值观在中华大地落地生根、开花结果，为全面建设社会主义现代化国家、全面推进中华民族伟大复兴提供不竭精神动力、深厚道德支撑和无穷榜样力量。

三　创新之处

(一) 研究视角的创新

发挥英雄人物对社会主义核心价值观的传播作用，对维护国家文化安全和意识形态安全、增强国家文化软实力、建设社会主义文化强国，增强对西方"普世价值"的鉴别力、抵御文化霸权主义、避免被西方道德价值釜底抽薪，具有重要现实意义和深远历史意义。以往的研究成果除少部分侧重于社会主义核心价值观传播体系或机制的宏观建构外，着眼最多的是探究传播意义、载体、路径和策略。本书从英雄人物这一"重点人群"切入，把其纳入社会主义核心价值观传播的视域中加以考量，视角新颖而独特。

(二) 学术思想和观点的创新

1. 建立在历史唯物主义基础上的"人民英雄"观，是对唯心主义"英雄"史观的超越。不同时代、不同时期的英雄人物与事迹从不同侧面昭示"人民是历史的创造者,是真正的英雄"。英雄本质上的人民性使得人人都有成为英雄的可能。英雄人物源于人民、出自人民,而且为了人民、服务人民,并仰仗人民的认同。英雄主体的平民化转向克服了传统英雄主体精英化的历史局限。

2. 社会主义核心价值观的传播过程实质上是一个大众化认同的过程;英雄人物与事迹是"具象"的、"行走"的社会主义核心价值观,两者是"体"和"魂"的关系;英雄人物具有时代性、平民性、认可性的特点,是社会主义核心价值观大众化的传播资源,在传播中具有巩固和拓展、诠释和建构、引领和强化、规范和协调、熏陶和升华、示范和引领、激励和鞭策、唤醒和激活、辨识和警示、团结和凝聚等多重作用;用英雄人物教育人、感染人,通过抓典型促一般,有助于实现社会主义核心价值观的"四化",即日常化、具体化、形象化、生活化。

3. 深化对社会主义核心价值观重要性的认识,进一步增强文化自觉和价值观自信;深入挖掘英雄人物及事迹的精神内涵,进一步发挥其榜样引领作用;加快构建社会主义核心价值观的传承体系,拓宽传播路径,进一步增强其影响力和凝聚力。这对抵御历史虚无主义、发展中国特色社会主义文化、建设文化强国意义重大而深远。

(三)研究方法的创新

以习近平关于英雄人物、社会主义核心价值观的重要论述为指导,坚持理论联系实际的基本原则,综合采用哲学、伦理学、政治学、社会学、传播学、教育学、心理学、价值学等学科的理论观点和方法,如主客体关系理论、"5W"模式理论、符号理论、接受理论、功能理论、议程设置理论、媒介理论、人际传播理论、认同理论等,对英雄人物的主要事迹、根本精神、鲜明特色进行系统分析，对英雄人物及精神、与社会主义核心价值观间的亲缘契合进行理论探讨，对英雄人物在社会主义核心价值观传播中的意义作用、现实境遇、路径方法、典型案例进行现实观照，改变单一学科研究的局限和狭隘性。

第一章 英雄及英雄精神概述

本章旨在对英雄、英雄精神的基本内涵进行深入阐释,对英雄文化的历史文化渊源进行深刻阐明,对历史唯物主义"人民英雄"观的生成逻辑进行历史分析,对英雄人物的本质定位和价值底蕴进行透彻阐析,对英雄精神的思想内涵和独特魅力进行充分阐发。

第一节 英雄和英雄精神的历史文化渊源

人类英雄文化最早起源于原始的英雄崇拜。西方的英雄主义经历了一个自"神化"到"人化"的历史性转变过程。中华民族是一个崇尚英雄而且英雄辈出的民族,其英雄历史源远流长,其英雄文化灿烂辉煌。本节旨在对英雄、英雄精神的历史文化渊源进行简要考察和梳理。

一 人类英雄文化

英雄情结存在于每一种文化形态中。在人类文明发展的历史进程中,统治者往往借助英雄文化来规范人们的价值观念和行为追求。有学者指出,所谓英雄文化,"是以英雄人物为依托、以英雄价值观为核心的观念系统和价值系统,是关于英雄观念、英雄行为、英雄精神、英雄功绩、英雄评价、英雄传承的总和"①。英雄文化的呈现多样，层次多维，一方面通过诗词歌赋、人物传记、戏剧小说弘扬开来，另一方面通过史书记载、历史传说、墓碑遗迹镌刻记忆。如此丰富的表现形式，足见世人对于英雄、英雄精神有着深刻感知、敬仰情感、尊崇意向、学习行为。

人类英雄文化起源于原始的英雄崇拜。英国历史学家、哲学家卡莱尔曾经说过："社会是建立在英雄崇拜之上的""只要有人存在，英雄崇拜就会永远存在""在一切时代和地方，英雄都受到了崇拜""英雄崇拜从没有死，并且也不可能死"②。

事实上，任何时代、任何国家、任何民族都是需要英雄的。瑞士著名心理学家荣格的"原型"理论主张，人们之所以需要英雄，源于集体无意识。人类社会发展的长河之中，每逢激流险滩，人们往往期盼有勇敢智慧的舵手掌握航向，引领未来，带领人们激流勇进，过险涉难。而这些"天降大任"的人便会成为人们赞美、崇拜、学习的对象。这种精神现象深刻于人类的内心深处。所以，在人的潜意识中都存在着对于英雄的崇拜与敬佩，埋下了英雄情结的种子。在人类社会的不断发展和演进过程之中，英雄情结始终相伴左右，扎根于每一寸人民生活的土壤，并在每一寸土壤生根发芽，不断生长。长江后浪推前浪，江山代有人才出。每个时代都会有自己时代的英雄登上历史舞台，英雄的壮举不断上演，英雄的精神未曾断裂，代代相传的英雄精神彪炳史册，上演着属于各自时代的英雄故事。

最早的"英雄"概念产生于人类的早期阶段，即野蛮与文明交

---

① 张明仓：《英雄文化的反思与重构》，《南京政治学院学报》2016年第5期。
② [英]托马斯·卡莱尔：《英雄和英雄崇拜——卡莱尔讲演集》，张峰、吕霞译，上海三联书店1988年版，第18、21、23、208页。

界的黎明时期①。在这一时期，身处于集体协作的生产生活中，个体的劳动能力与劳动工具未能充分地得以释放。人对于集体的重视与关注基于对于自然力的敬畏。对于自然力量的敬仰，冠以"自然神"的称谓。最初对自然现象的崇拜，本质上是面对自然变化给人类带来的浩劫，而对"神"进行祈祷，求得风调雨顺、山河长安。由此，在群体生活中，那些具备超乎常人的超凡智慧、体力突出的人，便被冠以英雄之名而加以赞美。可见，早期的英雄形象具有神与人的共同特质，基于人的普遍特性赋予神的特殊属性，具备了"神化"的色彩。"神"的赋能给予了英雄的"合法性"地位，成为了英雄之为英雄的充分条件。而基于早期集体协作生产生活的社会活动，面对自然所带来的巨大挑战，英勇无畏、坚韧不拔便构成了英雄精神的基本因子。

二 英雄人物、英雄精神在西方的历史渊源

西方"英雄"概念起源于古希腊时期。西方英雄主义观念经历了由"神化"向"人化"转变的历史发展过程。

在古希腊文明中，"英雄"是最常见的元素之一。古希腊时期，将神和凡人所生的子嗣称为 heros，其同义词 demigod 则为"半神"，随后 heros 演变为 hero，被国人翻译为"英雄"②。荷马史诗《伊利亚特》《奥德修纪》就对英雄进行过详细描述。古希腊的英雄往往肩负着某种使命，这些拥有优秀品质的人为完成使命饱受各种磨难，或背井离乡，或生活发生重大变故，在历练中获得强大的力量。文艺复兴运动发端前，宗教在政治领域有着举足轻重的话语权，同时其通过对于王权的

---

① 王海燕：《英雄代代传——从文学透视中国"英雄精神"常存》，《东南大学学报（哲学社会科学版）》2011年第（S1）期。
② 韩云波：《中国共产党人英雄观的形成与习近平对新时代英雄文化的创造性发展》，《探索》2020年第2期。

"神化"塑造,赋予其统治以天然的合法地位,创造众多"神化"的英雄形象统治民众。西方英雄精神大多可以在古希腊神话中找到相应的神明,所谓的"神祇至上"不外是为"合理化"天主教的政治统治所惯用的愚民手段。这一时期的宗教形式是神本主义,此时得益于神赐予"仁慈的力量",在神的帮助下,英雄们不断实现自我超越,能力觉醒。宗教中"死亡即永生"的荣誉感让英雄无惧生死,甘愿牺牲,战场成为英雄养成的训练场,杀伐成为英雄塑造的硬标准,以此彰显出英雄人物的品格、气魄、智慧与胆识。

古希腊时期,生产力发展水平并不发达,社会总体上还处于野蛮洪荒时期。此时的个人英雄主义尚处于满足原始欲望的阶段,人类形象处于原始状态,对生存环境也存在恐惧感,个人的独立意识开始觉醒。人同自然和命运抗衡,这是人在较为困难的生存条件中的英雄主义,集中表现在用暴力、战争得以获得相对掌控社会的权力。人与自然之间抗争、人与人之间的争夺,为的是必需的、有限的生活物质,个人原始的生存欲望、人的利己本性由此展现得淋漓尽致。此时的英雄人物体现在个人强壮的力量、战斗中的无畏以及竞技场上的英勇,通过战争还能获得建立安全有序的社会环境的主动权。到雅典后期,"亚西比得综合征"泛滥,个人主义盛行的最终结果是为了政治权势[①]。这是西方英雄精神的最初表现形态。在宗教统治者的催化下,英雄不断被神化,借用具有具体人格魅力的英雄作为其加强统治的手段和工具,这种神化的英雄主义背后蕴含着宗教意识和大众意识。例如,普罗米修斯因违背神的旨意,从太阳神阿波罗那里盗走火种,送给人类,给人类带来光明,因此受到宙斯的处罚。普罗米修斯违背神意,具有反抗精神,但却受到了残酷的惩罚,其根本在于对宗教统治的恐

---

① 季文:《西方英雄主义与个人主义的关系》,《学术界》2015年第5期。

惧，对于冲破"神灵"禁锢的恐惧。与此同时，人们对自然的反抗意愿却不断增强，这为文艺复兴时期的西方英雄主义转变埋下了伏笔①。正如马克思所说，"普罗米修斯是哲学历书上最高尚的圣者和殉道者"②。

天文学家哥白尼提出的"日心说"，开普勒对于行星椭圆轨道的推导以及望远镜的伟大发明，事实上实现了对"日心说"的验证。牛顿、伽利略将唯物主义带进历史舞台，宗教神学遭到严重质疑，以人本主义为核心的文艺复兴给英雄主义带来了个性解放的前提。文艺复兴时期崇尚褒人贬神，但宗教的"颜色"并未完全褪去，而是借助英雄主义助推人文主义。人文主义似乎受到基督教的启发极为明显，然而，事实上人文主义更是直接来源于《圣经》中内在蕴含的人文精神，是基督教思想挣脱封建精神枷锁后的思想创造。《圣经》表达了将赋予人以超出一切造物主的地位，上帝会拯救忠诚、正义之人的思想。宗教改革后，人们更关注内心的本能需要和情感追求，到了近代现实主义，英雄主义中出现了更多"平民化"的形象。他们出身平平，却有着出众的人格和不屈的精神，匡扶正义，为自由而战，即使遭遇种种磨难，也能一边拯救他人、一边完成自我救赎。英雄们的内心中，非常重视和强调自我价值的体现，为自由而战，为荣誉而战，孤军奋战展现出浓厚的个人英雄主义，形成了强烈的个体意识。例如，《独立宣言》宣告"人人生而平等，造物主赋予他们某些不可转让的权力，其中包括生命权、自由权和追求自由的权力"，体现出美国人对个人自由的追求与推崇。众所周知，美国是一个移民国家。一批清教徒乘着"五月花号"来到新大陆，凭借着非同寻常的胆量、坚韧不拔的意志、敢于冒险的精神，美利坚民族开启

---

① 季文：《西方英雄主义转变与宗教改革互动历史轨迹研究》，《遵义师范学院学报》2021年第1期。

② 《马克思恩格斯全集》第一卷，人民出版社1995年版，第12页。

了他们在美洲的新生活。美国是一个由不同民族融合在一起的国家，由多种来自不同国家和民族的文化综合在一起，但美国人的内心总是存有自己民族的文化，这也就决定了美国个人主义至上的核心价值观。

意大利历史学之父维柯曾经把整个人类历史进程划分为三个时代，即神的时代、英雄时代、人的时代。在他看来："（1）神的时代，其中诸异教民族相信他们在神的政权统治下过生活，神通过预兆和神谕来向他们指挥一切，预兆和神谕是世俗史中最古老的制度；（2）英雄时代，其对英雄们到处都在贵族政体下统治着，因为他们自以为比平民具有某种自然的优越性；（3）人的时代，其对一切人都承认自己在人性上是平等的，因此首次建立了一种民众（或民主）的政体，后来又建立了君主专政政体，这两种都是人道政权的不同形式。"① 在这里，"英雄时代"是从神到人的过渡时代，人的平等特性得到无限放大。维柯指出："真正英雄制度的起源，英雄制度要消除骄横的人，援救在危境中的人。"② 英雄再一次成为救世主，并成为一种制度在实践中顺利成功，这便是罗马的典范③。事实上，维柯的这种观点并没有突破唯心史观的局限，依然具有独断论的色彩与意趣。

德国古典哲学家黑格尔在《法哲学原理》中提出："公共舆论是人民表达他们意志和意见的无机方式。……无论那个时代，公共舆论总是一支巨大的力量，尤其在我们时代是如此。"④ 这一观点无疑肯定了人民群众在历史上的作用。参照人的行动、结果、动机三者不一致性的历史事实，黑格尔主张社会历史的发展存在着不以人的意志为转移

---

① [意] 维柯：《新科学》（上册），朱光潜译，商务印书馆1989年版，第28页。
② [意] 维柯：《新科学》（上册），朱光潜译，商务印书馆1989年版，第17页。
③ 韩云波：《中国共产党人英雄观的形成与习近平对新时代英雄文化的创造性发展》，《探索》2020年第2期。
④ [德] 黑格尔：《法哲学原理》，范扬、张企泰译，商务印书馆2011年版，第376—377页。

的内在规律。恩格斯对此曾经做出高度评价，深刻指出："黑格尔第一次——这是他的伟大功绩——把整个自然的、历史的和精神的世界描写为一个过程，即把它描写为处在不断的运动、变化、转变和发展中，并企图揭示这种运动和发展的内在联系。"① 在《精神现象学》中，黑格尔分析"主奴关系"时谈到，主人把物的事实上的支配权交给了奴隶，这就造成了奴隶对于物事实上的占有，而主人却成为了物的依赖者。他没有否定生产劳动在社会历史中的积极作用，而是以唯心主义的方式加以承认。黑格尔秉持英雄史观。他把万物的本原和基础归结为"绝对精神""世界理性"，认为历史不是个人随意创造的，而是决定于某种"客观精神"，英雄是绝对精神创造历史的"代理人"，而群众则是"一群无定形的东西"②。因此，群众的行为是动物式的、盲目的、自发的、野蛮的、无意识的，"人民就是不知道自己需要什么的那一部分人。知道别人需要什么，尤其是知道自在自为的意志即理性需要什么，则是深刻的认识和判断的结果，这恰巧不是人民的事情"③。他明确提出，"人民是助唱队"④，人民能做的且只能做的就是紧紧地跟随，围绕在英雄的身边，听从英雄的号令，讴歌英雄的丰功伟绩。英雄们书写历史、建功立业，而人民籍籍无名、消极被动，二者之间绝对不可能有任何共同之处。英雄人物具有持久深远的历史作用，在于他们"主持了和完成了某种伟大的东西"，"适应了时代需要的东西"，创造了"他们的时代和他们的世界的'真理'"，推动了历史的前进。因此，黑格尔热情洋溢地歌颂时代英雄是具备犀利眼光的历史人物，"他们的行动、他们的言词都是这个时代最卓越的行动、言

---

① 《马克思恩格斯选集》第三卷，人民出版社2012年版，第793页。
② [德] 黑格尔：《法哲学原理》，范扬、张企泰译，商务印书馆2011年版，第367页。
③ [德] 黑格尔：《法哲学原理》，范扬、张企泰译，商务印书馆2011年版，第362—363页。
④ [德] 黑格尔：《历史哲学》，王造时译，上海书店出版社2001年版，第230页。

词"①。他看到英雄人物作用的发挥受客观"理性"的制约，认为每个英雄人物都是许多性格特征的充满生气的总和②。拿破仑代表了"世界精神"，他"骑着马，驰骋全世界，主宰全世界"。呈现在世人眼前的历史"不是一般人民的历史"，而是英雄的历史。

英国哲学家卡莱尔根据"职业"的不同，把世界上各个国家和各个时代的英雄划分为神灵英雄、先知英雄、诗人英雄、教士英雄、文人英雄、君王英雄等六大基本类型，并给予了极高赞誉。在他看来，英雄本质上是宗教般纯洁道德——善的表达者。英雄是表现社会历史的形式，其行为活动构成了历史的内容。他认为，英雄人物是民众的领导者，并且是伟大英明的领导者，在英雄的指引之下塑造出了满足普通社会民众所需要的一切社会生活的相关事物，从这个意义上讲，英雄创造了人类的历史，世界历史就是由一部部的英雄史组成的。不仅如此，他对英雄给予了高度评价，认为英雄是人类的领袖，是历史的传奇，是普罗大众应该竭诚效仿、顶礼膜拜的典范和楷模。他甚至认为，英雄就是真正的创世者，整个世界的灵魂就是由英雄的精神凝聚而成，通过对英雄人物的了解，就得以洞见整部人类社会发展的历史③。他强调，人类社会的历史就是英雄们的传记，而只要是有人的存在，就会产生对英雄的崇拜④，它"构成了我们每一个人或民族的历史的灵魂"⑤。卡莱尔一味抬高英雄，表现英雄非凡的智慧、杰出的才能以及一切胜于普通人的形象，突出个别英雄的个体力量，夸大为社会

---

① [德] 黑格尔：《历史哲学》，王造时译，上海书店出版社2001年版，第30页。
② [德] 黑格尔：《美学》第一卷，朱光潜译，商务印书馆1984年版，第302页。
③ [英] 托马斯·卡莱尔：《英雄和英雄崇拜——卡莱尔讲演集》，张峰、吕霞译，上海三联书店1988年版，第1—2页。
④ [英] 托马斯·卡莱尔：《英雄和英雄崇拜——卡莱尔讲演集》，张峰、吕霞译，上海三联书店1988年版，第21页。
⑤ [英] 托马斯·卡莱尔：《英雄和英雄崇拜——卡莱尔讲演集》，张峰、吕霞译，上海三联书店1988年版，第4页。

发展的决定力量，而人民只不过是"惰性物质"，只有英雄才能创造"时势"，人民群众则是历史的附庸，只有紧紧跟随英雄伟人的脚步才不至于被时代抛弃，才能得以拯救。

德国哲学家尼采是权力意志论的代表人物。他在《精神的三重转变》中指出："第一境界骆驼，忍辱负重，被动地听命于别人或命运的安排；第二境界狮子，把被动变成主动，由'你应该'到'我要'，一切由我主动争取，主动负起人生责任；第三境界婴儿，这是一种'我是'的状态，活在当下，享受现在的一切。"他认为，"超人"的产生是骆驼→狮子→孩童，而这个孩童的名字就是"超人"。"超人"创造历史，如果失去"超人"，历史也就失去了事实存在的创造主体。而人民没有历史的主动创造能力，是"奴隶"，是"畜群"，是满足"超人"实现其意志的器具。显然，这是一种非常典型的英雄史观。

在西方英雄观的影响和笼罩下，胡克秉持一种"社会—生物机遇论"解释模式，从具体的社会条件和生物因素来界定和阐释英雄的产生和成长。他主张："所谓历史上的英雄就是那样一个人：在决定某一问题或事件上，起着压倒一切的影响；而我们有充分理由把这样的影响归因于他，因为如果没有他的行动，或者，他的行动不像实际那样的话，则这一问题或事件的种种后果将会完全两样。"[①] 英雄在历史的发展过程中往往从具体的历史事件中产生出来，在特定的历史时期、特定的历史事件中，发挥着压倒性的、至关重要的作用。倘若没有了英雄的精神，没有了英雄关键时刻的行为，则这个或那个历史事件的后果将会全然不同。所以，"每当必要的时候，会从茫茫人海中召唤出一批英雄来"[②]。

在西方文化中，英雄往往不屈服于天意，屡屡抗争挑战命运，如

---

① ［美］悉尼·胡克：《历史中的英雄》，王清彬等译，上海人民出版社2006年版，第107页。
② ［美］悉尼·胡克：《历史中的英雄》，王清彬等译，上海人民出版社2006年版，第38页。

不满专制、反抗神界的赫拉克勒斯,不畏艰难、勇敢前行、终斩恶魔美杜莎的柏修斯,中世纪英格兰的不屈服命运安排的罗宾汉,等等。有观点认为,国外对英雄的历史书写大致经历了一个"古典英雄"到"个人主义英雄"到"反英雄式英雄"[①]的过程。

三 英雄人物、英雄精神在中国的历史渊源

中华民族有着五千多年文明发展史,是一个崇尚英雄的民族,其英雄历史源远流长,其英雄文化灿烂辉煌。从盘古开天、女娲造人、后羿射日、愚公移山、精卫填海等神话传说开始,中华英雄悉数登上历史舞台,谱写代代相传的英雄赞歌,演绎出精彩绝伦的英雄话剧,让中华英雄文化无比璀璨夺目。

在中国历史上,"英"字最早见于战国篆书,"雄"字始见于战国古文字。在先秦时期,"英""雄"作为单音节的词使用,而非搭配使用。《尔雅·释草》写道,"不荣而实者谓之秀,荣而不实者谓之英"。这里的"英"字最先意蕴为一种草本植物。"雄"字在《说文解字》中指"鸟父也。从隹,厷声。羽弓切",本义为公鸟。《诗经·小雅·正月》说:"具曰予圣,谁知乌之雌雄!"引申指其他雄性动物。而将"英雄"从先民的原始概念之中正式转入文化语义的记载,是西汉末年班彪的《王命论》:"英雄陈力,群策毕举,此高祖之大略,所以成帝业也。"曹魏文帝时期刘劭所著的《人物志·英雄》专门记录当时英雄人物,收录了诸如孙坚、曹操、吕布、公孙瓒、刘备等数十名英雄。《人物志·英雄第八》首次明确界定"英雄"概念:"是故聪明秀出,谓之英;胆力过人,谓之雄。故英可以为相,雄可以为将。……若一人之身兼有英雄,则能长世,高祖、项羽是也。""英"内在地蕴含聪

---

① 李晓凡:《浅析外国文学中英雄形象的演变》,《赤峰学院学报(汉文哲学社会科学版)》2014年第12期。

明秀出,体现出智慧的特质,"雄"内在地蕴含果敢勇毅,展现出"勇"的特质。

刘劭认为,"英"与"雄"各有所长,只有"智""勇"双全,才可以称为"英雄"。想要成就一番事业,就必须"智""勇"皆备。聪慧者缺乏胆识,勇敢者缺乏智慧,皆不能称为英雄,故而不能成事。只有"智""勇"两者集于一身,才能被称作英雄,也才能够成为像刘邦、项羽式的英雄人物。因此,英雄一定是那些学识渊博且胆识出众的人。汉代黄石公在《素书》中指出:"德足以怀远,信足以一异,识足以鉴古,才足以冠世,此则人之英也。"[①] 在这里,英雄是品德高尚、才华横溢的人。在《汉书·刑法志》中,汉高祖说,总擥英雄、以诛秦项。在《三国演义》(第二十一回)中,曹操对英雄的界定和说明是:夫英雄者,胸怀大志,腹有良谋,有包藏宇宙之机,吞吐天地之志者也。因此,在中国古代对"英雄"的理解,多指那些智勇双全的综合性人才,而富有代表性的便是王侯将相式的历史人物。有观点认为,至明清《三国演义》《水浒传》中"稗野英雄"的出现,使得"英雄"的范围得以扩大,一切才能勇武过人者皆为英雄,此时"智慧超群"和"体力过人"成为了英雄的重要参考标准[②]。

传承上下五千年文化的中华民族是英雄辈出的民族。中华民族的英雄人物丰富多样:有原始社会的盘古、女娲和精卫等神话英雄,有"长太息以掩涕兮,哀民生之多艰"的屈原,有"林暗草惊风,将军夜引弓"的李广,有"至今窥牧马,不敢过临洮"的哥舒翰,有"待从头,收拾旧山河,朝天阙"的岳飞,有"位卑未敢忘忧国,事定犹须待阖棺"的陆游,有"人生自古谁无死,留取丹心照汗青"的文天祥,有"天下兴亡,匹夫有责"的顾炎武,有"苟利国家生死以,岂因祸

---

① (唐)赵蕤:《长短经》,陈实译注,江西美术出版社2017年版,第10页。
② 陈颖:《中国英雄侠义小说通史》,江苏教育出版社1998年版,第1—2页。

福避趋之"的林则徐，有"去留肝胆两昆仑"的谭嗣同，有"革命尚未成功，同志仍需努力"的孙中山，有"我以我血荐轩辕"的鲁迅……中华民族英雄人物延绵不绝、群星闪耀，中华民族从来不缺少英雄。

在中国，英雄精神源远流长。中华优秀传统文化中有"黄沙百战穿金甲，不破楼兰终不还"时骁勇善战、报效祖国的豪情壮志，有"宁为玉碎，不为瓦全"时无愧于英雄豪杰的精神气魄；近代以来有"为有牺牲多壮志，敢教日月换新天"时将个人利益置之度外、甘愿为党为民的无畏决心；当今有"清澈的爱，只为中国"时寄托理想、放飞青春的时代忠贞。饱经沧桑的中华文明，历史悠久的中华民族，造就了中国式英雄"捐躯赴国难，视死忽如归"的报国热情，"三军可夺帅也，匹夫不可夺志也"的坚毅品质，"长风破浪会有时，直挂云帆济沧海"的远大志向……

中国传统文化认为，天、地、人和谐统一是社会发展的最高水准，个人是融于社会之中的。英雄人物的大义和大忠都是为了整个民族、整个社会的利益，将个人利益、个人生死置之度外。自原始社会以来，中华民族的英雄都是在大一统文化下集体主义的最好展现，英雄人物往往代表着广大人民的利益，个人发展与集体发展紧密相联，英雄品格与天下众生密切相关。良好的家庭教育为人对世界的最初认识奠定基础。教师亦是一个人精神塑造的重要因素，历代名师培养学生总是用尽心力，以"忠君为国""舍生取义"的理念陶冶学生情操，帮助学生丰富自身的精神世界。每个年代都有掷地有声的诗词言论，在后续传播教育中，对后世青年产生深刻影响。每当遇到外来侵略时，爱国忧民的情怀促使英雄人物怀着以天下为己任的精神，毅然走向抵御外敌的道路，实现自己的报国之志，即使受命于危难之际，仍能克服艰难险阻，极力挺身而出，挽救危亡。不论是为官，还是领导抗敌，都生命不息、战斗不止、公而忘私、公而忘家。在中国式英雄观中，国家、民族的利益可以凌驾于个人情感之上，用这种纯粹的信念和价值观作为自己的行为准则①。自古以来，中华民族崇尚集体和睦，中国式的英雄也常常表现出"超我"的大义和不屈的忠诚。无论是先贤的民族英雄，还是近现代的革命英雄，大都充满理想与血性，为了民族大义、家国情怀奋起抗争、殊死拼搏。

有观点认为，从伏羲"通神明"、禹"孝鬼神"、夏"服天命"、殷"受王命"、周"惟王受命"来看，中国历史从人文始祖伏羲开始到禹到夏商周三王皆受神明和天命之规定和制约。在中国古代哲学的视域中，"天"被视为神，统治者以天的儿子即"天子"的名义治理天下百姓。春秋时的孔子首先提出了"天命论"的思想。战国时的孟子则把这种天命论思想发展成为历史观，认为人世的一切无论是社会历史发展还是个人的穷富福祸都由天决定。西汉董仲舒认为："天子受命于天，诸侯受命于天子，子受命于父，臣受命于君，妻受命于夫，诸所受命者，其尊皆天也，虽谓受命于天亦可。"（《春秋繁露·顺命》）在他看来，君为臣纲、父为子纲、夫为妻纲，"三纲"是天的意志，这就将历史宿命论提升到历史哲学和政治哲学高度。古人认为，英雄大多出自王侯将相等社会上层人物，鲜有普通平民百姓成为英雄。古人对英雄人物和英雄精神还只是秉持一种朴素的态度，对英雄人物的认识停留在将历史的变革系于个人一身，认为英雄人物在社会变革的过程中起着决定性作用，这样，中华传统英雄观就具有英雄史观和个人英雄主义色彩。

中国共产党成立之前，当时的知识阶层、学术界为拯救社会、挽救民族危亡，更多地是受西方"英雄"观念的影响。1899年，梁启超

---

① 李洁：《中西方影视作品中的英雄主义对比研究》，《文学教育（上）》2017年第1期。

在撰写的《英雄与时势》中认为："果为英雄，则时势之艰难危险何有焉""故有路得，然后有新教；有哥伦布，然后有新洲；有华盛顿，然后有美国独立；有俾士麦，然后有德国联邦""故英雄之能事，以用时势为起点，以造时势为究竟"①。

1911年，《民国报》创刊开篇"时评"声称，西方有华盛顿、卢梭、格兰威尔、西乡隆盛、马志尼等"造时势之英雄"，而"今环顾吾国，造时势之英雄谁乎"。对此，毛泽东在党的七大召开期间曾回忆说："进了学校，也只晓得几个资产阶级的英雄，如华盛顿、拿破仑。"②那一时期，在人们的思想认识里，"西方英雄"逐渐取代了"传统英雄"。但不可否认的是，我国知识阶层大多受西方英雄文化观念的影响和冲击。

需要指出的是，中国社会中有一种特殊的侠义精神。侠士有着各种优良品质，例如，淡泊名利、重义轻死、行侠仗义、为平民百姓或公平正义打抱不平、深受推崇与爱戴。侠义精神是在现实土壤中生成的，是社会不公背景下的产物和反映。春秋战国时期，争战频仍，社会秩序严重失衡，底层百姓民不聊生，侠义之道便应运而生。同时，侠义精神也逐渐演变成大众对现实不满的一种心理诉求，成为当困难与挫折横亘在人生道路上的某种精神寄托。汉代是侠义精神发展的关键时期，是游侠发展的鼎盛时期。汉代涌现了一批大侠，他们有着较为明确的行事准则，道义成为了侠义精神的核心内涵。汉代侠义精神开始突破物质维度，成为一种社会风尚而影响着无数世人，特别是为当时的"士气"被注入了一股"侠气"，使得侠义精神上升了一个高度③。侠义精神的充实，是被赋予了世俗和道德的内涵，集中体现着社

---

① 李华兴、吴嘉勋编：《梁启超选集》，上海人民出版社1984年版，第95—97页。
② 《毛泽东文集》第三卷，人民出版社1996年版，第290页。
③ 参见刘薇《侠义精神在我国文学中的渊源》，《语文建设》2013年第26期。

会公平正义等社会理想。

总的来看，在马克思主义"人民英雄"观诞生之前的历史时期，由于生产力水平低下，科技不发达，剥削阶级的偏见使得他们经常有意歪曲社会历史，唯心主义英雄史观长期居于中西方社会意识的主流地位。英雄史观主张，世界上存在的某种神秘力量如天命、上帝主宰着历史发展的进程。古希腊哲学家苏格拉底认为，世界上的一切事物和秩序都是出于神意的安排。哲学家柏拉图认为，尘世的各种社会现象都是由理念决定的。晚期希腊斯多葛派的芝诺认为，世界是由必然性或神意支配的。中世纪经院哲学家奥古斯丁认为，上帝是一切历史事件的原因。而这些伟大人物的出现正是由所谓的天命和上帝意志授意，从而替它们来履行决定权，站在历史的交叉路口上做出抉择，主宰人民群众的命运。历史的发展是由少数英雄人物和帝王将相决定的。

历史唯物主义的"人民英雄"观与唯心主义的"个人英雄"观有着本质区别和原则界限，主要体现在：

其一，对英雄的理解不同。究竟谁是英雄？其基本内涵是什么？其评判标准是什么？不同的人有着不同的回答，不同的历史观有着不同的界定。英雄史观所说的"英雄"是某些帝王、将相、豪杰、精英、贤达。而马克思主义英雄观与其迥然相异，在本质上有所不同，所推崇的英雄来源于广大的人民群众，是其中的杰出代表、先进人物、模范先锋。这些英雄不是站在人民群众的对立面，彼此分隔划分出泾渭分明的界限，而是彼此水乳交融、亲密无间的关系。英雄不是高高在上的一副"救世主"姿态，更不是"孤胆英雄"，而是来自人民群众、一刻也不能脱离人民群众[①]。

其二，对谁是创造历史的决定力量的看法不同。就这一问题，存

---

① 张明仓、洪超印：《捍卫英雄就是捍卫我们的价值观》，《求是》2016年第3期。

在两种不同观念。英雄史观从社会系统结构中的精神维度出发，认为社会意识作为前提和基础对社会存在具有最终的决定作用，无限夸大了杰出人物的个人力量，忽视甚至否认占大多数的人民群众对于历史发展的推动作用。青年黑格尔派分子布鲁诺·鲍威尔1843年在综述《文学总汇报》纲领时称，"迄今为止，历史上的一切伟大活动之所以从一开始就是不成功的和没有实际成效的，就是因为它们引起了群众的关怀和唤起了群众的热情"①。德国哲学家尼采指出，"超人"作为"超越人的人"能够无限地影响历史，是一种理想人格的最高体现，与之相对，群众则是"奴隶"和"畜群"，是"超人"用以表达意志的手段与途径。在我国，宋代哲学家陈亮曾经引述蔡谟的话说："创业之事，苟非上圣，必由英豪"②。他指出："余备录古之英豪之行事，以当千里马之骨。诚想其遗风以求之"③。近代学者梁启超突出强调历史是英雄的舞台，无英雄则无历史。在他看来，英雄具有一种扭转历史的关键力量，人民群众就仿佛是被牵引的羊群，在历史发展中随波逐流、无所作为。胡适认为，英雄人物"一言可以兴邦，一言可以丧邦"。唯心主义英雄史观或者认为英雄的出现是"天授""天意"的结果，或者讴歌英雄事迹、鼓吹英雄崇拜，或者忽略、贬低人民群众在历史上的创造作用，都把个别杰出人物的思想、意志夸大为社会发展的决定性力量。

唯物史观认为社会存在决定社会意识，始终坚持历史是由人民群众所创造的，脱离了广大的人民群众，作为"偶然"的英雄就不可能登上历史的舞台发挥"必然"的历史作用。与此同时，唯物史观承认英雄特别是杰出人物在社会历史进程中所发挥的不可忽视的作用。正

---

① [德]弗·梅林：《马克思传》，樊集译，人民出版社1965年版，第128页。
② (宋)陈亮：《陈亮集下》(增订本)，中华书局1987年版，第240页。
③ (宋)陈亮：《陈亮集下》(增订本)，中华书局1987年版，第241页。

如马克思所指出的那样:"每一个社会时代都需要有自己的大人物,如果没有这样的人物,它就要把他们创造出来"①。每一个英雄都是他所处的时代塑造的,随着这个时代应运而生,正因为如此,失去这样的社会历史条件,就会失去支撑他产生的群众基础。列宁指出:"人民能够作出从市侩的渐进主义的狭小尺度看来是不可思议的奇迹"②。毛泽东提出,人民是"人类世界历史的创造者"③"群众是真正的英雄"④。同样,习近平多次向广大人民讲述英雄故事,赞颂英雄伟绩,弘扬英雄精神,强调抗日战争的胜利本质在于"人民的胜利",是广大人民群众共同奋斗的结果。

第二节 历史唯物主义"人民英雄"观的生成逻辑

马克思、恩格斯在创立"人民英雄"观之前,经历了一个从唯心主义向唯物主义转变的过程。本节主要分析马克思"人民英雄"观的创立过程,阐释历史唯物主义"人民英雄"观生成的理论逻辑和实践逻辑,在此基础上系统阐发"人民英雄"观的基本内涵。

一 马克思、恩格斯"人民英雄"观的创立

任何一种新理论的创立,都建立在已有思想成果基础上。马克思早就指出:"人们自己创造自己的历史,但是他们并不是随心所欲地创造,并不是在他们自己选定的条件下创造,而是在直接碰到的、既定

---

① 《马克思恩格斯选集》第一卷,人民出版社2012年版,第502页。
② 《列宁全集》第十一卷,人民出版社1987年版,第96页。
③ 《毛泽东选集》第三卷,人民出版社1991年版,第873页。
④ 《毛泽东选集》第三卷,人民出版社1991年版,第790页。

的、从过去承继下来的条件下创造。"① 有学者认为,所谓英雄观是关于如何认识、理解英雄的本质、地位以及如何对待、评价英雄的基本问题②。历史唯物主义"人民英雄"观的创立经历了一个历史演变和飞跃过程。马克思、恩格斯在创立历史唯物主义"人民英雄"观之前,在思想上经历了一个从唯心主义转向唯物主义的过程。

1841年,马克思完成大学学业。由于现实所迫、事与愿违,马克思错失了在大学任教的机会,转而从事报刊工作。在此期间,马克思在《莱茵报》与青年黑格尔派的思想阵地《文学总汇报》展开论战。1843年,青年黑格尔派的代表人物布鲁诺·鲍威尔在综述《文学总汇报》纲领时声称,没有群众的关怀和热情,一切伟大的活动是不可能成功、产生实际效果的。马克思对这种公开反对无产阶级历史使命的行径给予了坚决反击。一方面,他高度肯定了无产阶级的伟大历史作用。另一方面,他对鲍威尔等青年黑格尔派分子用"批判的武器"代替"武器的批判"的唯心主义观点展开有力驳斥,认为鲍威尔等人妄想通过哲学的批判来推动社会发生根本的变革是一种不切实际的幻想。

1843年秋,马克思在其撰写的《〈黑格尔法哲学批判〉导言》中,肯定和继承了黑格尔承认历史发展的客观规律性思想,批判了黑格尔把英雄和群众对立起来、抬高英雄和贬低群众的唯心主义历史观。马克思对黑格尔学派英雄史观的批判已经孕育着历史唯物主义"人民英雄"观的萌芽。

1844年夏,马克思、恩格斯在合著的第一部著作《神圣家族》中深刻揭露了黑格尔思辨唯心主义的秘密,对青年黑格尔派代表人物布鲁诺·鲍威尔等人"改造社会的事业被归结为批判的批判的大脑活动"

---

① 《马克思恩格斯选集》第一卷,人民出版社2012年版,第669页。
② 程东旺、彭伟兵:《习近平新时代英雄观的理论渊源、基本要旨与重大意义》,《红色文化学刊》2020年第4期。

的英雄史观进行了强烈批判。他们指出:"历史活动是群众的活动,随着历史活动的深入,必将是群众队伍的扩大。"① "历史什么事情也没有做,它'不拥有任何惊人的丰富性',它'没有进行任何战斗'!其实,正是人,现实的、活生生的人在创造这一切,拥有这一切并且进行战斗。并不是'历史'把人当做手段来达到自己——仿佛历史是一个独具魅力的人——的目的。历史不过是追求着自己目的的人的活动而已。"② 这一观点的提出实现了唯物史观在历史观领域"哥白尼式的革命",突出强调了"现实的人"的历史地位与重要作用。

1846年,马克思、恩格斯在合著的第二部著作《德意志意识形态》——被称为是唯物史观的诞生地——中明确提出:"我们首先应当确定一切人类生存的第一个前提,也就是一切历史的第一个前提,这个前提是:人们为了能够'创造历史',必须能够生活。但是为了生活,首先就需要吃喝住穿以及其他一些东西。因此第一个历史活动就是生产满足这些需要的资料,即生产物质生活本身"③ "意识在任何时候都只能是被意识到了的存在"④。他们认识到人民群众在社会发展过程中的主体作用,坚定了"人民英雄"观的唯物主义立场。19世纪四五十年代,马克思、恩格斯在对唯心史观进行彻底批判的基础上,提出了"人们自己创造自己的历史"的科学命题。

二 历史唯物主义"人民英雄"观生成的理论逻辑

马克思、恩格斯在彻底批判以宗教史观和英雄史观为代表的唯心史观的过程中创立了群众史观,奠定了历史唯物主义"人民英雄"观生成的理论逻辑。

---

① 《马克思恩格斯文集》第一卷,人民出版社2009年版,第287页。
② 《马克思恩格斯文集》第一卷,人民出版社2009年版,第295页。
③ 《马克思恩格斯选集》第一卷,人民出版社2012年版,第158页。
④ 《马克思恩格斯选集》第一卷,人民出版社2012年版,第152页。

第一，马克思强调宗教是人创造的，揭露宗教史观是空洞且毫无根据的，科学揭示了宗教产生的社会根源、历史作用和克服途径。15世纪的欧洲，宗教统治已经逐渐渗透到人们的日常生活中，占据重要地位，使哲学沦为神学的"婢女"，王权同教权紧密结合在一起，上帝享有最高的权力与荣光。社会历史在上帝的神秘启示中诞生，现实的人民只有通过对上帝的信仰，才能获得灵魂的救赎。宗教改革把人的肉体"从锁链中解放出来"，但它并没有从根本上削弱宗教的统治，反而"给人的心灵套上了锁链"，基督教变得更加世俗化和普遍化，"僧侣变成了世俗人""世俗人变成了僧侣"①。马克思将宗教产生的根源追溯到宗教和市民社会的关系，明确宗教产生的根源"不是在天上，而是在人间"②，"宗教是还没有获得自身或已经再度丧失自身的人的自我意识和自我感觉"③，从本质上来说是一种颠倒的世界观。宗教在人类社会历史发展过程中的作用是"人民的鸦片"，包含着"慰藉和辩护"双重功能。宗教通过对虚假幸福的宣扬，使人民忽视现实的苦难，从而掩盖尖锐的阶级矛盾。马克思认为，在资本主义社会中深受压迫的人民企图通过宗教解放来取得真正意义上的解放是不现实的，必须运用"物质力量"铲除宗教长期以来存在的世俗根基和现实基础。

第二，马克思、恩格斯批判英雄史观的自大与傲慢，揭示出社会历史在人类劳动活动中不断生成和发展的客观规律。在资本主义社会中，资产阶级为了维护其统治，借助抽象的"天赋人权"观念，强调私有财产的合法性。少数的、"有教养的"资产者通过雇佣劳动对劳动人民进行剥削。以布鲁诺·鲍威尔为代表的资产阶级思想家作为资本

---

① 《马克思恩格斯文集》第一卷，人民出版社2009年版，第12页。
② 《马克思恩格斯文集》第十卷，人民出版社2009年版，第4页。
③ 《马克思恩格斯文集》第一卷，人民出版社2009年版，第3页。

主义制度的辩护者，依靠"贬低、否定和改变普遍的群众来取得自己的绝对荣誉"①，将人类历史看作是"永恒真理"的简单证明。"绝对的批判把人类过去的全部经验说得如此贫乏，这首先只是证明了绝对的批判自己的贫乏"，人才是"一切真理的总和"②。马克思揭示出英雄史观的傲慢，讽刺布鲁诺先生将自己看作"批判"，看作历史发展的"积极因素"，将群众看作"消极的、精神空虚的、非历史的、物质的因素"③，忽视了人民群众的能动性和创造性。然而，"批判的批判"什么都没有创造，人民群众才是历史的创造者。在人民谋求解放的历史运动中不需要"批判的批判"来充当"救世主"，人民群众必须依靠自己的力量同统治阶级斗争才能获得最终解放。

第三，马克思、恩格斯创立群众史观，指出人民是历史的主体和实践的主体，由此从根本上奠定了"人民英雄"观生成的理论逻辑。他们正是在批判唯心史观的过程中逐步完成向唯物主义和共产主义的立场转变和思想转变，确立了从"现实的人"出发这一根本点。马克思认为："整个所谓世界历史不外是人通过人的劳动而诞生的过程"④。世界历史由人的劳动所促成。其中，"现实的人"并不是少数的、"有教养"的资产者，而是以无产阶级为代表的、真正从事物质生产劳动的人民群众。因此，群众史观具有鲜明的阶级性，主张人民通过劳动创造历史并享有作为创造者的地位和尊严。英雄并不是与人民相对立的杰出个人，而是来源于人民、代表着人民，是推动历史的车轮滚滚向前起促进作用的人民。历史唯物主义的"人民英雄"观归根结底产生于马克思主义群众史观，将人民视为英雄，极大地提高了人民的地位、尊严和荣光。

---

① 《马克思恩格斯文集》第一卷，人民出版社2009年版，第282页。
② 《马克思恩格斯文集》第一卷，人民出版社2009年版，第284页。
③ 《马克思恩格斯文集》第一卷，人民出版社2009年版，第293页。
④ 《马克思恩格斯文集》第一卷，人民出版社2009年版，第196页。

三 历史唯物主义"人民英雄"观生成的实践逻辑

历史唯物主义"人民英雄"观生成的实践逻辑,要从"人民英雄"创造历史的现实实践活动中去寻找和理解。"人民英雄"作为历史的创造者和推动者,其最终目标旨在实现共产主义的崇高社会理想和人的全面发展。

首先,"人民英雄"通过劳动创造自己的历史。在鲍威尔及其追随者看来,劳动人民虽然占据社会人口的绝大多数,但他们是鲁莽的、僵死的和无机的,缺乏主体性和创造性,只能在历史发展中随波逐流。马克思认为,历史活动是"人民英雄"的劳动活动,不是黑格尔所谓的"绝对精神"的自我运动。人类第一个历史活动就是"生产物质生活本身"①。对人类社会历史现实主体的探索不应该从"批判的批判"这一抽象的逻辑推演中开始,而应该从物质生产方式中去寻求答案。他强调指出:"这种历史观和唯心主义历史观不同,它不是在每个时代中寻找某种范畴,而是始终站在现实历史的基础上,不是从观念出发来解释实践,而是从物质实践出发来解释各种观念形态。"②人民及其社会关系是在劳动中不断发展起来的。从时间跨度上看,人类历史就是劳动者世代之间在劳动资料、劳动方式、劳动产品、劳动关系等方面的传承。同时,劳动体现出人民的自我意识、自我个性、自我价值和自我追求,在不同时期表现出不同的时代特征。"人民英雄"的精神也随历史发展一代代加以传承弘扬。但是,在阶级社会,统治阶级凭借对生产资料的掌控,建立符合其自身利益的制度、法律和文化,进而遮蔽"人民英雄"的荣光,只有在生产力水平高度发达、私有制和阶级统治被彻底消灭的共产主义社会,其光芒才能拨开迷雾得以彻底重现。

---

① 《马克思恩格斯文集》第一卷,人民出版社2009年版,第531页。
② 《马克思恩格斯文集》第一卷,人民出版社2009年版,第544页。

其次,"人民英雄"通过交往创造社会历史。个人历史与社会历史不是彼此孤立、单独存在的,而是同时发生的,在这个过程中,个人历史是构成社会历史的基本要素。社会历史不是单个人活动的简单叠加和组合,而是表现为人民自主活动相互重叠、牵引、交叉而形成的社会合力。有观点认为,"人民英雄"在劳动活动中生成了个人历史,与此同时也在日益扩大的生产交往之中推动着历史的进程。随着社会的进步与发展,劳动部门逐渐增多,分工也变得愈加精细化,人民逐渐摆脱单个人的生产活动,手工业逐步向机器大工业发展,表现为"合力"生产①。在资本主义社会,物的关系取代人与人之间的关系,在资本的掌控与统治下,人民群众形成分工与协作。由于这种分工不是出于人民的自主自愿,他们创造出来的东西变成了一种异己的力量反过来对他们自身进行奴役和压迫,产生了异化。随着生产力的发展,无产阶级的主体意识也逐渐觉醒,交往能力逐渐增强,活动边界和内容也随之扩大。正如恩格斯所指出的:"这许多按不同方向活动的愿望及其对外部世界的各种各样作用的合力,就是历史。"② 历史的产生究其根本是由多种不同方向的合力铸就的,这就说明历史是人们整体意志与动机相互影响、相互作用的结果,体现为一种历史必然性和非意志的结果,体现为一种群体效应。也就是说,个别英雄的历史动机只有遵循社会发展规律,符合最广大人民群众的利益,才能成为人民的英雄;同时,社会历史不仅包括生产交往,也包括政治、宗教、文化甚至战争等非生产性的交往活动,在资本主义社会,以工人阶级为主体的劳动人民与资本家的交往以阶级斗争的形式呈现。

最后,世界历史性的普遍交往是"人民英雄"步入未来理想社会

---

① 周康林、郝立新:《马克思"人民主体"思想的内在逻辑与当代价值》,《马克思主义研究》2019年第7期。

② 《马克思恩格斯文集》第四卷,人民出版社2009年版,第302页。

的必要条件。世界历史的产生得益于人类交往的普遍扩大,正是因为交往使原先封闭保守的状态被打破,民族之间的分工被消灭得愈加彻底,才使历史发展为世界历史。诚如马克思所说:"各个相互影响的活动范围在这个发展进程中越是扩大,各民族的原始封闭状态由于日益完善的生产方式、交往以及因交往而自然形成的不同民族之间的分工消灭得越是彻底,历史也就越是成为世界历史。"[1] 资本主义的全球扩张和掠夺打破了各民族之间彼此隔绝、封闭自守的状态,资产阶级在贸易竞争与殖民掠夺的过程中建立了世界市场,世界历史性的普遍交往也就由此形成。普遍交往使一切民族中都存在没有财产的群众,使单个的人民变成了"世界历史性的、经验上普遍的个人"[2],为共产主义的实现提供了革命力量。没有世界历史性的普遍交往,"共产主义就只能作为某种地域性的东西而存在"[3]。"人民英雄"代表着人民的根本利益,必须被赋予了"世界历史意义"才能够真正存在,"就像共产主义——它的事业——只有作为'世界历史性的'存在才有可能实现一样"[4]。

四 历史唯物主义"人民英雄"观的基本内涵

历史是由广大人民群众创造的。作为广泛参与社会实践的现实主体,人民群众是真正的英雄。实践的发展不断检验和印证了这一历史唯物主义的基本原理和观点。

(一) 肯定人民群众在社会历史发展中的英雄主体地位

历史唯物主义"人民英雄"观认为,人民是历史的创造者,群众是真正的英雄。波澜壮阔的历史画卷是人民群众共同绘制的。一个人

---

[1] 《马克思恩格斯文集》第一卷,人民出版社2009年版,第540—541页。
[2] 《马克思恩格斯文集》第一卷,人民出版社2009年版,第538页。
[3] 《马克思恩格斯文集》第一卷,人民出版社2009年版,第538页。
[4] 《马克思恩格斯文集》第一卷,人民出版社2009年版,第539页。

的力量是有限的，但是单个人所形成的整体的力量却是无限的、强大的。马克思、恩格斯在被誉为"唯物史观形成的前夜"的《神圣家族》一书中，批判了青年黑格尔派的英雄史观，阐释了人民群众在历史中的决定作用和主体地位，鲜明提出"历史活动是群众的活动，随着历史活动的深入，必将是群众队伍的扩大"[①]。恩格斯在"费尔巴哈论"中也曾明确指出："如果要去探究那些隐藏在——自觉地或不自觉地，而且往往是不自觉地——历史人物的动机背后并且构成历史的真正的最后动力的动力，那么问题涉及的，与其说是个别人物，即使是非常杰出的人物的动机，不如说是使广大群众、使整个整个的民族，并且在每一民族中间又是使整个整个阶级行动起来的动机"[②]。毋庸置疑，人民群众身上所迸发出的历史主动性和创造性，构成了推动社会发展进程的动力之源和磅礴伟力。

俄国理论家普列汉诺夫从自由与必然、偶然性与必然性、伟大人物的作用与形成条件等方面，深入阐述了个人的历史作用问题。他依据唯物史观，从超越人类英雄个体的已有规律着手，指出伟大人物会在一定程度上影响历史进程，但是从社会发展的总趋势上来看不起最终决定作用。他在《论个人在历史上的作用问题》中指出："领导人物的个人特点决定历史事变的个别面貌，并且偶然性的因素，就我们所指的意义说，在这些事变的进程中始终起着某种作用，这种进程的方向归根到底是由所谓的一般原因决定的，即事实上是由生产力的发展以及这种发展所决定的人们在社会经济的生产过程中的相互关系来决定的。"[③] 有论者对此认为，这实际上是一种社会决定论模式。

列宁在俄国革命实践中进一步丰富和发展历史唯物主义"人民英

---

① 《马克思恩格斯文集》第一卷，人民出版社2009年版，第287页。
② 《马克思恩格斯文集》第四卷，人民出版社2009年版，第304页。
③ [俄]普列汉诺夫：《论个人在历史上的作用问题》，王荫庭译，商务印书馆2010年版，第51页。

雄"观。他认为，人民群众在革命时期是新社会制度的积极创造者，"革命是被压迫者和被剥削者的盛大节日"。人民群众是自觉的历史活动家，他极其推崇人民的首创精神，确信"生气勃勃的创造性的社会主义是由人民群众自己创立的"①"在一百多年以前，创造历史的是一小撮贵族和资产阶级知识分子，工农群众则尚处于沉睡状态。因此，当时的历史的进展也只能是极端缓慢的。现在资本主义大大提高了整个文化，其中包括群众的文化。……现在千百万人正在独立创造历史"②，"俄国的整个新纪元正是靠人民的热情赢得并且支持下来的"③"没有千百万觉悟群众的革命行动，没有群众汹涌澎湃的英勇气概，没有马克思在谈到巴黎工人在公社时期的表现时所说的那种'冲天'的决心和本领，是不可能消灭专制制度的"④。他认为："只有相信人民的人，只有投入生气勃勃的人民创造力泉源中去的人，才能获得胜利并保持政权。"⑤ 他对群众的智慧和才能十分赞誉，称"千百万创造者的智慧却会创造出一种比最伟大的天才预见还要高明得多的东西"⑥。针对孟什维克的尾巴主义策略，他一针见血地批评指出："资产者忘记了微不足道的人物，忘记了人民，忘记了千千万万的工人和农民，可这些工人和农民却用自己的劳动为资产阶级创造了全部财富"⑦ "不相信群众，怕他们发挥创造性，怕他们发挥主动性，在他们的革命毅力面前发抖，这就是社会革命党人和孟什维克的领袖们最严重的罪过"⑧。他指出："工农政权办事首先考虑广大人民群众的利益"⑨，"在人民群

---

① 《列宁全集》第三十三卷，人民出版社 1985 年版，第 53 页。
② 《列宁选集》第三卷，人民出版社 2012 年版，第 472 页。
③ 《列宁全集》第十三卷，人民出版社 1987 年版，第 81 页。
④ 《列宁全集》第十七卷，人民出版社 1988 年版，第 151 页。
⑤ 《列宁全集》第三十三卷，人民出版社 1985 年版，第 57 页。
⑥ 《列宁全集》第三十三卷，人民出版社 2017 年版，第 285 页。
⑦ 《列宁全集》第十一卷，人民出版社 1987 年版，第 149 页。
⑧ 《列宁全集》第三十二卷，人民出版社 1985 年版，第 162 页。
⑨ 《列宁全集》第四十三卷，人民出版社 1987 年版，第 109 页。

众中，我们毕竟是沧海一粟，只有我们正确地表达人民想法，我们才能管理。否则共产党就不能率领无产阶级，而无产阶级就不能率领群众，整个机器就要散架"①。他形象地把那些离开群众性的工人运动、离开一般革命工作的人称为"可怜虫"②，坚决地对那些严重脱离群众的党员进行严厉的组织处理，"要达到这样的改善，就必须把脱离群众的分子清除出党……在揭露'混进党的'、'摆委员架子的'、'官僚化的'人的时候，非党无产阶级群众的意见以及在许多场合下非党农民群众的意见是极其宝贵的……这样能使我们收到很大的效果，能使党成为比以前坚强得多的阶级先锋队，成为同本阶级有更紧密的联系、更能在重要困难和危险中引导本阶级走向胜利的先锋队"③，是"生气勃勃的真正共产主义幼芽"④，必须把照管"幼芽"作胜利的先锋队。他对"星期六义务劳动"给予热情赞颂和讴歌，认为这是"极伟大的英雄主义"，是"具有世界历史意义的转变的开端"，是"共同的和首要的义务"⑤。

俄国十月革命胜利后，马克思主义开始在中国得到广泛传播。毛泽东把马克思主义基本原理同我国革命的具体实际与中华优秀传统文化成功结合起来，充分认识到人民群众的巨大价值，高度关注英雄模范的影响和积极作用，树立了"群众是真正的英雄"的观念，从而澄清了过去人们普遍认为"圣贤""超人"谱写历史、拯救世界的思想认知，成功实现了从英雄史观向"民众联合的力量最强"、人民群众才是历史的首创者的思想跨越与转型。1933年，他在《长冈乡调查》中指出，"妇女在革命战争中的伟大力量在苏区是明显地表现出来了。在

---

① 《列宁选集》第四卷，人民出版社2012年版，第695页。
② 《列宁全集》第十九卷，人民出版社1989年版，第410页。
③ 《列宁选集》第四卷，人民出版社2012年版，第560—561页。
④ 《列宁选集》第四卷，人民出版社2012年版，第18页。
⑤ 《列宁选集》第四卷，人民出版社2012年版，第16—20页。

查田运动等各种群众斗争上……都表现她们的英雄姿态与伟大成绩"①，充分肯定了苏区妇女的伟大作用。1938年，他发表的《论持久战》一文明确指出："兵民是胜利之本"② "战争的伟力之最深厚的根源，存在于民众之中"③。1941年，他在《〈农村调查〉序言和跋》中率先提出"群众是真正的英雄"④ 这一重要观点。这是中国共产党人首次在唯物史观的基础上为"英雄"重新定义了范围，为"人民英雄"的英雄观奠定了基调。1945年，他在《论联合政府》中深刻指出："人民，只有人民，才是创造世界历史的动力。"⑤ "只要我们依靠人民，坚决地相信人民群众的创造力是无穷无尽的，因而信任人民，和人民打成一片，那就任何困难也能克服，任何敌人也不能压倒我们，而只会被我们所压倒。"⑥ 1949年9月21日，他指出："在人民解放战争和人民革命中牺牲的人民英雄们永垂不朽！"⑦ 这是对人民英雄崇高地位的生动诠释和高度肯定。同时，这一口号也被写入了《中国人民政治协商会议第一届全体会议宣言》中，"人民英雄"的历史沿革上溯至1840年。1949年9月30日，毛泽东在天安门广场执锹铲土向烈士致敬，庄严地举行了人民英雄纪念碑奠基仪式。

邓小平在1980年12月的中央工作会议上曾指出，群众是我们的力量之源，群众路线和群众观点是我们的传家宝⑧。他热爱人民，曾经深情地说："我是中国人民的儿子。我深情地爱着我的祖国和人民。"⑨ 他提出在制定党和国家的各项路线、方针和政策时，要把人民是否拥

---

① 《毛泽东文集》第一卷，人民出版社1993年版，第314页。
② 《毛泽东选集》第二卷，人民出版社1991年版，第477页。
③ 《毛泽东选集》第二卷，人民出版社1991年版，第511页。
④ 《毛泽东选集》第三卷，人民出版社1991年版，第790页。
⑤ 《毛泽东选集》第三卷，人民出版社1991年版，第1031页。
⑥ 《毛泽东选集》第三卷，人民出版社1991年版，第1096页。
⑦ 《毛泽东文集》第五卷，人民出版社1996年版，第350页。
⑧ 《邓小平文选》第二卷，人民出版社1994年版，第368页。
⑨ 《邓小平思想年编1975—1997》，中央文献出版社2001年版，第349页。

护、是否赞成、是否高兴、是否答应作为最根本的出发点和落脚点。

习近平指出:"人民是历史的创造者,群众是真正的英雄。人民群众是我们力量的源泉。"① 之后,他在不同场合多次强调:"历史是人民创造的,英雄的人民创造英雄的历史。"② "人民立场是马克思主义政党的根本政治立场,人民是历史进步的真正动力,群众是真正的英雄,人民利益是我们党一切工作的根本出发点和落脚点。"③ 通过这些表述,使我们深刻体会到习近平所指出的:"人民是历史的创造者,人民是真正的英雄。波澜壮阔的中华民族发展史是中国人民书写的!博大精深的中华文明是中国人民创造的!历久弥新的中华民族精神是中国人民培育的!"④ "群众是真正英雄的历史唯物主义观点不能丢"。只有深刻铭记这一点,才能使"人民英雄"观得到空前的升华与发展。

综上所述,中国共产党人"彻底抛弃了封建主义和资本主义英雄文化的主体对象",在不断探索中建立起以"群众英雄""民族英雄""人民英雄"为主体的英雄谱系,实现了历史性的转变⑤。中国共产党通过"把工农阶级当作战争英雄与民族英雄的主体",在"无名英雄"的基础上,把英雄的主体扩大到一般群众,实现了英雄主体的平民化转向,从而打破了传统英雄主体精英化的旧局面⑥。

(二) 英雄是一定社会历史条件的产物

英雄总是生活在一定的社会关系中,处在一定的时空背景和历史条件下。从历史唯物主义的角度出发,以往置于英雄史观中的"英雄"桎梏被打破,被时势造英雄、成就英雄的理念所替代。在社会前进发

---

① 《十八大以来重要文献选编》(上),中央文献出版社2014年版,第70页。
② 《习近平谈治国理政》第二卷,外文出版社2017年版,第48页。
③ 《习近平谈治国理政》第二卷,外文出版社2017年版,第189页。
④ 习近平:《在十三届全国人民代表大会第一次会议上的讲话》,《求是》2020年第10期。
⑤ 韩云波:《论中国共产党百年英雄文化》,《西南大学学报(社会科学版)》2021年第3期。
⑥ 储成君、陈继红:《中国共产党对传统英雄观的继承与超越》,《学海》2020年第3期。

展过程中，只要物质基础殷实，满足了社会所需，可以体现时代要求和民心所向，并积极参与到社会实践活动中，就一定会有人成长为英雄。而究竟是谁成为英雄，这是一个蕴含历史必然性决定的偶然事件①。英雄人物的产生是必然性与偶然性的统一。

英雄是时代的产物，是在一定历史条件、时代环境下孕育和催生的。马克思在《1848年至1850年的法兰西阶级斗争》中指出："如爱尔维修所说的，每一个社会时代都需要有自己的大人物，如果没有这样的人物，它就要把他们创造出来。"② 由此，充分揭示了英雄人物所产生的必然性和不可或缺性。纵观整个人类历史的发展过程，就像恩格斯所说，一个伟大人物恰好在一个特定的时期，特定的国家出现，这完全是一种巧合。可是，如果没有这个伟大人物出现，那么就必然会有另一个人来取代他。就好像如果没有拿破仑，那么必然会有其他人取代他的位置。凯撒、奥古斯都、克伦威尔，还有其他一些人，每当需要有这样一个人的时候，他们就会出现③。可见，英雄人物的产生一定集时代之需、历史之需、人民之盼，是必然性与偶然性相结合孕育而成。恩格斯在评价意大利文艺复兴时说："这是人类以往从来没有经历过的一次最伟大的、进步的变革，是一个需要巨人并且产生了巨人的时代，那是一些在思维能力、激情和性格方面，在多才多艺和学识渊博方面的巨人。"④ 他认为，主要人物代表着某一阶级、某一倾向，从而也代表着某一时代的一定思想，他们的动机并非来自个人的琐碎的欲望，而是来自他们所处的历史潮流⑤。列宁指出："历史早已证明，

---

① 程东旺、彭伟兵：《习近平新时代英雄观的理论渊源、基本要旨与重大意义》，《红色文化学刊》2020年第4期。
② 《马克思恩格斯文集》第二卷，人民出版社2009年版，第137页。
③ 《马克思恩格斯选集》第四卷，人民出版社2012年版，第649—650页。
④ 《马克思恩格斯全集》第二十六卷，人民出版社2014年版，第466页。
⑤ 《马克思恩格斯全集》第二十九卷，人民出版社1972年版，第583页。

伟大的革命斗争会造就伟大人物，使过去不可能发挥的天才发挥出来。"① 习近平说："天下艰难际，时势造英雄。"②

英雄来自实践，产生于实践。毛泽东在《实践论》一文中曾指出，马克思、恩格斯、列宁、斯大林之所以能够作出他们的理论，不仅是由于他们本身的天赋，更重要的是他们还积极投身于当时的阶级斗争和科学实验的实践，如果无后面这个条件，仅靠天赋也是无法成功的③。习近平总书记也曾提出，英雄人物、英雄情怀、英雄精神的产生均源于实践，"无论是正面战场还是敌后战场，无论是直接参战还是后方支援，所有投身中国人民抗日战争中的人们，都是抗战英雄，都是民族英雄"④。

时代与英雄是相互成就的。英雄是经历时间和社会实践淘洗的文化符号，在火热的生产生活中不断涌现。时代呼唤英雄，时代磨砺英雄，时代筛选英雄，时代制约英雄，时代造就英雄。英雄的产生及其活动是历史发展的必然性和偶然性的统一。任何英雄人物都是历史的产物，都摆脱不了社会历史条件的制约。这种制约作用体现了历史的必然性。如果不具备产生英雄人物的历史条件，任何英雄人物都"永远也跨不过由可能进到现实的门阶"⑤。在这里，马克思主义英雄观、时代观科学阐释了英雄与时代的辩证关系。

(三) 肯定英雄在社会历史发展中的重要作用

马克思主义不否认英雄人物的社会存在，相反对英雄人物的历史

---

① 《列宁全集》第二十九卷，人民出版社1956年版，第71页。
② 习近平：《在颁发"中国人民抗日战争胜利70周年"纪念章仪式上的讲话》，《人民日报》2015年9月3日。
③ 《毛泽东选集》第一卷，人民出版社1991年版，第287页。
④ 习近平：《在颁发"中国人民抗日战争胜利70周年"纪念章仪式上的讲话》，《人民日报》2015年9月3日。
⑤ [俄] 普列汉诺夫：《普列汉诺夫哲学著作选集》第二卷，生活·读书·新知三联书店1961年版，第368页。

作用给予了高度关注和科学解答。那种认为马克思主义否认英雄的作用、否认英雄人物在历史上的作用的观点是把马克思主义"庸俗化"了。马克思主义英雄观主张人民群众是社会的主体,并在其中起到了无可取代的作用,同时还指出人民群众中的杰出英雄人物在促进社会发展和实现社会变革方面有着非常重要的历史意义。

英雄为民族自觉和民族解放提供了必要的精神条件。马克思、恩格斯在《神圣家族》中深刻批判了英雄创造历史的唯心史观,创造性指出人民群众是历史的真正创造者,但同时也肯定了英雄在历史发展中起着重要的作用。在他们看来,"历史不过是追求着自己目的的人的活动而已"①。马克思在致路德维希·库格曼的信中说:"这些巴黎人,具有何等的灵活性,何等的历史主动性,何等的自我牺牲精神!"②恩格斯在《德国的革命和反革命》中曾指出,无产阶级尽管他们的人数多,但也因为缺乏领袖和政治教育,更容易对所有的谣言都盲目地相信③。

俄国普列汉诺夫高度肯定英雄人物的作用。在他看来,伟人"他比别人看得远些,他的欲望比别人强烈些"④。他将处理以前社会智慧发展过程中提到的那些科学问题;他将提出新的社会需求,这些需求是由以前的社会关系发展而产生的;他将以开拓进取的精神去解决那些需求。他是一位伟大的英雄。他的英雄之名并不在于他有能力制止或改变事情的正常发展过程,而在于他的行为本身就是这种不可避免的、潜意识的发展过程的一种自觉、一种自由的表达,而这是一种了不起的力量。正是因为英雄人物比常人要站得高些、看得远些、完成

---

① 《马克思恩格斯文集》第一卷,人民出版社2009年版,第295页。
② 《马克思恩格斯选集》第四卷,人民出版社2012年版,第493页。
③ 《马克思恩格斯文集》第二卷,人民出版社2009年版,第415页。
④ [俄]普列汉诺夫:《论个人在历史上的作用问题》,王荫庭译,商务印书馆2010年版,第55页。

历史任务的愿望更强烈些,因而能够承担起历史任务的发起责任。

列宁在《什么是"人民之友"以及他们如何攻击社会民主党人?》中谈到个人的历史作用时强调:"历史必然性的思想也丝毫不损害个人在历史上的作用:全部历史正是由那些无疑是活动家的个人的行动构成的。"① 他在《共产主义运动中的"左派"幼稚病》中深刻指出:"群众是划分为阶级的;只有把不按照生产的社会结构中的地位区分的大多数同在生产的社会结构中占有特殊地位的集团对立时,才可以把群众和阶级对立起来;在通常情况下,在多数场合,至少在现代的文明国家内,阶级是由政党来领导的;政党通常是由最有威信、最有影响、最有经验、被选出担任最重要职务而称为领袖的人们所组成的比较稳定的集团来主持的。这都是起码的常识。"② 他非常注重榜样的模范带头作用,提倡把表现略微出色的人员"树为榜样"③,因为"有了榜样,仿效就会比较容易了"④。在这里,列宁充分肯定了个人在社会发展中的作用,特别是无产阶级领袖在马克思主义发展史上、世界社会主义运动史上的作用,认为这是起码的常识,来不得丝毫质疑和否定。

中国共产党人高度肯定英雄人物的重大历史作用,一向重视对英雄精神、英雄文化的传承和弘扬。瞿秋白曾这样说过:"现实的社会生活以至于艺术思想,从旧的变成新的形式,恰好用得着理想家或天才!他们是这种变革里所必需的'历史工具'。"⑤ 毛泽东指出,在中华民族长期的发展历程中,涌现出了无数民族英雄和革命领袖,中华民族

---

① 《列宁选集》第一卷,人民出版社2012年版,第26—27页。
② 《列宁选集》第四卷,人民出版社2012年版,第151页。
③ 《列宁全集》第五十二卷,人民出版社2017年版,第384—385页。
④ 《列宁选集》第四卷,人民出版社2012年版,第516页。
⑤ 瞿秋白:《瞿秋白文集(政治理论编)》第二卷,人民出版社1988年版,第302页。

有着光辉的革命传统和优秀的历史遗产①。他认为，鲁迅是在文化战线上"代表全民族的大多数"的人物，是将勇敢、坚决、忠实等品质体现得淋漓尽致的民族英雄②。中华人民共和国成立后，毛泽东把英雄人物视为推动各方面人民事业胜利前进的"骨干"、人民政府的"可靠支柱"、人民政府联系广大群众的"桥梁"③，对英雄人物的历史作用做了科学总结和高度概括。

邓小平充分肯定英雄的事迹和英雄榜样的力量，高度赞扬勤勤恳恳、扎扎实实、为人民服务的无名英雄。他指出，我们的文艺作品要在描写和培养社会主义新人方面付出更多心血，以期取得更丰硕的成果。要塑造四个现代化建设的创业者，表现他们那种有革命理想和科学态度、有高尚情操和创造能力、有宽阔眼界和求实精神的崭新面貌。要通过这些新人的形象，来激发广大群众的社会主义积极性，推动他们从事四个现代化建设的历史性创造活动④。他强调指出，我们党的教育事业一直以来秉持这样的优良传统，革命的理想，共产主义的品德就是要从小开始培养。革命战争年代，儿童团员、共青团员不乏可歌可泣的英雄业绩⑤。有观点认为，"新人""创业者""英雄人物"这些表述内含着新时代英雄所具有的全新特质，即"科学态度"、"创造能力"和"求实精神"，更辩证地、更具体地解释了社会主义新人中英雄与普通人的关系⑥。

习近平高度重视英雄人物的重大历史作用。他把传承红色基因、继承革命传统提升到事关党和国家事业全局的高度。他在毛泽东同志

---

① 《毛泽东选集》第二卷，人民出版社 1991 年版，第 623 页。
② 《毛泽东选集》第二卷，人民出版社 1991 年版，第 698 页。
③ 《毛泽东文集》第六卷，人民出版社 1999 年版，第 95 页。
④ 《邓小平文选》第二卷，人民出版社 1994 年版，第 209—210 页。
⑤ 《邓小平文选》第二卷，人民出版社 1994 年版，第 105 页。
⑥ 王海燕：《英雄代代传——从文学透视中国"英雄精神"常存》，《东南大学学报（哲学社会科学版）》2011（S1）。

诞辰120周年、中国人民政治协商会议成立65周年、中国人民抗日战争暨世界反法西斯战争胜利69周年、中国人民抗日战争胜利70周年、中国共产党成立95周年、红军长征胜利80周年、朱德同志诞辰130周年、孙中山先生诞辰150周年、中国人民解放军建军90周年等系列纪念活动中都发表了重要讲话。同时，他还针对井冈山等革命老根据地、针对文艺领域等作出了关于英雄文化的系列论述。他连续多年在新年贺词中都提到"英雄"，这是过去多年来所没有过的。他在国家勋章和国家荣誉称号颁授仪式上更是详细论述了新时代英雄的突出特征，将其凝练概括为"忠诚、执着、朴实"三大鲜明品格。

英雄人物总是从属于一定的时代、一定的阶级，总是在一定的社会历史环境和一定的阶级关系中活动的，必然带有该时代的特征和历史的、阶级的局限。因此，对英雄人物的作用要进行具体的、历史的、阶级的分析，坚持历史主义的科学态度和阶级分析的方法。唯物史观认为，英雄人物的产生、成长、发挥作用都不能离开人民群众的实践活动，只有在获得人民群众拥护和支持的基础上才能有所作为。英雄人物的个人作用，必定是和广大人民群众的集体作用密切联系而融为一体的，作为人民群众整体力量所包含的一个强有力的因素而起作用。评价英雄人物的时代贡献和历史地位，必须牢牢把握和深刻揭示历史发展的主题、主线、主流、本质。而对历史人物求全责备、鸡蛋里面挑骨头的攻击，是一种主观武断的政治涂鸦，从根本上完全违反了历史唯物主义[①]。

（四）人民群众和英雄的关系

历史唯物主义在人民群众与英雄人物的关系界定上，认为英雄人物绝不是拯救世界的"救世主"，也不是遗世独立的"孤胆英雄"，而

---

① 祝念峰、王晓宁：《不能放任历史虚无主义攻击诋毁英雄人物》，《红旗文稿》2016年第21期。

是在来自人民、依靠人民、为了人民的三重逻辑构建中形成的①。英雄人物与人民群众是"鱼水相依""血肉相连"的关系，一旦脱离人民群众，英雄人物就像古希腊神话中的安泰一样，双脚离地，丢掉灵魂，失去力量。英雄是人民群众的先进分子和杰出人物。一方面人民需要自己的英雄，另一方面英雄离不开人民、依靠人民。在唯物史观看来，后者更为根本、更为主要。

作为马克思主义的创始人，马克思、恩格斯在充分肯定英雄人物的突出贡献和重大作用的同时，又深刻揭示了任何英雄人物的产生和成长乃至其作用的发挥都是一定社会历史条件和环境的产物，根本离不开人民群众的实践活动。恩格斯曾经对卡莱尔关于英雄及其思想决定一切的唯心主义观点进行过深刻揭露和批判，特别强调生产力的发展、物质利益才是社会发展的决定力量，而英雄人物或天才人物的真正社会使命是去唤醒别人、带动别人。恩格斯对加里波第给予高度评价，认为他是"完全出乎意料之外地成了意大利的英雄"②，可以享有崇高的荣誉，因为他敢于采取迅速的行动。恩格斯认为，在某一特定时代背景下所形成的英雄人物的思想意图或者行动动机，即使是"非常杰出的人物的动机，不如说是使广大群众、使整个整个的民族，并且在每一民族中间又是使整个整个阶级行动起来的动机"③。这就科学阐明了人民群众与英雄人物的关系是辩证统一的，英雄人物的社会作用再大，也不能取代和否认人民群众的主体地位和决定性作用。

毛泽东在中国革命的实践中不断总结经验，在实践中科学地阐释了人民群众与英雄人物辩证统一的关系，认为中国革命力量的源泉

---

① 张明仓、洪超印：《捍卫英雄就是捍卫我们的价值观》，《求是》2016年第3期。
② 《马克思恩格斯全集》第十三卷，人民出版社1962年版，第413页。
③ 《马克思恩格斯文集》第四卷，人民出版社2009年版，第304页。

"存在于民众之中"①"群众是真正的英雄"②,同时又提出,"英雄豪杰"要想真正实现其巨大作用的发挥、释放出全部的能量,首要的前提就是"其原料或者半成品只能来自人民群众的实践中"③。邓小平认为,时代英雄诞生于人民之中,如果离开了人民群众,那将是非常危险的,也是非常致命的,正如他所强调的"脱离了群众,任何英雄也办不成事情"④。他明确地肯定了人民群众在社会历史发展过程中所起到的巨大作用,并对人民群众与英雄之间的辩证关系做出了深入诠释。

习近平指出:"伟大出自平凡,英雄来自人民。"⑤ 每一项平凡的工作,在新时代都有着不平凡的意义,把这些看似普通又平凡的工作做好,才能于平凡之中铸就不平凡。新时代中国特色社会主义伟大事业,需要千千万万个英雄群体、英雄人物,汇聚起磅礴力量。"伟大出自平凡,英雄来自人民"这一科学命题,内在地包含着英雄本人也是人民群众创造的,就是人民群众中的一员。很多无名英雄,无怨无悔,用自己的生命创造了奇迹,书写了不平凡的人生。中国革命及其改革的历史和实践都充分证明了,"江山就是人民,人民就是江山"。习近平关于"人民—江山"的重要论述,充分彰显了人民的历史主体、实践主体、价值主体地位,体现了合规律性与合目的性、社会发展的客观规律性与主体选择性的辩证统一。在这里,"人民英雄"观中所指的这个英雄,是植根于人民中的英雄、服务于人民的英雄、为了人民的英雄,而不是孤立于人民之外、从人民中抽象出来的空洞概念,不是简单地将二者割裂对立起来,不是封建社会中央集权专制统治下的

---

① 《毛泽东选集》第二卷,人民出版社1991年版,第511页。
② 《毛泽东选集》第三卷,人民出版社1991年版,第790页。
③ 《毛泽东文集》第七卷,人民出版社1999年版,第358页。
④ 《邓小平年谱(一九〇四——一九七四)》(下卷),中央文献出版社2009年版,第1354页。
⑤ 《学习英雄事迹 弘扬英雄精神 将非凡英雄精神体现在平凡工作岗位上》,《人民日报》2018年10月1日。

"君王—英雄"范式,不是资本主义社会中以"资本"逻辑为取向的"资本—英雄"模式。

英雄来自人民群众。英雄不是与生俱来的,亦不是凭空产生的。亿万普通人民群众在各自平凡的岗位上脚踏实地、辛勤耕耘,经过不懈努力,才铸就了新时代中国特色社会主义事业的历史性成就和伟大奇迹。时间流转变幻,但英雄出自人民群众的真理历久弥新。事实上,现代西方文化中所指的英雄是由资产阶级所打造、培树、扶持的,再现了西方传统的"精英论""拯救论",是典型的精英政治的产物。

英雄史观无视人民群众在社会发展中的主体地位,把少数英雄人物夸大为主宰社会历史前进的决定性力量,使人民群众成为少数英雄人物实现其目的的工具,推崇的是脱离群众、为剥削阶级利益服务的英雄,体现出剥削阶级维护其阶级统治的目的,奴化和麻痹人民群众,消解人民群众的斗争精神[①]。群众史观肯定了人民群众和个人在社会历史发展中都具有不可替代的作用,强调二者发挥作用的层次不尽相同,在历史发展中起着决定作用的一定是人民群众,而个人在历史发展的总体进程中只起到重要影响作用,并不能改变历史发展的总趋势和总方向。习近平批判了英雄史观中的"孤胆英雄",主张在群众史观的基础上将人民群众与英雄统一结合起来,从而推动群众史观中关于英雄的基本观点的创新性发展。

(五)对待英雄的态度

天地英雄气,千秋尚凛然。可以说,对待英雄所持的立场和态度,体现的是一个民族的政治自信、文化自信和价值观自信。陈先义认为,对英雄心存敬重,是不可触碰的道德底线,彰显的是一个民族对自身

[①] 程东旺、彭伟兵:《习近平新时代英雄观的理论渊源、基本要旨与重大意义》,《红色文化学刊》2020年第4期。

历史的尊重①。正如郁达夫 1936 年在《怀鲁迅》一文中所言："没有伟大的人物出现的民族，是世界上最可怜的生物之群；有了伟大的人物，而不知拥护，爱戴，崇仰的国家，是没有希望的奴隶之邦。"② 以中国式现代化全面推进中华民族伟大复兴，需要尊重英雄、拥戴英雄，弘扬英雄精神、英雄文化，以英雄及其精神作为道德标杆和价值标杆，引领社会风尚，提高全社会文明程度。褒奖英雄的目的，旨在使其成为全国人民团结奋进的主流实践方式和主要价值导向。

在庆祝"中国人民抗日战争胜利 70 周年"纪念仪式上，习近平指出："我们要铭记一切为中华民族和中国人民作出贡献的英雄们，崇尚英雄，捍卫英雄，学习英雄，关爱英雄。"③ 他在全国宣传思想工作会议上强调："要广泛开展先进模范学习宣传活动，营造崇尚英雄、学习英雄、捍卫英雄、关爱英雄的浓厚氛围。"④ 习近平深刻阐释了传承英雄精神的实践内涵，从崇尚、捍卫、学习、关爱四个维度出发，创造性地提炼出"四维一体"的传承原则和要求，概括出学习传承英雄精神的实践路径，充分彰显了马克思主义鲜明的实践品格，强调"英雄传承不是靠说出来的，而是干出来的"⑤。

传承英雄和英雄精神首先要做到的是崇尚英雄。习近平指出，崇尚英雄就是要对历史英雄形成科学的认识，"不能因为他们伟大就把他们像神那样顶礼膜拜，不容许提出并纠正他们的失误和错误；也不能因为他们有失误和错误就全盘否定，抹杀他们的历史功绩，

---

① 陈先义：《捍卫我们的英雄》，《解放军报》2015 年 5 月 22 日。
② 吴秀明主编：《郁达夫全集》第三卷，浙江大学出版社 2007 年版，第 289 页。
③ 习近平：《在颁发"中国人民抗日战争胜利 70 周年"纪念章仪式上的讲话》，《人民日报》2015 年 9 月 3 日。
④ 《举旗帜聚民心育新人兴文化展形象 更好完成新形势下宣传思想工作使命任务》，《人民日报》2018 年 8 月 23 日。
⑤ 秦龙、吉瑞霞：《习近平英雄观的核心要义与时代价值》，《理论探讨》2021 年第 4 期。

陷入虚无主义的泥潭"①。我们强调英雄的价值，是在唯物史观的基础上科学正确地看待英雄，与历史唯心主义英雄观截然不同，我们不主张搞个人崇拜②。英雄史观把推进历史前进的源泉动力归功于少数英雄人物，其终极目的是维护少数精英阶层和统治阶层的利益。他们惧怕群众，不敢发动群众，从而脱离群众，否定人民群众在历史发展中的决定性作用，把推动历史发展的贡献归结为个别英雄人物的作用③。例如，卡莱尔认为："我们必须更好地崇拜英雄。越来越好地崇拜英雄，意思是把民族的灵魂从衰竭中唤醒，把幸福的生活——上苍保佑的生活，而不是财神爷给的可憎的生活——重新还给我们。"④李大钊曾经批评过那些盲目崇拜英雄的人，认为他们丧失了自己的个性，沦落到被别人奴役的境地⑤。对英雄的盲从和崇拜是"酝酿专制之因，戕贼民性之本"⑥"英雄主义乃专制之源"⑦。所以，正确的态度是，必须理性地崇敬英雄，反对英雄崇拜，反对个人英雄主义。抗日战争时期，毛泽东主持召开"纪念孙中山逝世十三周年及追悼抗敌阵亡将士大会"，悼念牺牲的英勇战士；党中央在大生产运动中多次召开各种形式的劳动英雄大会，以褒奖英雄模范；中华人民共和国成立后，我们党和国家召开了全国战斗英雄代表会议和全国工农兵劳动模范代表会议，开展学习雷锋、焦裕禄等英雄

---

① 习近平：《在纪念毛泽东同志诞辰120周年座谈会上的讲话》，《人民日报》2013年12月27日。

② 张明仓：《英雄文化的反思与重构》，《南京政治学院学报》2016年第5期。

③ 张明仓、洪超印：《捍卫英雄就是捍卫我们的价值观》，《求是》2016年第3期。

④ [英]托马斯·卡莱尔：《文明的忧思》，宁小银译，中国档案出版社1999年版，第149页。

⑤ 《李大钊文集》（上），人民出版社1984年版，第167页。

⑥ 《李大钊文集》（上），人民出版社1984年版，第169页。

⑦ 《李大钊文集》（上），人民出版社1984年版，第168页。

模范人物的活动①。新征程上，我们需要崇尚英雄，营造在实践中学习英雄、争做英雄的社会风尚，让新时代的奋斗者沿着英雄走过的路，继承英雄的理想信念，在新时代的伟大实践中涌现更多的英雄。正如习近平所说："崇尚英雄才会产生英雄，争做英雄才能英雄辈出"②"要充分发挥党和国家功勋荣誉表彰的精神引领、典型示范作用，推动全社会形成见贤思齐、崇尚英雄、争做先锋的良好氛围"③。这充分彰显了我们党重视英雄人物的价值理念和鲜明态度，表明我们党对英雄人物的认识更加理性和自觉，对于我们党不断发扬光大崇尚英雄的优良传统具有重要指导作用。

传承英雄和英雄精神的内在要求和根本保障是捍卫英雄。英雄精神集中反映着民族精神的内核，是民族精神的生动写照。今天，我们捍卫英雄，尊崇英雄，实际上是在守护中华民族的共有精神家园。只有用实际行动捍卫英雄，将英雄人物事迹原原本本地展现在人民大众面前，才能凝聚和牢固英雄记忆，赓续和传承英雄血脉，真正做到捍卫中华民族历史。习近平明确指出："有些人刻意抹黑我们的英雄人物，歪曲我们的光辉历史，要引起我们高度警觉"④"绝不做亵渎祖先、亵渎经典、亵渎英雄的事情"⑤。《中华人民共和国英雄烈士保护法》（以下简称《英雄烈士保护法》）的颁布，以法律法规的形式明确了保护英雄烈士的责任和义务，为捍卫英雄提供了直接有效的保障。

传承英雄和英雄精神的核心和要求是学习英雄。学习英雄是传承英

---

① 王强、张宇娜：《新时代中国共产党英雄模范观的生成与实践》，《西北工业大学学报（社会科学版）》2022年第2期。
② 习近平：《在国家勋章和国家荣誉称号颁授仪式上的讲话》，《人民日报》2019年9月30日。
③ 《发挥功勋荣誉精神引领典型示范作用 推动全社会见贤思齐崇尚英雄争做先锋》，《人民日报》2016年5月19日。
④ 《十八大以来重要文献选编》（中），中央文献出版社2016年版，第205页。
⑤ 《习近平谈治国理政》第二卷，外文出版社2017年版，第351页。

雄精神的关键一环，只有学习英雄的光荣事迹，才能让广大人民群众深入了解英雄所作出的伟大牺牲和伟大贡献，深化对现实人生的认识，理解人生的价值所在，进一步做到"不忘初心、牢记使命"。习近平多次强调"要充分发挥各方面英模人物的榜样作用"[1]，充分"学习英雄人物、先进人物"[2]，把英雄人物看成是"心中的标杆，向他们看齐"[3]，要求发扬英雄精神，"从他们身上汲取奋发的力量"[4]。习近平教导新时代青年要深入感知"中国革命、建设和改革的历史知识，多向英雄模范人物学习，热爱党、热爱祖国、热爱人民，用实际行动把红色基因一代代传下去"[5]。他指出："向先进典型学习，可学者多矣！最关键的是要学精神、学品质、学方法。"[6] 向我们展示出学习英雄的具体要求：一是要深入了解英雄事迹，对英雄精神的本质进行深层次的思考，从意识上增强对英雄人物和英雄精神的认同感，使英雄精神成为指导实践的价值观念，并将其内化于心、外化于行；二是要注重具体实践，将英雄人物的精神切实落到日常生活工作和自身实践当中，让自己从英雄手中接过推进祖国伟大事业的接力棒，让自己从以英雄为榜样的理论状态转变为力争成为英雄的具体实践行为，从思想和行动上向英雄人物看齐，真正做到知行合一[7]。

最后，关爱英雄是要传承英雄和英雄精神的责任。英雄是对祖国和人民作出了伟大贡献的人物，关爱英雄既是对英雄人物的敬爱与尊崇，也有利于沿着英雄人物的道路实现自身价值，取得巨大进步。改

---

[1]《习近平李克强俞正声分别参加全国两会一些团组审议讨论》，《人民日报》2013年3月7日。
[2]《习近平谈治国理政》第一卷，外文出版社2018年版，第182页。
[3]《习近平谈治国理政》第一卷，外文出版社2018年版，第183页。
[4]《祝全国各族人民健康快乐吉祥 祝改革发展人民生活蒸蒸日上》，《人民日报》2016年2月4日。
[5]《习近平给陕西照金北梁红军小学学生的回信》，《人民日报》2018年6月1日。
[6] 习近平：《之江新语》，浙江人民出版社2007年版，第218页。
[7] 秦龙、吉瑞霞：《习近平英雄观的核心要义与时代价值》，《理论探讨》2021年第4期。

革开放以来，我们党开始注重从制度层面加强对英雄人物的宣传和褒奖。例如，1985年颁布的《关于进一步加强青少年教育 预防青少年违法犯罪的通知》强调，要通过宣传英雄模范的先进事迹教育青少年奋发有为；1994年发布的《爱国主义教育实施纲要》指出，要加大对英雄模范人物的宣传力度；1996年发布的《关于加强社会主义精神文明建设若干重要问题的决议》提出，要关爱英雄模范和先进人物，帮助他们解决实际问题①。中国特色社会主义进入新时代，习近平向各级党委和政府强调要"关心、关怀关爱英雄模范"②"不能让英雄流血又流泪"③，提出"对为国牺牲、为民牺牲的英雄烈士，我们要永远怀念他们，给予他们极大的荣誉和敬仰"④。关爱英雄的首要表现是关心、敬爱英雄本人。英雄者，为国为民，默默无闻，艰苦付出，不求回报。我们不能将英雄的付出视为理应如此，而应该让为国为民付出甚多之人享有应得的呵护，给予他们崇高的荣誉和应得的奖励，向英雄致以崇高敬意。其次，对英雄的关心要表现为对他们的子孙后代及其家庭的关心。英雄的家人对英雄的牺牲在内心中承受着巨大的痛苦和压力。只有把英雄的家人当成自己的家人，从心理上对其进行关怀、疏导与宽慰，在生活上提供力所能及的帮助，在工作上给予更多的关注和引导，才能让英雄与其家人深切感受到国家和社会的关爱与温度。

---

① 王强、张宇娜：《新时代中国共产党英雄模范观的生成与实践》，《西北工业大学学报（社会科学版）》2022年第2期。
② 习近平：《在国家勋章和国家荣誉称号颁授仪式上的讲话》，《人民日报》2019年9月30日。
③ 《为强军兴军凝聚智慧力量 谱写强军兴军崭新篇章（我和总书记面对面）》，《人民日报》2018年3月13日。
④ 《十八大以来重要文献选编》（中），中央文献出版社2016年版，第205页。

第三节 英雄的本质定位和价值底蕴

英雄人物、英雄精神在一个国家和民族的发展进程中，为国家富强、人民幸福、社会和谐、人类进步作出了巨大贡献。面对日新月异的社会变化和发展，为了实现中华民族伟大复兴的宏伟目标，习近平强调中国"需要英雄，需要英雄精神"[①]。正确认识英雄人物，学习英雄精神，必须立足历史定位，在新的时代背景下了解英雄人物的本质特点，探索其精神实质，进而用英雄精神和事迹激励人民群众坚定理想信念、奋发图强、争当英雄。

一 英雄的本质定位

何谓英雄？英雄的评判标准是什么？这是一个千百年来在日常生活和学术研究领域都被热议的话题。

孔子云："志士仁人，无求生以害仁，有杀身以成仁。"（《论语·卫灵公》）这里，"志士仁人"所指的就是英雄。东汉刘劭在《人物志·英雄》中言，聪明秀出谓之英，胆识过人谓之雄。《现代汉语词典》从本义、引申义的角度对"英雄"作了解释，作为名词，指"武力过人或拥有高强本领的人；这样的人总是不畏惧困难，为人民群众的利益而斗争，不顾自身利益"，作为形容词，指"具有英雄品格的人"[②]。梳理中国知网关于"英雄"主题词的相关文献检索数据，截至 2022 年 3 月就超过了 8 万条，这些数据内容可归纳为以下三类：一是类型形象研究，将英雄按照特质归类为超级英雄、抗日英雄、民族英

---

① 习近平：《在纪念中国人民抗日战争暨世界反法西斯战争胜利 70 周年系列活动上的讲话》，人民出版社 2015 年版，第 19 页。

② 中国社会科学院语言研究所词典编辑室编：《现代汉语词典》（第 7 版），商务印书馆 2016 年版，第 1570 页。

雄、战斗英雄、劳动英雄、悲剧英雄等进行分析并总结其特点；二是相关文化观念的归纳演绎，对英雄叙事、英雄主义、英雄精神、英雄情结等衍生观念的研究；三是英雄人物、群体和作品的总结，如毛泽东、黄继光、志愿军、新四军及《水浒传》等内容的阐释①。从研究领域来看，文学艺术领域最多，历史文化、思想政治教育领域次之。

我们党自成立之日起就对"英雄"有较清晰的认识和理解，但其具体含义在不同历史时期有所不同。在国民革命、土地革命、抗日战争时期，"群众的英雄"这一概念创造性地被不断丰富和发展起来，既讴歌在革命前线、战场上抛头颅、洒热血的战斗英雄，也同时对在后方默默付出，保障我党基本物资、生产战线的人民英雄予以高度赞扬②。中华人民共和国成立之际，毛泽东题写了人民英雄纪念碑的碑文，提出"人民英雄"概念，把"人民英雄永垂不朽"的箴言镌刻于共和国发展的光辉历程之中，并将"人民英雄"的内涵界定为在1840年鸦片战争以来"为了反对内外敌人，争取民族独立和人民自由幸福，在历次斗争中牺牲的人民英雄们"③。改革开放以来，我们党将英雄观服务于新时期改革开放和社会主义现代化建设。党的十八大以来，习近平在不少重要场合中创新性提出"伟大出自平凡，英雄来自人民"的科学论断，这是对新时代人民英雄的本质内涵所作的生动阐释。总体来看，中国共产党人坚持以民族英雄和人民群众为主体的英雄观，而民族英雄又分为个体和群体两类，广大工人阶级、农民阶级构成了人民英雄的主体。

习近平对"英雄"一词进行了明确的界定。在"中国人民抗日

---

① 韩云波：《论中国共产党百年英雄文化》，《西南大学学报（社会科学版）》2021年第3期。

② 郭辉：《百年视域下中国共产党英雄观的演变与升华》，《安徽师范大学学报（人文社会科学版）》2022年第1期。

③ 《毛泽东文集》第五卷，人民出版社1996年版，第350页。

战争胜利70周年"纪念仪式上,习近平强调:"一切为中华民族的独立和解放而牺牲的人们,一切为中华民族摆脱外来殖民统治和侵略而英勇斗争的人们,一切为中华民族掌握自己命运、开创国家发展新路的人们,都是民族英雄。""无论是正面战场还是敌后战场,无论是直接参战还是后方支援,所有投身中国人民抗日战争中的人们,都是抗战英雄,都是民族英雄。"①对"三个一切"和"两个无论"的核心阐释,是判定人民英雄、民族英雄与否的直接标准,即是否为中华民族的独立作出过贡献、是否为人民幸福增进福祉、是否为祖国繁荣富强贡献力量,总而言之,这一标准就是看是否真正推动了中国社会历史的发展和进步②。按照这个判断标准,孙中山是"伟大的民族英雄、伟大的爱国主义者、中国民主革命的伟大先驱"③,抗日战争时期的左权、张自忠是人民英雄,毛泽东是"近代以来中国伟大的爱国者和民族英雄",是"领导中国人民彻底改变自己命运和国家面貌的一代伟人"④。与此同时,在我国社会主义现代化建设过程中作出过突出贡献的"院士都具有'先天下之忧而忧,后天下之乐而乐'的深厚情怀,都是'干惊天动地事,做隐姓埋名人'的民族英雄!"⑤习近平总书记用极其凝练的话语具象化地总结出英雄的形象特征,提出判断历史英雄不应该区分其地域国籍、党派阶级、权力地位。新时代人民英雄判断的本质依据是英雄主体是否对中华民族作出过贡献,

---

① 习近平:《在颁发"中国人民抗日战争胜利70周年"纪念章仪式上的讲话》,《人民日报》2015年9月3日。
② 秦龙、吉瑞霞:《习近平英雄观的核心要义与时代价值》,《理论探讨》2021年第4期。
③ 习近平:《在纪念孙中山先生诞辰150周年大会上的讲话》,《人民日报》2016年11月12日。
④ 习近平:《在纪念毛泽东同志诞辰120周年座谈会上的讲话》,《人民日报》2013年12月27日。
⑤ 习近平:《在中国科学院第十九次院士大会、中国工程院第十四次院士大会上的讲话》,《人民日报》2018年5月29日。

第一章　英雄及英雄精神概述

这一标准为崇尚和传承英雄精神展示出根本标尺①。

习近平在陕西省延川县梁家河村的插队经历中，感受到了人民群众的真实力量，后来，他指出在他的一生中对其帮助最大的，"一是革命老前辈，一是我那陕北的老乡们"②。而后，习近平在《之江新语》中再次强调："离开了人民，我们将一无所有、一事无成；背离了人民的利益，我们这些公仆就会被历史所淘汰。"③ 他在福州期间，读了《人民呼唤焦裕禄》一文后，将《念奴娇》一词进行填写，发表在1990年7月16日的《福州晚报》上，"百姓谁不爱好官？把泪焦桐成雨。生也沙丘，死也沙丘，父老生死系。暮雪朝霜，毋改英雄意气……为官一任，造福一方，遂了平生意"，深切表达了对焦裕禄的崇敬之情和他自己爱民为民、责任担当的坚定情怀④。"我们这一代人，是深受焦裕禄同志的事迹教育成长起来的。"习近平指出："后来，我当知青、上大学、参军入伍、当干部，我心中一直有焦裕禄同志的形象，见贤思齐，总是把他当作榜样对照自己。焦裕禄同志始终是我的榜样。"⑤

习近平将王通《中说·周公》中的"自知者英，自胜者雄"进行引用⑥。他强调，中华民族在历史的任何阶段都不缺乏英雄，在"进行革命、建设、改革的伟大历史进程中更是青年英雄辈出"⑦。他在世界反法西斯战争胜利69周年座谈会上指出："杨靖宇、赵尚志、左权、

---

① 秦龙、吉瑞霞：《习近平英雄观的核心要义与时代价值》，《理论探讨》2021年第4期。
② 《习近平谈治国理政》第一卷，外文出版社2018年版，第430页。
③ 习近平：《之江新语》，浙江人民出版社2007年版，第216—217页。
④ 《大力学习弘扬焦裕禄精神　继续推动教育实践活动取得实效》，《人民日报》2014年3月19日。
⑤ 《"生也沙丘，死也沙丘，父老生死系"——弘扬焦裕禄精神》，求是网，2021年9月22日。
⑥ 习近平：《在纪念红军长征胜利80周年大会上的讲话》，《人民日报》2016年10月22日。
⑦ 习近平：《在纪念五四运动100周年大会上的讲话》，人民出版社2019年版，第16页。

彭雪枫、佟麟阁、赵登禹、张自忠、戴安澜等一批抗日将领，八路军'狼牙山五壮士'、新四军'刘老庄连'、东北抗联八位女战士、国民党军'八百壮士'等众多英雄群体，就是中国人民不畏强暴、以身殉国的杰出代表。"① 他在"不忘初心、牢记使命"主题教育总结大会上的讲话中强调："新中国成立以后，也是因为我们党有一大批像焦裕禄、谷文昌、杨善洲、张富清这样的英雄模范率先垂范，才团结带领人民群众不断开创各项事业发展新局面。"② 他在国家勋章和国家荣誉称号颁授仪式上指出："今天受表彰的国家勋章和国家荣誉称号获得者，是千千万万为党和人民事业作出贡献的杰出人士的代表。"③ 他为张伯礼、张定宇、陈薇颁发了"人民英雄"的国家荣誉奖章。他指出："各条战线的抗疫勇士临危不惧、视死如归，困难面前豁得出、关键时刻冲得上，以生命赴使命，用大爱护众生……中华民族能够经历无数灾厄仍不断发展壮大，从来都不是因为有救世主，而是因为在大灾大难前有千千万万个普通人挺身而出、慷慨前行！"④

习近平还在新年贺词中反复强调"无名英雄""平凡英雄"等概念和范畴。他在2019年的新年贺词中说："此时此刻，我特别要提到一些闪亮的名字。今年，天上多了颗'南仁东星'，全军英模挂像里多了林俊德和张超两位同志。我们要记住守岛卫国32年的王继才同志，为保护试验平台挺身而出、壮烈牺牲的黄群、宋月才、姜开斌同志，以及其他为国为民捐躯的英雄们。他们是新时代最可爱的人，永远值

---

① 习近平：《在纪念中国人民抗日战争暨世界反法西斯战争胜利69周年座谈会上的讲话》，人民出版社2014年版，第4—5页。
② 习近平：《在"不忘初心、牢记使命"主题教育总结大会上的讲话》，《人民日报》2020年1月9日。
③ 习近平：《在国家勋章和国家荣誉称号颁授仪式上的讲话》，《人民日报》2019年9月30日。
④ 《习近平谈治国理政》第四卷，外文出版社2022年版，第99—100页。

得我们怀念和学习。"① 他在 2020 年的新年贺词中讲道："一辈子深藏功名、初心不改的张富清，把青春和生命献给脱贫事业的黄文秀，为救火而捐躯的四川木里 31 名勇士，用自己身体保护战友的杜富国，以十一连胜夺取世界杯冠军的中国女排……许许多多无怨无悔、倾情奉献的无名英雄，他们以普通人的平凡书写了不平凡的人生。"② 他在 2021 年的新年贺词再次重申了"英雄来自人民""平凡英雄"的理念。虽没有提到具体的人名，但却用这样的方式点赞了全中国的每一个人。"从白衣天使到人民子弟兵，从科研人员到社区工作者，从志愿者到工程建设者，从古稀老人到'90 后'、'00 后'青年一代，无数人以生命赴使命、用挚爱护苍生，将涓滴之力汇聚成磅礴伟力，构筑起守护生命的铜墙铁壁"③。"平凡铸就伟大，英雄来自人民。每个人都了不起！向所有不幸感染的病患者表示慰问！向所有平凡的英雄致敬！我为伟大的祖国和人民而骄傲，为自强不息的民族精神而自豪！"④ 他在 2022 年的新年贺词中又强调了"平凡英雄"的重要性："这一年，还有很多难忘的中国声音、中国瞬间、中国故事。'请党放心、强国有我'的青春誓言，'清澈的爱、只为中国'的深情告白；'祝融'探火、'羲和'逐日、'天和'遨游星辰；运动健儿激情飞扬、奋勇争先……无数平凡英雄拼搏奋斗，汇聚成新时代中国昂扬奋进的洪流。"⑤ 他在 2023 年的新年贺词中说："一幕幕舍生取义、守望相助的场景感人至深，英雄的事迹永远铭记在我们心中。"⑥

需要指出的是，尽管有时英雄模范并用，但"英雄"与"模范"还

---

① 《国家主席习近平发表二〇一九年新年贺词》，《人民日报》2019 年 1 月 1 日。
② 《国家主席习近平发表二〇二〇年新年贺词》，《人民日报》2020 年 1 月 1 日。
③ 《国家主席习近平发表二〇二一年新年贺词》，《人民日报》2021 年 1 月 1 日。
④ 《国家主席习近平发表二〇二一年新年贺词》，《人民日报》2021 年 1 月 1 日。
⑤ 《国家主席习近平发表二〇二二年新年贺词》，《人民日报》2022 年 1 月 1 日。
⑥ 《国家主席习近平发表二〇二三年新年贺词》，《人民日报》2023 年 1 月 1 日。

是有所区别的。早在延安时期,刘景范曾做过这样的区分:"劳动英雄和模范工作者,有性质上的区别,劳动英雄的突出贡献集中在生产方面""模范工作者的突出贡献集中在工作方面""劳动英雄的诞生源自于生产运动,是推行减租,奖励生产,组织群众,公私兼顾及各种经济政策实行的结果。而模范工作者,则主要诞生于整风运动,是整顿三风和改造思想作风的结果"①。这对我们理解英雄与模范的内涵富有启发。中华人民共和国成立后,李立三曾指出,"要把评选劳模形成固定的制度"②,同时提议,"以后各地在生产中有功的人物只给以劳动模范的称号,而不称为劳动英雄。到了条件成熟时,由中央发布授与劳动英雄称号的办法,作为全国劳动模范人物的最高称号"③。由此,国家制度层面上的"劳动英雄"称号被"劳动模范"一词所取代,成为了历史名词。

2016年1月1日,正式施行的《中华人民共和国国家勋章和国家荣誉称号法》中的第四条明确规定:"国家荣誉称号的名称冠以'人民'一词,国家荣誉称号的具体名称由全国人民代表大会常务委员会在决定授予时确定。"2019年9月29日,中华人民共和国国家勋章和国家荣誉称号颁授仪式在人民大会堂隆重举行,艾热提·马木提(维吾尔族)、申亮亮、麦贤得、张超等人荣获"人民英雄"国家荣誉称号。2020年9月8日,习近平总书记向钟南山院士颁授了"共和国勋章",向张伯礼、张定宇、陈薇颁授了"人民英雄"的国家荣誉称号。从以上可以看出,"人民英雄"一词不仅成为了国家话语,也成为了至为崇高的国家制度之一,在共和国最高层面获得正式确立。

---

① 刘景范:《更加推广劳动英雄和模范工作者的运动——在边区劳动英雄和模范工作者代表大会上的报告》,《解放日报》1945年1月14日。
② 中国经济论文选编辑委员会:《一九五〇年中国经济论文选》第3辑,生活·读书·新知三联书店1951年版,第336页。
③ 中国经济论文选编辑委员会:《一九五〇年中国经济论文选》第3辑,生活·读书·新知三联书店1951年版,第337页。

第一章　英雄及英雄精神概述

　　根据英雄人物身处不同时代、不同国家、不同民族，有学者提出以下八种具体类型①：一是远古神话传说中的神话英雄形象；二是中国古代智勇的英雄豪杰；三是历史上顾全大局、保家卫国的民族英雄；四是舍生取义，引领中国近现代革命运动以及社会主义建设事业前进的革命领袖；五是为了民族大义冲锋陷阵的革命英雄；六是在近现代在各方面领域中作出突出贡献的先进模范代表；七是在国家危难时刻挺身而出的爱国志士；八是体现出英雄品质，并且以群体或组织出现的群体英雄。对英雄的这种划分和区分，有助于我们更加深刻地理解英雄的丰富内涵、思想品质、社会贡献和历史作用。

　　在更普遍和广泛的情景下，英雄和模范这两个词衍生出一个新的词语——"英模"。将"英雄"和"模范"这两个词语进行区分，把这两个词设置在同样的语境下进行分析，主要区别如下："英雄是指舍生取义、不畏困难不畏强暴，为人民群众的利益而付出一切，具有高尚品格的人；模范是指值得普通人民群众学习的人，可以成为大家的榜样"，在此之上，英模是中共中央一级党委和政府批准、宣传，为中国革命事业和社会主义建设作出了突出贡献，并且具有全国性影响力的英雄模范人物。由此可见，英雄人物的突出特点是其英雄精神彰显出来的独特气概和力量，彰显出崇高信仰和伟大的人格，展现出十足的中国精神；模范人物的突出特点是其作出过组织化、制度化的贡献，其行为是可以被模仿的，具有一定的规范性体现②。

　　那么，英雄应该具有怎样的品格呢？对此，刘劭早就说过，夫草之精秀者为英，兽之特群者为雄。故人之文武茂异，取名于此。他揭示出英雄具有聪明、智慧、勇敢、强力等优秀品质。卡莱尔着眼于人

---

　　① 参见刘永丽《统编语文教科书中的英雄人物：基于数据的研究》，《基础教育课程》2022年第1期（上）。
　　② 韩云波：《百年来中国共产党英雄制度文化的形成与发展》，《探索》2021年第3期。

类个体本身，认为英雄的最高贵、最美、最令人敬慕、最受人爱戴的品质是忠诚、真实、勇敢、智慧、美德、正直、创造以及宽容、悔悟等。当今时代，英雄身上彰显着执着为民、忠诚担当、清正廉洁、朴实无华、实干奉献等可贵品质。可以说，英雄的品格，是其所处时代的精神和道德的制高点。

对于英雄品格的基本内涵，习近平在国家勋章和国家荣誉称号颁授仪式上的讲话中首次开宗明义地进行了阐释。他指出："现今我们以最高规格来褒奖英雄模范，是要弘扬他们身上展现的忠诚、执着、朴实的鲜明品格。"在他们身上生动体现了中华民族精神和社会主义核心价值观。这里所说的"忠诚"，是指"英雄模范们都对党和人民的事业矢志不渝、百折不挠，坚守一心为民的理想信念，坚守为中国人民谋幸福、为中华民族谋复兴的初心使命，用一生的努力谱写了感天动地的英雄壮歌"。这里所说的"执着"，"就是英雄模范们都在党和人民最需要的地方冲锋陷阵、顽强拼搏，几十年如一日埋头苦干，为国为民奉献的志向坚定不移，对事业的坚守无怨无悔，为民族复兴拼搏奋斗的赤子之心始终不改"。这里所说的"朴实"，"就是英雄模范们都在平凡的工作岗位上忘我工作、无私奉献，不计个人得失，舍小家顾大家，具有功成不必在我、功成必定有我的崇高精神"[①]。习近平对英雄品格的重要论述，内涵丰富，思想深刻，为我们更好地理解英雄及英雄精神，提供了根本遵循和科学指引。

二 英雄的价值底蕴

英雄人物是人们对祖国和民族深厚情感认同的价值符号，英雄精神是中华民族赖以生存发展的精神支柱，二者是经过长期实践积

[①] 以上参见习近平《在国家勋章和国家荣誉称号颁授仪式上的讲话》，《人民日报》2019年9月30日。

累的宝贵精神财富,使得中华民族历经磨难而不衰,使得中国人民在时代发展的潮流中能够站稳脚跟、巍然耸立、勇毅前行。习近平在多种场合高度评价英雄的地位和作用,充分揭示英雄和英雄精神对国家和民族的重要意义。他强调指出:"英雄是民族最闪亮的坐标"[1]"一个有希望的民族不能没有英雄,一个有前途的国家不能没有先锋""他们的事迹和精神都是激励我们前行的强大力量"[2]。千千万万的革命英雄用鲜血与生命换来了民族独立,为我国的长期稳定发展打下了坚实的基础,他们所留下的优良传统成为激励我们不断前进的宝贵财富,任何时候都不能丢[3]。"实现我们的目标,需要英雄,需要英雄精神。"[4]

其一,英雄是"中华民族的脊梁"[5]。鲁迅先生在《且介亭杂文》中说过:"我们从古以来,就有埋头苦干的人,有拼命硬干的人,有为民请命的人,有舍身求法的人,……虽是等于为帝王将相作家谱的所谓'正史',也往往掩不住他们的光耀,这就是中国的脊梁。"[6] 英雄是"为党、为国家、为人民作出奉献和牺牲"的杰出代表。习近平高度赞扬抗战英雄的丰功伟绩:"在波澜壮阔的中国人民抗日战争中,千千万万的抗战英雄抛头颅、洒热血,为战争胜利作出了重大贡献,为铸就伟大的抗战精神作出了重大贡献。""包括抗战英雄在内的一切民族英雄,都是中华民族的脊梁,他们的事迹和精神都是激励

---

[1] 《习近平谈治国理政》第二卷,外文出版社2017年版,第351页。
[2] 习近平:《在颁发"中国人民抗日战争胜利70周年"纪念章仪式上的讲话》,《人民日报》2015年9月3日。
[3] 《坚持改革创新推动农村发展 弘扬优良传统加强党的建设》,《人民日报》2008年10月16日。
[4] 习近平:《在纪念中国人民抗日战争暨世界反法西斯战争胜利70周年系列活动上的讲话》,人民出版社2015年版,第19页。
[5] 习近平:《在纪念中国人民抗日战争暨世界反法西斯战争胜利70周年系列活动上的讲话》,人民出版社2015年版,第19页。
[6] 《鲁迅全集》第6卷,人民文学出版社2005年版,第122页。

我们前行的强大力量。"① 他还指出："新中国是无数革命先烈用鲜血和生命铸就的。要深刻认识红色政权来之不易，新中国来之不易，中国特色社会主义来之不易。"② 英雄内含的核心价值理念，突出表现为全心全意为人民服务的奉献牺牲精神。英雄来自人民、来自平凡，代表人民、凝聚人民、扎根人民、服务人民。英雄对个体，特别是对青少年群体，起着至关重要的激励作用。英雄人物可以为青少年树立榜样，规范青少年的行为，为青少年价值观的形成起积极的导向作用；对社会而言，英雄榜样是继承、传播和实践社会主义核心价值观的重要载体③。

其二，英雄是进步价值观的杰出代表，是时代的精神坐标。哲学家贺麟认为，英雄就是伟大人格，具体来说，英雄就是永恒价值的代表者或实现者④。所谓英雄，是一种价值尺度、一种精神坐标，它不再是某一个人，而是一个具有统一思想的先进集体，一个积极的综合而成的价值体系⑤。英雄作为一种社会和历史现象，虽然在不同的时期有不同的内涵和表现，但也具有共性特征。在道德和人格上，他们都是杰出人物的价值符号；在精神向往上，他们都具有超越个体现实的理想追求；在社会群体中，他们都是影响社群或个人的重要人物⑥。他们生动的外在形象和事迹行为，彰显和传递着鲜明的价值精神与人格范式。正如哲学家黑格尔所言："他们的行动、他们的言词都是这个时代

---

① 习近平：《在纪念中国人民抗日战争暨世界反法西斯战争胜利70周年系列活动上的讲话》，人民出版社2015年版，第16、19页。
② 《坚定信心开拓创新真抓实干 团结一心开创富民兴陇新局面》，《人民日报》2019年8月23日。
③ 陆士桢、李泽轩、张子航：《青少年英雄榜样教育历史经验与启示》，《人民教育》2019年第19期。
④ 贺麟：《英雄崇拜与人格教育》，《战国策》1941年第17期。
⑤ 羊森：《论英雄与英雄崇拜在当今校园的隐退》，《理论观察》2013年第12期。
⑥ 本刊编辑部：《爱国主义教育70年》，《人民教育》2019年第19期。

最卓越的行动、言词。"① 但凡英雄，既以英雄壮举在黑暗时期点亮希望、在艰难时刻勇担历史使命、在紧急关头成为攻坚力量，更以英雄精神引领方向、振奋人心、鼓舞士气、凝聚力量②。在英雄身上，凝聚着矢志不渝的忠诚、威武不屈的气节、敢打敢拼的血性、愈挫愈奋的坚韧、舍我其谁的担当、默默奉献的坚守、无私无畏的追求③。

其三，英雄是"民族最闪亮的坐标"。习近平指出："祖国是人民最坚实的依靠，英雄是民族最闪亮的坐标。"④ 近代以来，为争取民族独立、人民解放，无数仁人志士挺身而出，有"我自横刀向天笑，去留肝胆两昆仑"的谭嗣同，有"铁肩担道义"的李大钊，有"大义凛然、坚贞不屈"的共产主义战士方志敏……他们奋不顾身、临危不惧、视死如归，谱写了感人至深的壮丽史诗，奏响了豪迈激昂的英雄赞歌。英雄身上集中反映了人民群众在革命实践活动中形成的世界观、政治信仰和价值取向。以英雄为依托的英雄精神根植于自强不息、厚德载物的中华优秀传统文化中，熔铸于中华民族发展史波澜壮阔的伟大实践中。英雄证明了一个时代拼搏的意志和奋斗的勇气，以及一个民族的生命力和创造力，代表了一个国家的思想境界和精神高度⑤。

其四，英雄是"新时代最可爱的人"。英雄是为了争取民族独立和人民解放、实现国家富强和人民幸福、促进世界和平和人类进步而毕生奋斗、英勇献身的先进模范人物。习近平在二〇一九年新年贺词中指出："我们要记住守岛卫国32年的王继才同志，为保护试验平台挺身而出、壮烈牺牲的黄群、宋月才、姜开斌同志，以及其他为国

---

① ［德］黑格尔：《历史哲学》，王造时译，上海书店出版社2001年版，第30页。
② 张明仓：《英雄文化的反思与重构》，《南京政治学院学报》2016年第5期。
③ 张明仓、洪超印：《捍卫英雄就是捍卫我们的价值观》，《求是》2016年第3期。
④ 习近平：《在中国文联十大、中国作协九大开幕式上的讲话》，《人民日报》2016年12月1日。
⑤ 汪守德：《让英雄主义融入当代精神》，《文艺报》2013年4月26日。

为民捐躯的英雄们。他们是新时代最可爱的人，永远值得我们怀念和学习。"① 他称身处一线的医务人员是"新时代最可爱的人"。

其五，英雄是民族友谊的"丰碑"。一方面，英雄是一个民族共同体最耀眼的旗手。中华民族是由56个民族组成的大家庭，英雄人物是中华各民族共同的价值象征。民族英雄总是在民族最需要的时候应运而生、挺身而出，"其中涌现出一大批少数民族的卫国英烈、建党先驱、工农运动领袖、抗日英雄、开国将领，为民族独立和人民解放作出了不可磨灭的历史贡献"②。另一方面，英雄人物是中华民族同世界上爱好和平的各民族之间友谊的见证者、创造者、维护者。习近平多次称赞，深切缅怀。2013年，他在凭吊援助坦桑尼亚专家公墓时说："他们用生命诠释了伟大的国际主义精神，是铸就中坦、中非友谊丰碑的英雄。"③ 2017年，他在老挝媒体发文称："200多位中国烈士长眠于这片他们战斗过的热土，用生命筑起了中老永不磨灭的丰碑。"④ 2018年，他在同赞比亚总统会谈时说："坦赞铁路是中赞、中非友谊的永久丰碑。"⑤ 2020年，他在参谒中朝友谊塔时指出："志愿军烈士名册和纪念厅内巨幅绘画中，有中国人民都很熟悉的黄继光、邱少云、杨根思、罗盛教等志愿军英烈的名字和形象，他们的英雄事迹在中国妇孺皆知。"⑥ 英雄人物以实际行动在中华民族与世界民族的共同交往中，建立起深厚的友谊，成为永远的丰碑⑦。

---

① 《国家主席习近平发表二〇一九年新年贺词》，《人民日报》2019年1月1日。
② 习近平：《在全国民族团结进步表彰大会上的讲话》，《人民日报》2019年9月28日。
③ 《习近平凭吊援坦中国专家公墓》，《人民日报》2013年3月26日。
④ 《携手打造中老具有战略意义的命运共同体》，《人民日报》2017年11月14日。
⑤ 《习近平分别会见出席中非合作论坛北京峰会的部分非洲国家领导人》，《人民日报》2018年9月2日。
⑥ 《习近平和彭丽媛参谒中朝友谊塔》，《人民日报》2019年6月22日。
⑦ 李晨阳：《内涵·价值·路径：对习近平关于崇尚英雄模范重要论述的三维探析》，《南京航空航天大学学报（社会科学版）》2022年第3期。

第四节　英雄精神的思想内涵和时代价值

英雄精神是为国家独立和人民解放、国家富强和人民幸福、世界和平和人类进步而作出巨大贡献的英雄的精神集合和升华，是国家和民族的精神源泉和内在动力，集中体现了社会主义核心价值观的精髓，内涵非常丰富，价值意蕴重大。

一　英雄精神的思想内涵

在各个时期、各个阶段，英雄精神有着不同的时代表达，但英雄精神在本质上又是同根同源、一脉相承的[1]。有论者认为，英雄人物的精神品质主要包含矢志不渝的理想信念、爱国报国的赤子情怀、坚定执着的奋斗精神、无私为民的奉献精神四个方面[2]。有学者指出，英雄精神是以人民英雄、民族英雄为本体依托，以英雄价值观为核心的精神系统和价值系统，是关于英雄观念、英雄行为、英雄伟绩、英雄价值的总和，具体来讲，英雄精神是一种矢志不渝的信仰精神、一种精忠报国的爱国精神、一种百折不挠的奋斗精神、一种心中有责的担当精神[3]。有学者把"双百"人物[4]的精神特质总结为五种类型：忠党爱国型、英勇献身型、求是探索型、无私奉献型和开拓创新型；而根据他们成长道路的研究分析，总结了"四条成长规律"，即顺时奋进、地域（文化）熏陶、自觉学习、领导垂范。

---

[1]　张强：《习近平关于弘扬英雄精神的重要论述探析》，《思想教育研究》2020年第12期。
[2]　何贝、韩苗苗：《论中国共产党英雄观的三重维度》，《长春市委党校学报》2021年第3期。
[3]　唐勇：《捍卫与传承：英雄精神的当代价值及实现路径》，《思想教育研究》2019年第2期。
[4]　"双百"人物，即"100位为新中国成立作出突出贡献的英雄模范人物和100位新中国成立以来感动中国人物"。

在笔者看来，英雄是为国家民族和人民利益英勇奋斗、甘于奉献、勇于担当之人，在国家层面体现了爱国爱家、人民至上的精神；英雄是无私奉献、深明大义、令人敬佩之人，在社会层面体现了胸怀天下、身兼重任的担当精神；英雄是胆识过人、聪明智慧、不畏艰险之人，在个人层面体现了敢于斗争、开拓创新的奋斗精神。英雄精神是忠诚、无我、务实、奋斗、执着的最好诠释和充分彰显，包含着爱国、奉献、奋斗、敬业等核心要义和思想精髓。

英雄精神蕴含着坚定高远的理想信念，是"忠诚"的充分彰显。习近平指出："忠诚，就是英雄模范们都对党和人民事业矢志不渝、百折不挠，坚守一心为民的理想信念，坚守为中国人民谋幸福、为中华民族谋复兴的初心使命，用一生的努力谱写了感天动地的英雄壮歌。"[①]英雄人物是理想远大、信念坚定的模范，其英雄精神的底色就是坚定高远的理想信念。前有为革命献身的李大钊、邱少云，浴血奋战的黄继光、杨靖宇等英雄先烈，后有我心无我的黄大发、舍生取义的杜富国、戍卫边疆的陈祥榕等新时代英雄模范，他们在国家蒙辱、民族蒙羞、人民蒙难之际挺身而出，忠于革命理想信念，表现出了坚守理想信念、赤胆忠诚的精神品格。革命战争年代，尤其在长征途中面对艰苦的革命环境和生活条件，党领导的红军之所以能够取得长征的伟大胜利，"原因就在于中国共产党在这次长征中充分的表现出了它为了自己的理想而牺牲奋斗与坚持到底的精神……只有一个思想，就是无论如何要克服这些困难，要为自己的理想奋斗到底"[②]。正如习近平所说："英雄模范之所以能够赴汤蹈火、舍生忘死，之所以能够任劳任怨、鞠躬尽瘁，之所以能够洁身自好、光明磊落，最根本的就是他们对理想

---

① 习近平：《在国家勋章和国家荣誉称号颁授仪式上的讲话》，《人民日报》2019年9月30日。
② 《张闻天文集》第2卷，中共党史出版社1993年版，第397页。

信念有执着追求和坚守。"① 英雄人物在坚守初心使命、坚定马克思主义信仰、坚守共产主义理想信念中，铸就了英雄之魂和伟岸形象。他们承载着的英雄精神表现出了崇高的思想性和坚定的政治原则性，与坚定高远的理想信念在价值追求上高度契合。英雄精神本身就是在对党的绝对信任、对人民的绝对赤诚、对共产主义必胜的理想信念中存续和发展起来的。英雄的精神品格就是忠于共产主义、忠于党和人民的事业。鏖战长津湖、冰雪埋忠骨，无数英雄舍生忘死；狙击第一线，与灾情博弈，无数英雄前赴后继。何以有中国奇迹？英雄人物以理想信念为刃挥斥方遒，坚定高远的理想信念就是他们的力量支撑。"新时代英雄精神站在新的角度深层次地阐明英雄的内涵和外延，是中国精神的重要组成部分，鼓舞着人们坚持不懈地大步向前，为实现中国梦而拼搏。"② 新征程上，为了更好地实现筑梦、追梦、圆梦，必须以英雄人物为标杆，以英雄精神为指引，让矢志不移、忠贞不渝的坚定理想信念在人民英雄劈波斩浪的英勇斗争中传承弘扬。

英雄精神蕴含着为人民服务的根本宗旨，是"无我"的最好诠释。田雨晴认为："英雄精神以全心全意为人民服务为核心价值理念，是马克思主义群众史观和中国传统民本思想的当代表现，是党的群众观点和群众路线的充分彰显。"③ 英雄人物始终将为人民服务置于核心位置，坚持人民至上，是为人民服务的模范。不同历史时期、不同领域的英雄人物，从方志敏到董存瑞、从王进喜到焦裕禄、从孔繁森到钟南山等英雄和英雄群体，都将最广大人民的根本利益置于自身利益之上，为国为民、甘于奉献，展现出了大公无私、我将无我的赤子情怀。英雄人物生动地诠释了践行宗旨、不负人民的精神品格。陈薇院士四度

---

① 《十八大以来重要文献选编》（中），中央文献出版社2016年版，第676页。
② 孟晗：《新时代英雄精神的鲜明特征及价值探析》，《现代商贸工业》2022年第11期。
③ 田雨晴：《习近平关于英雄精神价值的重要论述探析》，《思想教育研究》2020年第12期。

攻关前线为国铸盾，在国家和人民需要的时候应召而出、赴汤蹈火。英雄人物的荣耀和功勋来自为人民服务的战场上。英雄人物与人民群众血肉相连，人民英雄来自人民、植根人民、服务人民，为了人民的福祉而忘我工作，甚至隐姓埋名做着惊天动地事，真正做到了将自我融入祖国的大我、人民的大我之中。英雄人物用一生践行时代赋予他们的使命，常思民生之艰、常解民生之难、常记民生之责。乐民之乐、忧民之忧，这些英雄身上体现的英雄精神鲜明地彰显出为人民服务的根本宗旨，达到了人民至上的无我之境。当高楼大厦在我国大地上遍地林立时，人民英雄舍己为人、无私奉献，使中华民族的精神大厦也傲然耸立。

英雄精神蕴含着艰苦奋斗的优良作风，是"奋斗"的永恒主题。中国人民的幸福生活是靠中国人民自己接续奋斗出来的，是在一批批可歌可泣、感人肺腑的英雄事迹中开拓出来的。英雄人物是艰苦奋斗的楷模。在战火纷飞的新民主主义革命时期，在发愤图强的社会主义革命和建设时期，在勇立潮头的改革开放新时期，一批又一批的英雄人物挺身而出、前赴后继，在知重负重中勇毅前行，锻造并传承了艰苦奋斗的优良作风，发挥了积极的引领示范作用。在守正创新的中国特色社会主义新时代，有着更多敢于吃苦、敢于奋斗的英雄人物发扬着艰苦奋斗的优良作风。潜心钻研的黄旭华为了填补国家核潜艇的空白，六十多年如一日在荒岛求索、躬身奋斗，立下了"一万年也要搞出来"的铮铮誓言，最终在一穷二白的环境中研制出了大国重器。全国道德模范龚全珍奔走在乡村扶贫助学，用自己微薄的工资资助家乡基础设施建设，她坦言为党的事业尽心尽力，直到闭上眼睛。习近平对龚全珍艰苦奋斗的精神表达了崇高的敬意。一个有前途的国家、一个有希望的民族，需要有英雄人物以及蕴含着艰苦奋斗的优良作风的英雄精神。英雄们将自己的奋斗热情洒在每一个为国家建设添砖加瓦的岗位上，上下求索，刻苦钻研。习近平指出："新时代中国青年要勇做走在时代前列的奋进者、开拓者、奉献者，毫不畏惧面对一切艰难险阻，在劈波斩浪中开拓前进，在披荆斩棘中开辟天地，在攻坚克难中创造业绩，用青春和汗水创造出让世界刮目相看的新奇迹！"① 英雄精神传递着久久为功、艰苦奋斗的韧劲和"越是艰险越向前"的闯劲，英雄人物始终保持着奋斗的姿态，担当起时代发展的重任，成为各条战线上的先锋和模范。

英雄精神蕴含着实事求是的科学态度，是"务实"的最优解读。英雄人物都讲求从实际情况出发，探索、遵循事物的本质及其发展规律，是坚持实事求是的模范。"实事"是科学探索的真相，"求是"是精神外化的行为。科研攻关需要实事求是的科学态度。"氢弹之父"于敏，从一张白纸起步，在堆积如山的数据计算中抽丝剥茧、精益求精，在飞沙走石的戈壁中潜心试验，为增强国防力量作出了卓越贡献。英雄人物善于运用马克思主义的立场、观点和方法发现、分析、研究和解决问题，从实际出发为社会主义革命、建设、改革事业贡献自己的力量。像第一书记黄文秀一样奔走在脱贫攻坚一线奉献自我的英雄，弯下身子到基层调查，将每个地方的实际情况摸实摸透。英雄人物听的是真话，看的是真貌，想的是实情，做的是真事。他们在摸清实际情况后深入分析，由此及彼、由表及里，掌握事物的本质和规律，探寻解决问题的有效途径和方法。科研攻关、脱贫致富等都是英雄人物立足实际、实事求是、讲求实效、尊重科学的生动实践。英雄人物是实事求是科学精神的尊崇者、实践者。

英雄精神蕴含着顽强拼搏的意志品质，是"执着"的深刻呈现。英雄人物在用热血和生命叙写历史，所承载的是初心不改、奋勇拼搏的精

---

① 习近平：《在纪念五四运动100周年大会上的讲话》，《人民日报》2019年5月1日。

神和坚如磐石的意志,是顽强拼搏的模范。革命战争年代,他们不惧强敌,用血肉筑成钢铁长城维护和平;和平建设时期,他们主动请缨,抗洪救灾谋求发展。习近平指出:"执着,就是英雄模范们都在党和人民最需要的地方冲锋陷阵、顽强拼搏,几十年如一日埋头苦干,为国为民奉献的志向坚定不移,对事业的坚守无怨无悔,为民族复兴拼搏奋斗的赤子之心始终不改。"① 英雄人物或置身于枪林弹雨、生死一线、饥寒交迫等险恶环境中,或奔走在改革发展、投身建设、潜心钻研的拼搏之路上。投身核武器研制事业的邓稼先,置身于荒漠中日夜加班,呕心沥血,为了将"两弹"研制成功,在科研路上拼搏了28个春秋;满载成就的袁隆平90多岁了依旧去试验田观察水稻的长势,为了惠及更多人的"中华拓荒人"计划的进行遭遇了许多技术难关,但他精益求精、坚韧不拔;被称为"太行山上的新愚公"的李保国教授一直拼搏在科技兴农、扶贫助农的第一线,在风雨泥泞中反复试验,开发出了优良的种植技术,带动了10万群众致富。科研的道路从来都不是一帆风顺的,需要英雄人物的精气神里迸发着的顽强拼搏的勇气和必胜的信心。中华民族浴火重生般的发展离不开英雄群体在面对敌人和灾情时的顽强拼搏,他们的每一次胜利都带来一场精神上的震撼。他们顽强拼搏,保持着执着无我的精神品格,执着于践行初心使命,执着于为中国的革命、建设和改革事业开启浓墨重彩的新篇。在新时代,英雄人物为了中国特色社会主义事业不畏艰险,以敢于压倒一切困难而不被一切困难压倒的执着,攻克科研瓶颈、经济脱贫、乡村振兴等一道道难关。英雄精神传递的是顽强拼搏的意志品质,恰如英雄身上逢山开道、遇水搭桥的闯劲,一往无前、百折不挠的韧劲。历经苦难和辉煌的中华民族,在步入新时代以后更需要英雄人物顽强拼搏的意志品质。

---

① 习近平:《在国家勋章和国家荣誉称号颁授仪式上的讲话》,《人民日报》2019年9月30日。

英雄精神体现为一种爱国精神。英雄精神是"天下兴亡，匹夫有责"的爱国精神。习近平指出："爱国，是人世间最深层、最持久的情感，是一个人立德之源、立功之本。"① 热爱祖国和人民在不同的社会历史发展阶段，具体表现为不尽相同的内容和形式。千百年来，爱国主义已经内化为中华民族最深厚的民族情感和血脉基因。英雄始终将国家命运、民族命运置于个人安危之上。作为爱国主义的践行者和弘扬者，英雄将爱国主义精神内化为价值信仰、外化于实际行动。"路漫漫其修远兮，吾将上下而求索"的屈原、"老当益壮，宁移白首之心"的王勃、"人生自古谁无死？留取丹心照汗青"的文天祥……这些爱国英雄忧国忧民，为民族为国家贡献了自己的力量。习近平指出，英雄身上"充分展现了天下兴亡、匹夫有责的爱国情怀"②，他们"把爱国之情、报国之志融入祖国改革发展的伟大事业之中、融入人民创造历史的伟大奋斗之中"。

英雄精神体现为一种奉献精神。英雄是甘于奉献的代表，奉献是内嵌于英雄血液里的基因。在实现中华民族伟大复兴的历史进程中，涌现出一批又一批杰出的英雄人物，从李大钊、方志敏、黄继光等革命英雄，到王进喜、雷锋等时代楷模，直至今日钟南山、王继才、张桂梅、黄文秀等新时代的先锋模范。英雄们把汗水、心血、智慧、青春、无怨无悔地交付于祖国，交付于人民，在各自的岗位上发光发热，为实现民族复兴、中华崛起贡献出自己的力量。明乎此，尽管英雄身处位置不同、方式不同、角色不同，但同样的是为民族所作出的积极贡献，所展现出来的奉献精神，成为英雄之所以成为英雄的最有力的说明。对此，习近平指出，英雄具有淡泊名利、甘于奉献的高尚情操，"以实际行动体现了对

---

① 习近平：《在北京大学师生座谈会上的讲话》，人民出版社2018年版，第11页。
② 习近平：《在颁发"中国人民抗日战争胜利70周年"纪念章仪式上的讲话》，《人民日报》2015年9月3日。

党忠诚、心系群众、忘我工作、无私奉献的优秀品质"①"不管时代怎样变化,我们都要永远铭记他们的牺牲和奉献"②。历史和实践证明,如果没有英雄的牺牲精神作支撑,社会就会变成一盘散沙,缺乏凝聚力和向心力;而作为个体的人可能会成为"精致的利己主义者",不会对国家、社会、人民作出巨大贡献。

英雄精神体现为一种奋斗精神。中华民族的历史就是一部波澜壮阔的奋斗史。英雄是最美的奋斗者,他们的奋斗是"不破楼兰终不还"的坚毅决心,是"路漫漫其修远兮,吾将上下而求索"的不渝信念,是"千磨万击还坚劲,任尔东西南北风"的坚强品格。奋斗是英雄的人生态度,是实现英雄人生价值的途径。习近平指出:"世界上没有坐享其成的好事,要幸福就要奋斗"③。今天的中国,是亿万英雄的中国人民努力奋斗的结果。之所以能够有当今太平盛世的繁华景象,是因为英雄的浴血奋斗和英勇牺牲打下了坚实的基础,作出了无私的奉献。习近平多次对李保国、邹继华、罗阳等英雄奋斗事迹作出重要批示,明确要求时代新人要弘扬英雄的奋斗精神。那些能够积极为党和国家作出贡献的先锋模范、杰出代表、平民英雄,全社会都需要向他们学习,学习他们奋发向上的精神力量,学习他们身体力行的实践品质。

英雄精神体现为一种敬业精神。有学者指出,爱岗敬业是英雄最基本的工作作风、履职尽责是英雄最本质的职业操守④。在工作岗位上英雄们挥洒汗水、倾注心血。正像习近平所指出的,英雄模范身上体现了"忘我工作、务实进取的敬业精神"⑤,体现了"'爱岗敬业、争创一流,

---

① 《不忘初心 扎实工作 廉洁奉公 身体力行 把党的方针政策落实到基层和群众中去》,《人民日报》2017年4月15日。
② 《国家主席习近平发表二〇一五年新年贺词》,《人民日报》2015年1月1日。
③ 习近平:《在第十三届全国人民代表大会第一次会议上的讲话》,人民出版社2018年版,第4页。
④ 秦龙、吉瑞霞:《习近平英雄观的核心要义与时代价值》,《理论探讨》2021年第4期。
⑤ 《向践行党的群众路线的好干部兰辉同志学习》,《人民日报》2013年9月24日。

艰苦奋斗、勇于创新，淡泊名利、甘于奉献'的劳模精神"①。

二 英雄精神的时代价值

英雄精神，是中华民族极为珍贵的精神财富，永远是激励中国人民战胜一切困难阻碍、为实现民族复兴而不断勇往直前的精神动力，具有重要的学理价值和实践意义②。

（一）价值认同："赢得了党的信任、人民赞誉，也赢得了世界尊敬"

习近平在庆祝中国人民解放军建军90周年大会上指明了英雄精神的历史贡献："英勇顽强，视死如归，血战到底，人民军队用大无畏的气概赢得了党的信任、人民赞誉，也赢得了世界尊敬。"③ 在纪念中国人民志愿军抗美援朝出国作战70周年大会上，他更是指出："在抗美援朝战争中，中国人民在爱国主义旗帜感召下，同仇敌忾、同心协力，让世界见证了蕴含在中国人民之中的磅礴力量。"④ 在我国英雄精神发展的时间坐标上，以人民军队为代表的英雄人物身上都彰显出听党话、跟党走的坚定信念，人民主体的价值立场以及维护世界和平的责任担当，不仅在我国革命、建设与改革进程中发挥了重要作用，也对维护世界安全稳定秩序作出了突出贡献。

其一，英雄精神展现了听党话、跟党走的坚定信念。听党话、跟党走，是英雄一生坚守的责任与使命，关系着英雄精神的政治本色和行为作风，是国家战无不胜的力量源泉和根本保证。首先，听党话、跟党走，体现了高度认同、坚定不移的政治信仰。红军长征的胜利靠

---

① 《习近平谈治国理政》第一卷，外文出版社2018年版，第46页。
② 本部分全文转自田雨晴《习近平关于英雄精神价值的重要论述探析》，《思想教育研究》2020年第12期。
③ 习近平：《在庆祝中国人民解放军建军90周年大会上的讲话》，《人民日报》2017年8月2日。
④ 《习近平谈治国理政》第四卷，外文出版社2022年版，第75页。

的就是坚定的理想信念,习近平指出:"最重要的信念就一条,就是相信共产党……相信共产党做的事情就是为穷苦老百姓好,相信共产党说的就是真理。"① 英雄精神的生成、存续和发展正是以对党的绝对信任、对革命的必胜信心、对共产主义的坚定信念为根本前提和精神支撑的。其次,听党话、跟党走,体现了一心向党、绝对忠诚的政治品格。无论是"生为革命,死也永远为共产主义事业"的革命者,还是以身许国、在平凡岗位做出不平凡贡献的建设者,都秉承认同党的理想、服从党的组织、坚决恪守党的要求的信念,在大风大浪的风险和不良诱惑的考验下始终保持高度的政治清醒与精神定力。最后,听党话、跟党走,体现了担当作为、主动追随的自觉行为。心无旁骛、真心实意地"听"才能坚定不移、毅然决然地"走",无论过去还是现在,英雄模范们都在党的领导下甘于奉献、勇于担当,严明纪律、步调一致,一切服从统一意志、统一指挥、统一行动,坚决完成党赋予的各项任务,凝聚起众志成城、气吞山河的磅礴伟力。

其二,英雄精神彰显了坚持人民主体地位的价值立场。人民立场是英雄人物的根本立场,人民利益是无数英雄付出奉献牺牲的根本出发点和落脚点。习近平指出:"英雄模范们都对党和人民事业矢志不渝、百折不挠,都在党和人民最需要的地方冲锋陷阵、顽强拼搏,都在平凡的工作岗位上忘我工作、无私奉献。"② 英雄从人民中来,到人民中去,为了人民,依靠人民,始终怀着为中国人民谋幸福、为中华民族谋复兴的初心和使命,为中国的革命、建设和改革事业拼搏奉献、增砖添瓦。英雄精神以全心全意为人民服务为核心价值理念,是马克思主义群众史观的当代表现,是党的群众观点和群众路线的充分彰显。革命岁月里,无论

---

① 《习近平总书记江西考察并主持召开座谈会微镜头》,《人民日报》2019年5月23日。
② 习近平:《在国家勋章和国家荣誉称号颁授仪式上的讲话》,《人民日报》2019年9月30日。

是革命领袖还是普通战士，都把中华儿女的根本利益看得高于一切，为了救国救民，不怕任何艰难险阻，紧紧依靠人民群众，同他们生死相依、患难与共，展现了为国为民、依靠人民的英雄精神；在和平年代，无论身处政权机关还是基层组织，英雄模范们都遵守一切为了人民、一切依靠人民的立场原则，始终为民谋利、面向群众、服务群众，发扬了相信群众、依靠群众、动员群众等优良传统和民主作风。这种坚持人民主体地位、尊重人民首创精神的价值追求，是一种全心全意为满足国家和人民需要贡献自己力量的高尚品德，是党领导革命事业、战胜各种艰难险阻、取得伟大胜利的精神源泉。

其三，英雄精神诠释了维护世界和平的责任担当。中国国际地位的提高与国际影响力的获得，离不开勇于担当、不惜牺牲的英雄人物在世界反法西斯战争中的卓越贡献。在中华民族团结统一的旗帜引领下，全国各族人民踊跃捐钱捐物、团结抵抗外敌，始终保持了高度团结的强大战斗力、凝聚力和感染力，这种团结一致、集体至上的英雄气概鼓舞着更多国家和地区为争取民族独立和人民解放、谋求世界和平与发展不懈奋斗。在国家危难之际，英雄面临生死存亡的难题，他们没有"值不值"的功利化考量，只有"该不该"的道德抉择，从而能够义无反顾地投身于人类解放的光辉事业。用胸口堵住枪口的黄继光、忍受烈火烧身的邱少云等英雄，不仅用鲜血牺牲诠释了我国对维护世界安全稳定的责任担当，其所展现的博大胸怀和无畏气概、"为了人类和平与正义事业而奋斗的国际主义精神"[①] 更是影响至今，为世界和平贡献了巨大力量。英雄事迹及其蕴含的英雄精神，比抽象的理论或单纯的灌输更具有精神感召力和现实说服力，能使人们感受个人与社会、民族与国家之间休戚与共的关系，激发他们的情感与意志，并上升为信念和动力，以达到共

[①] 《习近平谈治国理政》第四卷，外文出版社2022年版，第74页。

同体内部行动的一致，对于提高公民整体素质、维护良性国际秩序、构建人类命运共同体具有不可替代的重要作用。

（二）价值定位："中国共产党人红色基因和中华民族宝贵精神财富的重要组成部分"

习近平指出："西路军不畏艰险、浴血奋战的英雄主义气概，为党为人民英勇献身的精神，同长征精神一脉相承，是中国共产党人红色基因和中华民族宝贵精神财富的重要组成部分。"① 习近平的重要论述十分深刻地阐明了英雄精神的科学定位与深远作用，深刻揭示了英雄精神在中华民族的丰富精神谱系中的地位价值。英雄精神是人民革命实践与主体创造性相结合的历史产物，构成了中国特色社会主义文化的精髓部分，标示着一个时代思想道德水平、精神文化境界所能达到的高度。

其一，英雄精神是中国共产党人红色基因的关键组成部分。习近平指出："我们要发扬光荣传统、传承红色基因，不忘初心、继续前进……这是我们对老一辈革命家最好的纪念。"② 党的二十大召开后不久，习近平总书记带领新一届中央领导集体前往延安，宣示在新的赶考之路上赓续红色血脉、传承奋斗精神、向历史和人民交出新的优异答卷的坚定信念。红色基因包含着对党忠诚、信念坚定、为人民服务、作风优良等内容，体现了英雄在中国革命事业中锤炼的先进本质、政治本色、精神面貌和光荣传统，寄托了实现争取民族独立和人民解放、实现国家富强和人民幸福的希望和理想，是老一辈无产阶级革命者留给当今社会的宝贵精神财富。多年来，无数英雄人物将自身血汗贡献于党和人民，为国家繁荣昌盛、长治久安努力拼搏，赋予了英雄精神鲜明的红色底色，也使之不断传承发展、流

---

① 《坚定信心开拓创新真抓实干 团结一心开创富民兴陇新局面》，《人民日报》2019年8月23日。
② 习近平：《在纪念刘华清同志诞辰100周年座谈会上的讲话》，《人民日报》2016年9月29日。

传至今。伴随英雄人物的涌现、英雄宣传教育的深入，英雄精神展现的忠诚执着的爱国情怀、奉献为公的朴实品格、敢为人先的无畏气概也被更多中华儿女接纳和认同，影响着人们的言行举止和日常生活，潜移默化、深远持久地影响人们成长成才和国家发展进步。红色基因的传承不仅体现在对英雄人物的祭奠和慰问、英雄事迹的铭记和学习，更反映在持之以恒地挖掘英雄精神、弘扬英雄精神，一以贯之地梳理英雄精神的历史发展脉络、核心本质内涵、理论理念依托，知道红色江山、幸福生活来之不易，知道守护建设美好家园责任重大。不论烽火连天的战争年代，还是热火朝天的社会建设中，英雄精神都承载着矢志不渝的气度、贫贱不移的气节、一往无前的气概，在新的历史时期，发掘好老战士、老英雄、老一辈建设者身上的英雄精神，是聚民心、育新人的现实选择。

其二，英雄精神是中华民族精神和时代精神的生动体现。中华民族精神和时代精神是推动社会发展和国家富强的精神力量，是满足全体社会成员精神需求的重要支撑。英雄精神作为民族精神和时代精神的生动体现，彰显着中华民族的精神脊梁，是不同时期时代精神的鲜活表达。一方面，英雄精神是以爱国主义为核心的民族精神的组成部分。爱国主义是"中国人民和中华民族同心同德、自强不息的精神纽带"[①]，英雄精神是中华民族长期的生产斗争和社会斗争的产物，其核心是为人民、为民族、为国家誓死抗争、勇于奉献的爱国主义精神。英雄精神作为联结和凝聚中华民族的精神纽带，支撑着民族救亡图存的希望，更作为民族精神中不可或缺的一部分流传至今。其中，独立自主、敢为人先的首创精神凸显着伟大创造精神，不畏强暴、顽强拼搏的豪迈气概是伟大奋斗精神的突出表现，团结一致、集体至上的凝聚力、向心力彰显了伟大团结精神，矢志不渝、百折不挠为实现共产

[①] 习近平：《在纪念中国人民抗日战争暨世界反法西斯战争胜利75周年座谈会上的讲话》，《人民日报》2020年9月4日。

主义理想而奋斗是伟大梦想精神的最好证明。另一方面，英雄精神是以改革创新为核心的时代精神的组成部分。时代精神是一个时代的人们在文明创建活动中体现出来的精神风貌和优良品格，是进一步解放和发展社会生产力、建设社会主义现代化强国的精神动力。新的历史条件下，革命先烈舍身为国、牺牲为民的精神气节越发体现为乐于助人、勤于奋斗、甘于奉献的英雄精神，表现为提出新方法、新观点的思维能力和进行发明创造、改革、革新的意志、信心、勇气和智慧，在时代变革的大背景下，对于培育人们健康向上、积极有为、乐观进取的精神品质具有现实意义，鼓舞着广大人民群众为实现第二个百年奋斗目标和中华民族伟大复兴而共同努力。

其三，英雄精神是中国特色社会主义文化的重要内核。习近平指出，"中国特色社会主义文化积淀着中华民族最深层的精神追求，代表着中华民族独特的精神标识"[①]，包含着中华优秀传统文化、革命文化和社会主义先进文化。英雄精神，铸造着中国特色社会主义文化的血脉灵魂，为其一脉相承、与时俱进提供了丰厚滋养和坚实根基。传承和弘扬英雄精神，就是继承和发展无数英雄在漫长实践中开创的中国特色社会主义文化，坚定新时代中国特色社会主义文化的前进方向。一方面，英雄精神根植于自强不息、厚德载物的中华优秀传统文化之中，展现和传递着它的精神内核。英雄精神凸显了以天下为己任的责任伦理，内在规定着每个人对于自身、他人、社会、国家与世界的多重责任，这与传统文化讲求的格物致知、诚意正心、修身齐家、治国平天下的理念不谋而合。英雄精神所展现的冲锋陷阵、视死如归的无畏精神，不惧苦难、舍生取义的忠贞气节，默默无闻、甘于奉献的无私品格，精忠报国、忧国忧民的博大胸怀，与崇仁爱、重民本、尚和

---

① 《习近平谈治国理政》第二卷，外文出版社2017年版，第51页。

合、求大同等优秀传统文化思想密不可分，也与自强不息、扶正扬善、扶危济困、见义勇为等优秀传统道德息息相关。另一方面，英雄精神作为革命文化的核心部分，是对革命文化的继承和发扬，是对革命记忆的铭记和存续。革命文化包含了指导革命实践成功的科学理论方法、凝聚在革命事业中的革命精神和信仰、体现革命理念的文艺成就等内容。革命文化是孕育英雄和英雄精神的土壤，是激发英雄精神、坚持不懈奋斗的内生力量。在马克思主义的人民立场、革命理论和阶级分析原则的指导下，共产主义的坚定信仰与救国救民的崇高理想融合在一起，熔铸成了辉煌灿烂的英雄精神谱系，也极大丰富了革命文化的构成内容、历史价值和理论底蕴。此外，英雄精神是社会主义先进文化能够不断存续创新、丰富发展的精神来源和文化支撑。英雄人物在革命斗争中的伟大实践为社会主义文化的生成奠定了实践基础，也坚定了人们对于中国共产党领导地位、中国特色社会主义目标方向、马克思主义中国化必然选择的自信。英雄精神凝聚和体现着无数英雄先烈为国家和民族奋斗的初心，反映了中华民族为社会主义事业繁荣和国家强盛而锐意进取的先进品格，是党领导中国人民进行建设和改革的力量源泉和精神旗帜。

（三）价值意蕴："激励中国人民克服一切艰难险阻、为实现中华民族伟大复兴而奋斗的强大精神动力"

习近平在对抗战精神、长征精神的阐释过程中，指明了英雄精神的时代价值和现实意义。他说："伟大的抗战精神，是中国人民弥足珍贵的精神财富，永远是激励中国人民克服一切艰难险阻、为实现中华民族伟大复兴而奋斗的强大精神动力。"[①] "我们党领导的红军长征，谱写了豪情万丈的英雄史诗。伟大的长征精神是中国共产党人革命风

[①] 习近平：《在纪念中国人民抗日战争暨世界反法西斯战争胜利69周年座谈会上的讲话》，《人民日报》2014年9月4日。

范的生动反映,我们要不断结合新的实际传承好、弘扬好。推进中国特色社会主义事业的新长征要持续接力、长期进行,我们每代人都要走好自己的长征路。"① 他深刻指出:"中华民族伟大复兴,绝不是轻轻松松、敲锣打鼓就能实现的。"② 英雄人物和英雄事迹中体现的无畏气概、家国情怀、崇高理想、责任担当等都是建设中国特色社会主义、实现中华民族伟大复兴不可或缺的精神要素,激励着全体中华儿女不断奋进,应对国内外各种风险和考验,凝聚起同心共筑中国梦的磅礴力量。

其一,英雄精神大力提振了中国人民战胜困难挑战的信心。旗帜引领方向,道路决定命运。国家和民族就是在迎接挑战、战胜困难的过程中发展和壮大的,英雄精神也正是在解决时代性重大课题、作出历史性重大贡献的社会实践中生成和延续的。人无精神则不立,国无精神则不强。英雄精神是中华民族赖以长久生存繁衍的精神支柱,使得中国人民在历史的洪流中能够站稳脚跟、屹立不倒,对于当今社会战胜重重困难、化解各种危机依然具有重要意义。信心和底气,来源于英雄人物的社会实践和成功经验,更来自英雄精神中不畏艰险、顽强拼搏的意志品质,信念坚定、理想高远的崇高追求以及积极作为、乐观向上的心理态度。正如习近平所说:"我们的党、我们的事业历经各种坎坷挫折,但愈挫愈奋、愈战愈勇。我们现在一定要有信心,继续沿着革命先辈们开辟的道路走下去,发展壮大自己。"③ 新的时代条件下,面对矛盾交织、风险加剧的国内外发展环境,英雄精神作为"定心针""强心剂",极大地鼓舞着人们坚定信念、昂扬向上,众志成城、开创未来,不管前方是雄关漫道还是荆棘满途,都毫不畏惧、

---

① 《解放思想真抓实干奋力前进 确保与全国同步建成全面小康社会》,《人民日报》2016年7月21日。
② 《习近平谈治国理政》第三卷,外文出版社2020年版,第101页。
③ 《习近平总书记江西考察并主持召开座谈会微镜头》,《人民日报》2019年5月23日。

前仆后继地战胜前进道路上的艰难险阻。

其二，英雄精神深深磨炼了中国人民奋发前进的恒心。中华民族伟大复兴是一个与时代同步、与发展并进的长期过程，其实现绝非一朝一夕之功，需要一代代中华儿女的艰辛付出和接续奋斗。英雄精神是社会进步的动力，是国家发展的活力，是民族兴旺的创造力。习近平指出，我们不能忘记党的初心使命、理想宗旨，"要继续高举革命的旗帜，弘扬伟大的长征精神，朝着中华民族伟大复兴的目标奋勇前进"①。革命战争年代，在不断走向胜利的关键时刻，英雄毅然决然地喊出"将革命进行到底"的豪迈誓言。新时代，面临诸多风险和严峻挑战，也必须具备"将改革进行到底"的无畏气概。英雄人物对中国特色社会主义道路的探索也经过了一个接续奋斗、不断取得伟大成就的过程。英雄精神展现了"不破楼兰终不还"的意志毅力，其所呈现的理想信念、宗旨追求和品格境界，代表着美好和希望，能够引领方向、凝聚人心，人们从中能够了解到国家繁荣、民族团结、社会稳定、经济发展的来之不易，认识到实现伟大梦想的时代任务仍旧艰巨复杂。习近平多次提到，一切伟大成就都是接续奋斗的结果，中国特色社会主义事业要一茬接着一茬干。新时代是大有可为的时代，需要有后来人学习英雄品格、发扬英雄精神，需要久久为功、常抓不懈，需要不忘初心、牢记使命，把思想和行动统一到全面建设社会主义现代化国家的新征程中。

其三，英雄精神强烈激发了中国人民独立自主创新的勇气。勇立潮头、敢为人先的英雄精神体现着奋发图强、锐意进取的先进品格，本质上是不断"更生"的创新精神。英雄面对复杂的国内外环境，始终保持大无畏的豪迈气概，敢于涉险滩、啃硬骨头，铸就了革命、建

---

① 《贯彻新发展理念推动高质量发展 奋力开创中部地区崛起新局面》，《人民日报》2019年5月23日。

设和改革进程中的一个个"第一个"。在瞻仰中共一大会址和嘉兴红船时，习近平指出，"红船精神"这种走在时代前列的精神，"是激励我们把握发展这一时代主题和党执政兴国第一要务，大胆探索、创新创业的强大思想武器"[①]。在中国文联十大、中国作协九大开幕式上，他更是高度肯定了中国人民创新创造、开拓进取的勇气在中华民族从苦难走向辉煌的历程中的重要意义。此外，习近平还多次褒扬科学工程师、医务工作者、青年创业者等英雄群体坚持用创新的理论成果武装头脑、用创新的思想观念谋划工作的精神与勇气。英雄精神昭示我们，在社会发展的进程中不能因循守旧、刻舟求剑，要自觉克服安于现状、不思进取的思想观念。正是这种英雄精神在民族发展受到阻滞时，爆发出惊人的善于打破旧世界的勇气、力量、韧劲和智慧。也正是这种英雄精神能够在新的历史时期赋予人们坚定的政治勇气、高涨的建设斗志和沉甸甸的历史使命感，以永不懈怠的精神状态和一往无前的奋斗姿态，勇于变革、勇于创新，踔厉奋发、勇毅前行，成为扫除前进道路上阻碍藩篱的精神动力。

---

① 习近平：《弘扬"红船精神" 走在时代前列》，《人民日报》2017年12月1日。

第二章　英雄人物及精神与社会主义核心价值观的内在契合

习近平在党的二十大报告中指出:"广泛践行社会主义核心价值观。社会主义核心价值观是凝聚人心、汇聚民力的强大力量。"① 社会主义核心价值观是彰显社会主义本质、代表社会主义前进方向、遵循社会主义建设规律、体现社会主义价值观念的主流价值观念体系。英雄精神彰显了历史唯物主义的人民立场,继承了中华优秀传统文化的精髓,丰富和发展了革命文化、社会主义先进文化。"没有'对立'也就无所谓'统一',没有'差异'也就不存在'契合'。"② 英雄精神与社会主义核心价值观在内涵上的共性使二者的契合成为必要和可能。本章旨在简要阐析社会主义核心价值观的形态、内涵、功能、特征等基本问题,深入分析英雄精神与社会主义核心价值观的内在关联与亲缘契合,为其社会主义核心价值观的有效传播提供本源前提、理论基础与思想保障。

---

① 习近平:《高举中国特色社会主义伟大旗帜　为全面建设社会主义现代化国家而团结奋斗——在中国共产党第二十次全国代表大会上的报告》,人民出版社2022年版,第44页。
② 王新刚:《论中华优秀传统文化与社会主义核心价值观的内在契合》,《思想理论教育导刊》2018年第12期。

第一节 社会主义核心价值观概述

党的十八大报告第一次提出"社会主义核心价值观"的概念和命题,提出"三个倡导":"倡导富强、民主、文明、和谐,倡导自由、平等、公正、法治,倡导爱国、敬业、诚信、友善,积极培育和践行社会主义核心价值观。"[①] 培育和弘扬社会主义核心价值观,是"凝魂聚气、强基固本的基础工程",是在新的历史条件下巩固和加强社会主义意识形态的战略举措,事关我们党和国家的前途命运。下面,概要阐释社会主义核心价值观的表现形态、内涵功能、基本特征[②]。

一 社会主义核心价值观的表现形态

社会主义核心价值观经历了一个历史的发展演变过程,表现为从抽象到具体、从空想到科学、从理论到实践、从革命到建设和改革的转换,存在着革命的逻辑、建设的逻辑与改革的逻辑之间的差异,在不同国家不同历史时期有着不同的表现形态。

[①] 胡锦涛:《坚定不移沿着中国特色社会主义道路前进 为全面建成小康社会而奋斗——在中国共产党第十八次全国代表大会上的报告》(2012年11月8日),人民出版社2012年版,第31—32页。

[②] 本节主要参见田海舰《培育和践行社会主义核心价值观多维研究》,人民出版社2015年版;《社会主义核心价值体系培育纲要》,人民出版社2012年版;《社会主义核心价值观论纲》,人民出版社2010年版;《社会主义核心价值观研究》,河北大学出版社2008年版;《论社会主义核心价值体系与核心价值观》,《中国党政干部论坛》2007年第2期;《社会主义核心价值观初探》,《道德与文明》2007年第1期;《浅论社会主义核心价值观》,《思想政治工作研究》2008年第9期;《论社会主义核心价值观的三个维度》,《河北大学学报(哲学社会科学版)》2012年第4期;《凝练社会主义核心价值观的新尝试》,《道德与文明》2012年第3期;《富强民主文明和谐何以成为国家层面的价值目标》,《齐鲁学刊》2015年第4期;《社会主义核心价值体系引领社会思潮的基本原则和方法探析》,《河北软件职业技术学院学报》2012年第1期;等等。

第二章 英雄人物及精神与社会主义核心价值观的内在契合

（一）在资本主义社会中仅作为一种"思想体系和理论学说"存在的社会主义核心价值观

从空想社会主义到科学社会主义，从民主社会主义到生态社会主义、女权社会主义、市场社会主义、多元社会主义等价值学说都属于这一类，其共同特点是都产生或存在于资本主义社会，都是对困境中的资本主义的理论批判和回应。根据性质和属性的不同，社会主义核心价值观又分为"科学"与"非科学"两类。

"科学"的社会主义核心价值观是直接产生于并从属于科学社会主义理论体系的一种观念形态。"科学"的社会主义核心价值观之"科学"，首先是相对于"空想"而言的。马克思主义创始人认为以前的社会主义都是情感的、道德的、凭空设想的，都是非科学的。他们自觉把社会主义从愿望的领域转到知识的和理智的领域，把人类理想与现实主义结合起来，把"解释世界"与"改变世界"结合起来，建立了一套符合科学要求和规范的批判理论体系。事实上，只有当马克思恩格斯使社会主义由空想变为科学，即当他们科学地揭示出资本主义必然灭亡、社会主义必然胜利的客观规律，并以科学预见的形式大体上勾勒出社会主义社会的发展远景之时，"科学"的社会主义核心价值观才开始产生。同时，"科学"的社会主义核心价值观之"科学"，更重要的在于它严格以客观事实为依据，符合人类社会发展的客观规律，能够不断经受实践的检验，具有与时俱进的理论品质。科学社会主义价值观是适应时代和无产阶级革命斗争需要的产物，是在资本主义的生产状况和阶级状况成熟的条件下产生的。科学社会主义的价值理论既没有离开世界文明大道，更不是狭隘的宗派学说，而是16世纪以来人类所创造的优秀成果尤其是19世纪初三大空想社会主义者价值思想的直接继承。唯物史观和剩余价值论是科学社会主义价值观的理论基石。马克思恩格斯历来不主张对未来社会作详细的描绘。他们著作的大部分是论述资本主义发生发展的规律、社会主义代替资本主义的历史必然性和无产阶级革命问题，而对资本主义以后的未来社会的设想始终慎之又慎。他们一再宣称，决不提供适合将来任何时候的"一劳永逸的现存方案"。尽管如此，他们在同其他社会主义流派的论争中，也对未来社会价值观作过一些预测和阐发。他们关于未来新社会的预见和描述包括高度发达的生产力、社会占有制、计划经济、按劳分配、阶级消灭和国家消亡等。就价值观念而言，公平正义、尊重人权、友爱互助、富裕和谐、自由构成了科学社会主义价值观的核心内容。科学社会主义价值观体现为合目的性与合规律性、社会发展与人的发展、科学理性和价值理性的辩证统一。

"非科学"的社会主义核心价值观是指各种假马克思主义、非马克思主义或反马克思主义核心价值观。在科学社会主义价值观产生以前，社会主义价值思想曾经有过漫长的历史发展，作为一种社会思潮，它以对未来的社会理想和道德理想的憧憬，一直存在于进步人类的追求之中。空想社会主义者在批判旧制度的同时，从改造社会道德、改善无产阶级处境的良好愿望出发，描绘了未来理想社会的美好远景，提出了许多有重要价值的观点和主张，如平等思想、博爱思想、劳动思想、和谐思想、普遍幸福思想、人的全面发展思想等。尽管它没有摆脱纯粹空想的性质，但已天才地预示了人类社会发展的前景。空想社会主义价值观以其鲜明的批判性和幻想性彪炳史册，给人类留下了宝贵的价值资源和精神财富，成为科学社会主义价值观的理论先驱。在马克思恩格斯时代，除了空想社会主义之外，还存在封建的社会主义、小资产阶级的社会主义、基督教的社会主义等各种反动的社会主义。由于它们凭着想象对未来社会进行主观臆造和逻辑推演，建立在"价值"必然性而非"历史"必然性基础上，因而都不是真正意义上的社会主义，都不是"科学"的社会主义价值观。当今时代，较有影响的民主社会主义（社会民主主义）价值观、市场社会主义价值观、生态社会主义价值观、后工业社会主义价值观、女权社会主义价值观、多元社会主义价值观、自治社会主义价值观等虽然提出了许多真知灼见，但总体上也不属于"科学"的社会主义价值观范畴。这些价值观的理论贡献和历史局限还有待进一步分析和总结。

（二）作为一种社会形态、社会制度的"社会主义社会"价值观

苏联、东欧、中国等"社会主义国家"的社会主义核心价值观都属于此类。只有当苏联、东欧、中国等国家的社会主义革命取得成功，相继走上社会主义道路之后，社会主义核心价值观的存在和发展才开始有了直接的现实基础和土壤，才有了坚实的"社会"与"制度"依托，才开始进入了一个新的历史发展时期。其中，计划经济体制下的社会主义核心价值观包含着政治、经济、文化等多方面的内涵，核心是集体主义。它认为通过统一意志、统一行动，可以避免资本主义社会的种种弊端，实现社会主义对资本主义的超越，最终实现共产主义。这种价值观是经济文化比较落后的国家实现社会主义工业化的必然要求，在特定的社会历史条件下从某种程度上促进了社会主义实践的发展，但也带来了某些消极效应和后果。

随着我国从计划经济体制向市场经济体制的转型，与社会主义市场经济相适应的价值观不断生成和确立。它更凸显主体性，更强调公平性，更呼唤竞争性，更注重效益意识和法治意识，其核心是人的自由与社会的和谐发展。这一新型价值观目前仍处于不断建构和完善之中，仍处于从潜在到现实的不断转换之中。我国社会主义核心价值观是中国共产党领导中国人民在进行社会主义革命、建设和改革的伟大实践中逐步形成和完善起来的，经历了由以阶级斗争为纲到以发展经济为中心，到以发展生产力为中心，再到以人为本的转换，内容非常丰富，在党的指导思想和路线、方针、政策中得到集中体现。在对我

国社会主义核心价值观进行艰辛探索的过程中，几代中国共产党人作出了突出贡献，为社会主义核心价值观的培育和践行提供了丰富的思想资源和科学的方法论指导。

二 社会主义核心价值观的内涵功能

"什么是社会主义核心价值观、怎样建设社会主义核心价值观"，这是马克思主义经典作家留给我们的一个世纪性价值难题，也是世界社会主义实践运动和中国特色社会主义伟大实践给我们提出的一个世界性价值难题。发展中国特色社会主义先进文化，必须"深入研究社会主义核心价值观的理论和实际问题，深刻解读社会主义核心价值观的丰富内涵和实践要求，为实践发展提供学理支撑"[①]。

(一) 社会主义核心价值观的基本内涵

社会主义既是一种思想体系、实践运动、社会制度，更是一种价值和价值观。社会主义价值观指人们对社会主义价值诉求的基本看法和总体要求，是社会主义思想体系的内核、社会主义运动的指针、社会主义制度的灵魂，一直存在于在社会主义思想指导下以社会主义制度为目标的社会主义实践运动中，是社会主义道路、制度、事业的精神旗帜。社会主义核心价值观作为观念上层建筑，是社会主义思想文化、意识形态、道德规范的综合体，实质上是对社会主义基本制度、发展道路和生活方式的反映，是社会主义的精神自我。

社会主义核心价值观，是在我国社会主义革命、建设和改革的伟大实践中，根据我国具体实际和社会主义发展的基本规律而形成的关于社会主义价值本质的根本看法和总体观点，是在我国社会主义价值观、价值体系和核心价值体系中居核心地位、起统领作用、相对稳定

---

① 《关于培育和践行社会主义核心价值观的意见》，人民出版社2013年版，第11页。

第二章 英雄人物及精神与社会主义核心价值观的内在契合

的根本价值理念,是社会主义真理性与价值性的高度统一,是马克思主义指导思想与中国特色社会主义伟大实践的高度统一。在社会主义的基本价值理念中,"只有那些以马克思主义指导思想为灵魂、以中国特色社会主义的共同理想为主题、以以爱国主义为核心的民族精神和以改革创新为核心的时代精神为精髓、以社会主义荣辱观为道德基础的价值观,才能称为社会主义核心价值观"[①]。社会主义核心价值观问题决不仅仅是一个一般性的社会文化和社会道德价值观的问题,而是一个至少涵盖社会政治意识形态建构、社会思想意识和文化价值观念规导、社会道德伦理规范体系重建这三大层次的,具有社会思想、文化、道德和价值观念之整合诉求的理论建设工程,缺少任何一个维度解读中国特色社会主义核心价值观都可能发生偏颇。

社会主义核心价值观,是反映社会主义基本的、长期稳定的社会关系及价值追求的价值观。从产生来看,它是在社会主义革命、建设和改革开放历程中逐步形成和发展起来并指导社会主义健康发展的价值目标和价值观念;从地位来看,它是社会主义价值体系中最基础、最核心的部分,是中华民族长期秉承的反映社会主义本质和建设规律的根本原则和价值观念的理性集结体;从作用来看,它支撑着我们在建设社会主义长期实践中的行为指向和行为准则,从更深层次影响着我们在发展中国特色社会主义伟大征程中的思想方法与行为方式;从特征来看,它具有真理性、民族性、时代性、先进性、人民性、开放性、实践性等理论特质和品格。

社会主义核心价值观,绝不是一成不变的、静态的、封闭的、抽象的观念体系,而是一个具体的、历史的、发展的范畴,是一个不断生成的概念,应随着中国特色社会主义实践的不断发展而加以完善。

[①] 田海舰、戴沐:《社会主义核心价值观初探》,《道德与文明》2007年第1期。

在社会主义核心价值观中,"富强、民主、文明、和谐"集中体现了在国家发展目标上的内涵规定,"自由、平等、公正、法治"聚焦体现在社会价值导向上的内涵规定,"爱国、敬业、诚信、友善"则凸显了在个人发展准则上的内涵规定。这三个层次相互联系、相互贯通、相辅相成,从整体上深刻回答了我们要建设什么样的国家和社会、培育什么样的公民的重大问题,实现了国家、集体、个人在价值目标上的有机统一。

社会主义核心价值观,从国家、社会、个人三个向度涵盖了主体的价值追求[①]。

第一,"富强、民主、文明、和谐"彰显和突出了中国特色社会主义的价值表达,代表的是国家的意志,凝聚全体人民的共同价值理想。"五位一体"总体布局,有一个共同的价值目标。在新时代新征程上,我们的主要任务就是要通过在经济、政治、文化、社会、生态文明等领域的建设,擘画全面建设社会主义现代化国家的宏伟蓝图,从价值追求角度来说就是要达到"富强、民主、文明、和谐"。具体来说,在经济层面要更富强,在政治层面要更民主,在文化层面要更文明,在社会层面要更和谐,在生态层面要更美丽。追求富强、民主、文明、和谐,是已写入党章、载入宪法的党和国家的奋斗目标,反映了中国人民对寻求民族复兴的殷切期盼。富强、民主、文明、和谐,是我国在社会主义初级阶段的奋斗目标。作为一种历史上最先进的生产关系、社会制度、社会形态,社会主义为解放生产力和发展生产力奠定了根本政治前提和制度保障,它所创造的物质财富与精神文明达到了较以往社会形态从未有之的高度,为实现共产主义强基固本。近代以来,中国社会发展的根本要求就是实现富强、民主、文明、和谐。中华人

---

① 以下参见田海舰《培育和践行社会主义核心价值观多维研究》,人民出版社2015年版,第28—30页。

第二章 英雄人物及精神与社会主义核心价值观的内在契合

民共和国成立以来,我们党积极倡导追求富强、民主、文明、和谐。实现国家富强、人民幸福、民族复兴,符合和顺应了近代以来中国人民追寻民族复兴的历史潮流,彰显了中国特色社会主义伟大事业的美好未来,自始至终是一个催人奋进、提振精神的价值理想,是能够凝聚起最广大人民群众智慧力量和美好梦想的宏伟目标。

第二,"自由、平等、公正、法治"彰显和突出了中国特色社会主义的基本社会属性,表征的是社会秩序,是人们对现实社会的价值希冀和诉求期待。马克思主义将实现人的本质的真正复归、实现每个人的自由而全面的发展作为其终极价值理想和最高目标。将自由、民主、平等写到自己的旗帜上,这是我们党自成立伊始就始终铭刻于心的价值追求。中华人民共和国成立后,我们党又将其写到社会主义旗帜上,激励着人们意气风发地全身心投入社会主义建设。改革开放以来,社会主义市场经济逐步确立、社会主义民主政治深入发展,与之相适应,人们的民主意识、法治意识、自由意识、平等意识、契约意识明显增强,维护社会公平正义的呼声也越来越高。为满足广大人民群众对美好生活的新期待,顺应中国特色社会主义发展的新要求,我们党更加自觉地将这些价值理念深入扎实地运用到党的理论和实践中。党的十七大报告提出要"树立社会主义民主法治、自由平等、公平正义理念",党的十八大报告则把"倡导自由、平等、公正、法治"作为"积极培育和践行社会主义核心价值观"的一项重要内容。由此可以看出,自由、平等、公正、法治是我们坚持和发展中国特色社会主义的核心价值追求。

第三,"爱国、敬业、诚信、友善"彰显和突出了社会主义国家公民的基本价值追求和道德准则要求,表达的是道德自律,是社会成员的基本道德规范。基于社会经济利益和分配方式多样化,基于共圆复兴梦和人们对精神文明建设需求的多维化,基于世界上各类思想文化的多元化，如何形成凝聚公民精神信仰力量、提升公民价值观道德教育水平的主流价值观，是一个意义十分重大的时代课题。2001年9月，中共中央印发的《公民道德建设实施纲要》明确提出，要坚持以为人民服务为核心，以集体主义为原则，以"五爱"即爱祖国、爱人民、爱劳动、爱科学、爱社会主义为基本要求，在全社会倡导"爱国守法、明礼诚信、团结友善、勤俭自强、敬业奉献"的基本道德规范。2006年3月，胡锦涛提出倡导以"八荣八耻"为主要内容的社会主义荣辱观。2006年10月，党的十六届六中全会审议通过《中共中央关于构建社会主义和谐社会若干重大问题的决定》，明确提出了建设社会主义核心价值体系的战略任务，并对其基本内容作了规范性阐述。以上这些文件、报告和讲话为我们党从社会公民层面提炼社会主义核心价值观的基本内容提供了丰厚的思想资源，奠定了坚实的理论基础，指明了凝练方向。2012年11月，党的十八大报告从公民层面提出了以"爱国、敬业、诚信、友善"为内容的社会主义核心价值观。这"8个字"反映了社会主义价值追求和公民道德行为的本质属性，集成了中华传统美德、革命道德和社会主义新时期道德的精粹精华，体现了每位社会公民都应以之为根本遵循的道德规范和行为准则，同时，还是其他两个"倡导"的基础。这"8个字"，作为公民道德规范的基本要求，贯穿于"四德"的各方面，具有全面性、系统性、涵盖性、广泛性的特点。

（二）社会主义核心价值观的功能作用

从基本内容的维度看，社会主义核心价值观紧扣了社会主义的本质要求，着眼于建设中国特色社会主义的实践需要和时代主题，汲中国传统文化之精华，取人类文明所求之益果，扼建设社会主义文化强国之关键，凸显了我们党的世界眼光、文化自觉、理论自信，对于统一思想、提高认识、凝聚人心，对于规范、引领和主导多元价值差异，对于增强国家文化软实力、建成社会主义文化强国、实现中华民族伟大复兴,具有重大而深远的意义。

具体而言,社会主义核心价值观的功能作用主要表现在以下五个方面[1]:

其一,表达"社会理想"。富强、民主、文明、和谐这"8个字",对中国特色社会主义共同理想进行了高度概括,对"五大建设"即经济、政治、文化、社会和生态文明建设的总体奋斗目标作出了明确界定,科学解答了我们要建设什么样的国家这一时代重大问题。我们党作出庄严承诺,在建党100年时,全面建成小康社会;中华人民共和国成立100年时,建成富强民主文明和谐美丽的社会主义现代化强国。实现中华民族伟大复兴,是近代以来中国人民最伟大的梦想,是中华民族的最高利益和根本利益。如今,我们已经如期"实现了第一个百年奋斗目标,在中华大地上全面建成了小康社会,历史性地解决了绝对贫困问题,正在意气风发向着全面建成社会主义现代化强国的第二个百年奋斗目标迈进"[2]。社会主义核心价值观是"明灯",照亮了中华民族伟大复兴的光明前景。

其二,宣示"立国原则"。习近平指出,人类社会发展的历史表明,对一个民族、一个国家来说,最持久、最深层的力量是全社会共同认可的核心价值观。"核心价值观,承载着一个民族、一个国家的精神追求,体现着一个社会评判是非曲直的价值标准。""如果一个民族、一个国家没有共同的核心价值观,莫衷一是,行无依归,那这个民族、这个国家就无法前进。"[3] 社会主义核心价值观,能够使我们增强"四个自信",坚定价值立场。社会主义核心价值观是"路标",指引着中

---

[1] 以下参见田海舰《培育和践行社会主义核心价值观多维研究》,人民出版社2015年版,第31—32页。
[2] 《习近平谈治国理政》第四卷,外文出版社2022年版,第3页。
[3] 《习近平谈治国理政》第一卷,外文出版社2018年版,第168页。

国特色社会主义的发展方向。

其三，引领社会思潮。在我国，马克思主义、社会主义的意识形态发挥着主导作用，但也面临着新自由主义、民主社会主义、文化保守主义、历史虚无主义、文化殖民主义、民粹主义、民族分裂主义、反民族主义、实用主义、拜金主义、享乐主义、极端个人主义、物质主义、消费主义、游戏主义、"公共知识分子"等社会思潮以及伪科学、愚昧迷信等"噪音""杂音"的严重影响和巨大冲击。虽然各种社会思潮主张不同，表现形式不同，但却有共同的政治诉求：都污蔑或攻击马克思主义指导思想、社会主义制度、中国共产党领导，力图将改革变为改向，使中国成为西方国家的附庸。面对各种重大风险挑战，社会主义核心价值观具有为辨别社会思潮提供科学标准、科学指导思想、共同理想信念、强大精神支柱、基本道德规范的功能与作用。社会主义核心价值观是"旗帜"，能够有效抵御和引领各种社会思潮。

其四，凝聚"社会共识"。随着进入社会转型发展期，我国经济体制深刻变革，社会结构深刻变动，利益格局深刻调整，思想观念发生深刻变化。在这种情况下，靠什么来化解矛盾、凝聚共识？社会主义核心价值观，反映了全国各族人民共同认同的"最大公约数"，具有强大凝聚力、吸引力和感召力。社会主义核心价值观是"纽带"，能够维系社会团结，有效避免利益调整可能带来的思想对立和混乱，形成团结奋斗的强大精神力量。

其五，确立行为规范。社会主义核心价值观，能够涵养人的心灵，激发崇德向善的强大正能量。爱国、敬业、诚信、友善这"8个字"，是我国公民的基本价值追求和根本道德准则，科学解答了我们应该成为什么样的公民的重大时代问题。社会主义核心价值观是"利剑"，能够扶正祛邪、激浊扬清。社会主义核心价值观是"良药"，能够驱散道德迷雾、医治道德病痛。社会主义核心价值观是"标尺"，规范着每个公民的言行举止。

总之,社会主义核心价值观,反映了我国社会主义制度的本质规定,体现了党的伟大事业的发展需要,是我们党百年奋斗的精神动力。它既坚持马克思主义的共性,又彰显了中国特色社会主义的个性;既立足于国家、社会的发展实际,又彰显着人的发展的价值属性;既体现了深厚的传统底色,又反映了鲜明的时代风貌,顺应历史潮流,符合社会实践,顺乎民意,近乎民情,以其强大的感召力、持久的引导力、广泛的凝聚力为人们的思想提供了明确的价值导向,为人们的行为提供了规范的行为准则,也为我们党治国理政提供了科学的理论依据和思想指导。

三　社会主义核心价值观的基本特征

质而言之,社会主义核心价值观具有以下六个鲜明特征[1]:

其一,它体现了国家意志与个人价值的有机统一。社会主义核心价值观,与任何社会的主流价值观一样,无不体现着国家意志和政党目标的指导思想、理想指南,以引领全社会的团结奋斗。周薇认为,个人是构成社会的基点,只有让个人得以"安身立命",才能让国家达至"安邦定国"[2]。社会主义核心价值观的基本内容,既彰显了国家社会的目标,又张扬了人的主体性,实现了国家、社会、个人的价值愿景相统一。

其二,它体现了先进性与广泛性的有机统一。社会主义核心价值观,体现了时代精神的精华和现实要求,彰显了人类崇高的精神诉求,反映了人民群众的根本利益和理想追求,其先进性不言自明。但其先进性并不意味着只是针对特定的阶层和群体,其倡导的是代表普通大

---

[1] 以下参见田海舰《培育和践行社会主义核心价值观多维研究》,人民出版社2015年版,第33—34页。

[2] 周薇:《三个倡导:社会主义核心价值观的科学概括》,《南方日报》2012年11月22日。

众利益、面向全民的普遍的价值取向,具有从实际出发、着眼于多数的基础性和广泛性。如对公民道德规范的要求,不是"奉献",而是敬业、诚信、友善等底线伦理①。社会主义核心价值观的基本内容,坚持以先进性为引导、广泛性为基础,体现了我们党对思想道德建设规律认识的又一次升华。

其三,它体现了继承性与超越性的有机统一。社会主义核心价值观,是对中国传统价值观、西方价值观、人类基本价值的继承和超越。它吸收和继承了传统文化中的"民本""和谐""仁爱""信义""善政""大同"等思想精粹,反映了马克思主义中国化的理论成果,充分显示了对于中华民族未来发展的自信。同时,社会主义核心价值观不是离开人类文明发展大道而故步自封的东西,它以无比自信的恢宏气度明确了如"民主、自由、平等"等非西方独有、属人类共有、是马克思主义政党不断追求的基本价值准则,并且用中国特有的实践经验去界定和发展这些价值理念,占据了人类文明和道义的制高点,也向全世界展示了一个由先进核心价值观引领的中华文明②。

其四,它体现了主导性与包容性的有机统一。社会主义核心价值观,体现了马克思主义一元指导思想,体现了社会主义、爱国主义、集体主义等主流意识形态,具有鲜明的导向性、方向性和引领力。同时,它集中代表了我国最广大的劳动人民,如工人、农民、知识分子,同样也包含其他劳动者、建设者、爱国者的利益,把各个阶层、各个群体的共同愿望有机结合在一起,把各种价值共识有机整合在一起,具有广泛的包容性。

其五,它体现了理想性与现实性的有机统一。社会主义核心价值

---

① 周薇:《三个倡导:社会主义核心价值观的科学概括》,《南方日报》2012年11月22日。
② 周薇:《三个倡导:社会主义核心价值观的科学概括》,《南方日报》2012年11月22日。

观，既有针对性又立足长远，既显示了一个深具责任意识、忧患意识、与时俱进的政党实现宏伟蓝图的坚定信心，又体现了一个国家未来的美好希望，必将成为全国人民深植于心的核心价值取向。

其六，它体现了稳定性与开放性的有机统一。社会主义核心价值观一旦形成和确立，便具有涵盖历史长时段的相对稳定性。它将不断社会化、大众化，成为人们共同遵循和维护的行为准则，深埋于人们的思想深处。随着社会的发展和时代的变迁，某些个别、具体的价值观会有所变化，但社会主义核心价值观自身严密的逻辑体系使得其整体稳定、大体恒定。故此得知，社会主义核心价值观是一个动态的、开放的、发展的思想体系，会随着中国特色社会主义实践的不断深入而丰富、充实和完善。

第二节 英雄人物及精神与社会主义核心价值观的契合

本节主要分析和阐释英雄人物及精神与社会主义核心价值观内在契合的主要表现、时代必然、基本特点。

一 英雄人物及精神与社会主义核心价值观内在契合的主要表现

英雄来自人民、来自平凡，代表人民、凝聚人民，扎根人民、服务人民。从这个意义上讲，英雄精神的生成主体、实践主体、传播主体是人民。中华民族创造和推动着以中国人民为实践主体的英雄精神，而英雄精神反过来又哺育、助推着中华民族的永续发展和长盛不衰。社会主义核心价值观为了人民、依靠人民，是中华民族在新的历史时期的文化创造，具有鲜明的人民性，其践行主体是我国广大人民群众。有学者认为："中华民族不仅是英雄文化的创造主体，也是社会主义核心价值观的生成主体，这是二者能够契合的主体要素。"①

英雄人物及精神与社会主义核心价值观具有相同的文化渊源、一致的价值理念、统一的指导思想、共同的目标追求②，具有内在一致性。前者为后者提供载体和标杆，后者为前者的宣传和弘扬提供丰沛土壤和良好氛围，两者相辅相成、良性互动，具有外在互补性。基于相同的实践主体、时代任务和精神品质，二者的内在契合具有必然性。正确认识和科学把握二者的亲缘契合，以高度的文化自觉和价值观自觉为民族复兴提供坚强的软实力支撑，具有极为重要的理论价值和现实意义。

（一）英雄人物及精神与社会主义核心价值观具有一致性

在内涵界定上，唐勇认为："英雄精神是以人民英雄、民族英雄为本体依托，以英雄价值观为核心的精神系统和价值系统，是关于英雄观念、英雄行为、英雄伟绩、英雄价值的总和。"③ 英雄精神所内蕴和体现的爱国主义、爱岗敬业、无私奉献、艰苦奋斗，彰显了历史唯物主义的人民立场，凝结并汲取了中华优秀传统文化的思想精华，承继并发展了革命文化的精神内核，引领并高扬了社会主义先进文化的伟大旗帜。社会主义核心价值观是中国特色社会主义道路、理论、制度和文化的价值表达，勾勒了国家层面、社会层面和个体层面的价值追求，既构成指导和约束社会成员行为的价值原则和规范，也构成通往理想信念的价值追求和价值目标④。李忠军认为，它能够为铸就共同精

---

① 王新刚：《论中华优秀传统文化与社会主义核心价值观的内在契合》，《思想理论教育导刊》2018年第12期。

② 马健永、费聿辉：《论社会主义核心价值观与中国梦的内在契合性》，《学习论坛》2018年第3期。

③ 唐勇：《捍卫与传承：英雄精神的当代价值及实现路径》，《思想教育研究》2019年第2期。

④ 李忠军：《"铸魂育人"是思想政治教育本质核心内涵的探讨》，《思想理论教育导刊》2015年第10期。

第二章 英雄人物及精神与社会主义核心价值观的内在契合

神家园和创生不竭精神动力"奠定共识、明确目标以及引领风尚"[1]，为社会主义意识形态固本强基和凝心聚力提供依据与尺度。英雄人物及精神与社会主义核心价值观，都是实现社会发展和国家富强的推动力，共同服务于满足全体社会成员的精神需求，具有文化渊源的共同性、价值理念的一致性、指导思想的一元性、终极目标的同向性。

其一，具有共同的文化渊源。英雄人物及精神与社会主义核心价值观，都蕴含着中华优秀传统文化的精髓。在中华民族的发展史上，从来不缺少英雄人物。英雄之所以被人们称为英雄，在于英雄是理想道德人格的典型模范，寄托着中华民族数千年的道德追求和精神信仰。习近平指出："培育和弘扬社会主义核心价值观必须立足中华优秀传统文化。牢固的核心价值观，都有其固有的根本。抛弃传统、丢掉根本，就等于割断了自己的精神命脉。"[2] 此处所说的"根本"，即包含中华优秀传统文化。不断赋予中华优秀传统文化所蕴含的道德理念、思想精神、行为规范以时代生命力、发展前进力、社会凝聚力，使其永葆活力与价值魅力，是弘扬社会主义核心价值观的应有之义。社会主义核心价值观不但倡导对中华优秀传统文化进行"双创"即创造性转化、创新性发展，而且其本身就是中华优秀传统文化"双创"的产物和结果。英雄精神与社会主义核心价值观皆能溯源至中华优秀传统文化。英雄人物身上所体现和彰显的能力出众、英勇果敢、为国为民、不吝牺牲和贡献的品质与社会主义核心价值观倡导的理念高度契合。英雄人物及精神与社会主义核心价值观，都继承和发扬革命文化。一般来讲，人们常常提及和怀念的英雄人物是革命文化的主体。无论是李大钊、陈延年、夏明翰这样为革命事业捐躯的英雄人物，还是毛泽东、周恩来、刘少奇、朱德这样为革

---

[1] 李忠军：《中国梦·社会主义核心价值观·中国精神三位一体的铸魂逻辑》，《社会科学战线》2015年第6期。

[2] 《习近平谈治国理政》第一卷，外文出版社2018年版，第163—164页。

命事业鞠躬尽瘁的领袖人物，亦或是焦裕禄、王进喜这样为祖国建设奋勇拼搏的时代英雄，乃至为抗击灾情、面对危险逆行而上的平凡英雄，无一例外都继承并发扬了中华民族历史上英雄人物的革命精神。社会主义核心价值观与英雄精神一脉相承又不断与时俱进。"富强、民主、文明、和谐"是英雄为之奋斗的价值目标，"自由、平等、公正、法治"是英雄所作所为的行为守则，"爱国、敬业、诚信、友善"是英雄秉持的共性品质。有学者认为："我们既继承和发扬先烈们的革命精神，也关注和谐和法治的制度建设；我们欣赏先烈们的自我牺牲及大公无私，也注重平等、公正、友善的人文关怀。"[1] 英雄精神与社会主义核心价值观，各自从不同方面和维度丰富和传承着社会主义先进文化。英雄人物精神是国家精神境界和思想意志的直接体现，是先进文化的代表，是凝聚人民力量的旗帜，是构建国家治理体系与治理能力的中坚力量[2]，是坚定理想信念的灯塔。英雄人物身上蕴含着对马克思主义的信仰、对共产主义理想信念的坚守，体现了全心全意为人民服务的宗旨和社会主义核心价值观的基本要求，凸显了舍生取义、大义凛然、爱国奉献、爱岗敬业等崇高品质，构成社会主义先进文化的内在精神。塑造社会主义先进文化是贯彻落实社会主义核心价值观的本质内容，是文化建设和价值观建设的重要任务。传播英雄人物的事迹、弘扬英雄精神与培育社会主义核心价值观，从多个维度和层面丰富和塑造着社会主义先进文化。

其二，具有相同的价值理念。我们党领导人民进行社会主义革命、建设、改革，既是涌现英雄人物、塑造英雄精神的过程，也是社会主义核心价值观形成的过程。我们党在新民主主义革命时期对核心价值观进行了初步探索，社会主义革命和建设时期着力培育和践行，改革开放和社会主义现代化建设新时期和中国特色社会主义新时代接力进行凝练和

---

[1] 罗涵：《社会主义核心价值观与先烈精神一脉相承》，《光明日报》2014年4月4日。
[2] 张国安、张紫豪：《坚定理想信念 实现伟大梦想》，《贵州社会科学》2019年第11期。

升华。英雄精神和社会主义核心价值观都属于思想上层建筑范畴，都是我国社会发展实际与思想文化紧密结合而形成的具有中国特色的思想结晶，弘扬的都是正能量和主旋律，代表着社会的主流价值取向，是广大人民群众奋勇前进的旗帜，是中华民族"精气神"的重要展现[1]。二者都发挥着强化政治认同、坚定文化自信、正确历史观念、引领社会思潮、助推民族复兴的社会作用和功能。在社会主义核心价值观形成过程中，英雄人物诠释着中国精神，温暖和激励了人心，担当了引领历史前进和时代发展的旗帜与先锋[2]。英雄人物报国为民的情怀、勤业敬业的精神、诚实守信的作风、爱人利众的品格等，与社会主义核心价值观所倡导的公民价值准则相融通。

其三，具有统一的指导思想。马克思主义是我们立党立国、兴党兴国的根本指导思想，是全国各族人民团结奋斗的共同思想基础。我们党自成立伊始，就始终把马克思主义作为根本指导思想，无论形势如何变化，都毫不动摇坚持其在意识形态领域的指导地位。那些借口时代和形势的变化，指责马克思主义"过时""无效""失败""崩溃"的说法，那些企图以其他思想价值观来代替、"改造"、"修正"、"重建"、"超越"马克思主义的想法和做法，都是对社会主义核心价值观的削弱和干扰，都是我们应该加以防范和反对的[3]。在褒扬和传播英雄人物事迹及精神、用社会主义核心价值观铸魂育人的社会实践中，必须坚持马克思主义指导地位不动摇。英雄人物及精神和社会主义核心价值观具有统一的灵魂和指导思想。特别需要指出

---

[1] 唐勇：《英雄精神融入社会主义核心价值观教育略探》，《学校党建与思想教育》2019年第16期。

[2] 田旭明：《英雄是民族最闪亮的坐标——新时代培育和弘扬英雄文化的若干思考》，《马克思主义研究》2019年第8期。

[3] 田海舰：《培育和践行社会主义核心价值观多维研究》，人民出版社2015年版，第178页。

是，进入新时代以来，我们党和国家坚持以社会主义核心价值观引领文化建设，特别注重以中华优秀传统文化培根铸魂、以革命文化强基固本、以社会主义先进文化凝魂聚力，并且通过建立健全党和国家功勋荣誉表彰制度，设立了英雄烈士纪念日，更好地构筑中国精神、中国价值、中国力量，在全社会唱响了主旋律、弘扬了正能量，为在新时代全面建设社会主义现代化国家提供了坚强的思想保证和强大的精神力量。

其四，具有共同的目标追求。习近平指出："一百年来，中国共产党团结带领中国人民进行的一切奋斗、一切牺牲、一切创造，归结起来就是一个主题：实现中华民族伟大复兴。"① 一百多年来，那些为中国革命、建设、改革，为中国共产党建立、发展作出重大贡献的老一辈革命家，那些为建立、捍卫、建设中华人民共和国英勇牺牲的革命先烈，那些为改革开放和社会主义现代化建设英勇献身的革命烈士，以及那些近代以来为民族独立和人民解放顽强奋斗的志士仁人，都为中华民族作出了永载史册的丰功伟绩，构筑了永不消逝的崇高精神。英雄精神和社会主义核心价值观均以实现中华民族的伟大复兴为理想和追求，在奋斗目标上具有一致性。习近平强调："今天，中国正在发生日新月异的变化，我们比历史上任何时期都更加接近实现中华民族伟大复兴的目标。实现我们的目标，需要英雄，需要英雄精神。"② 英雄人物是实现民族复兴的"排头兵""领头雁""风向标"，是提振民族奋斗士气的"动力源""助推器""催化剂"。英雄人物承载的鲜活历史故事，让历史有迹可循，不仅是民族历史与情感的凝结，而且是推进国家认同、民族认同的有力保障，为文化自信奠定更

---

① 《习近平谈治国理政》第四卷，外文出版社2022年版，第4页。
② 习近平：《在颁发"中国人民抗日战争胜利70周年"纪念章仪式上的讲话》，《人民日报》2015年9月3日。

第二章 英雄人物及精神与社会主义核心价值观的内在契合

为牢固的基石。社会主义核心价值观在凝聚社会共识、陶冶人们道德情操的过程中发挥着精神旗帜和思想利器的作用。社会主义核心价值观建设面临着各种社会思潮冲击、西方文化霸权侵袭、部分国民精神信仰弱化淡化等问题的严峻挑战。大力弘扬和传播社会主义核心价值观就是为了解决现实问题，掌握话语主动，引领社会思潮，为实现民族复兴保驾护航。由此，英雄人物及精神与社会主义核心价值观，既有共同的精神文化渊源、相同的价值理念、统一的指导思想，又具备共同的价值目标和价值诉求。价值诉求的内在一致性是实现二者有机结合的必要条件和关键因素，可有效提升社会主义核心价值观的传播实效。

（二）英雄人物及精神与社会主义核心价值观具有互补性

英雄人物及精神与社会主义核心价值观是内涵、外延不同的两个范畴。习近平指出，英雄人物是"千千万万为党和人民事业作出贡献的杰出人士的代表"，是"民族最闪亮的坐标"[1]，是"新时代最可爱的人"[2]。而社会主义核心价值观则鲜明体现了社会主义制度的本质属性和价值取向，是我们党和全国各族人民在继承中华优秀传统文化，借鉴人类文明优秀思想成果，特别是在社会主义革命、建设、改革过程中，逐步形成和确立起来的崇高价值理想和奋斗目标。

其一，培育和践行社会主义核心价值观离不开英雄人物及精神。

英雄人物及其事迹与社会主义核心价值观相辅相成、良性互动，是"体"和"魂"的关系。英雄人物是社会价值的标杆、民族精神的脊梁、革命道德的模范，是对社会主义核心价值观的最好注脚，是传播社会主义核心价值观的鲜活"载体"。一方面，英雄人物承载社会主义核心价值观。英雄人物具有为国为民的家国情怀、勤恳无私的敬业精神、诚实

---

[1]《习近平谈治国理政》第二卷，外文出版社2017年版，第351页。
[2]《国家主席习近平发表二〇一九年新年贺词》，《人民日报》2019年1月1日。

守信的诚信作风、乐施好善的友善品格，与社会主义核心价值观倡导的价值准则相契合，是社会主义核心价值观的承载者①。正如习近平所言："他们身上生动体现了中华民族精神和社会主义核心价值观。"② 另一方面，英雄传递社会主义核心价值观。价值观对人的影响是抽象的、无形的，社会主义核心价值观的传播需要通过具体化的表达传递出其中的价值观念，需要借助鲜活的人物和有意义的事件传递给大众。英雄用生动的语言、鲜活的事迹组合成真实而立体的形象，把抽象的价值观变得具象化，可触摸、可感知，潜移默化地传递着社会主义核心价值观③。可以说，英雄本身就是形象的、"行走"的社会主义核心价值观。英雄作为道德标杆，其精神和人格魅力能使大众产生情感共鸣、心理认同，进而激励他人学习效仿、见贤思齐。通过可感可学的英雄事迹，积极引导人们践行社会主义核心价值观，激励人们内化于心、外践于行。应该说，英雄是最鲜活的价值观，树立了社会主义核心价值观教育引导和舆论宣传最出众的标杆样板④。新时代新征程，需要大力挖掘、高度凝练、深度解读英雄人物的内涵价值，充分发挥其榜样力量、示范作用和辐射效应，通过教育、熏陶、实践等途径和方式，使社会主义核心价值观内化为人们的价值追求和道德信仰，外化为自觉的实践行动，营造崇尚英雄、争做先锋、向上向善的良好氛围。

英雄人物的事迹及精神为社会主义核心价值观提供丰富营养，拓展着其教育内容和传播方式，为其传播提供思想资源、现实载体、方法手段，对其发挥着涵养和滋养作用。英雄精神作为社会主义核心价

---

① 蒋雪莲：《习近平关于英雄人物定位的重要论述探析》，《思想教育研究》2020年第12期。
② 习近平：《在国家勋章和国家荣誉称号颁授仪式上的讲话》，《人民日报》2019年9月30日。
③ 蒋雪莲：《习近平关于英雄人物定位的重要论述探析》，《思想教育研究》2020年第12期。
④ 秦龙、吉瑞霞：《习近平英雄观的核心要义与时代价值》，《理论探讨》2021年第4期。

值观的集中体现，蕴含着丰富的内容和巨大的价值。英雄精神的独特魅力在于其是民族精神的代表和国家集体记忆的精华，能够成为一种精神感召力而被继承和发扬，形成一种团结、凝聚的无形的氛围和力量，并以记忆、精神及氛围的形式形成稳定的价值观去指导人们①。罗国杰先生认为："价值总是以一定的事实为前提……而价值一经产生，作为某种客体对主体的效用、意义和影响而存在着，也就成为了事实。"② 因而，一旦英雄精神在人民群众心中扎下根，就具有强大的稳定性，成为塑造价值观的根基和底色，从而使得英雄精神的独特魅力进一步彰显。在中华民族走向繁荣富强的伟大征程中，英雄人物及精神在凝聚国家、民族的向心力方面是一座"精神富矿"，在形成思想共识、价值共识方面是一面"旗帜"，有利于推动社会主义核心价值观的塑造和培育。

英雄人物的事迹及精神是社会主义核心价值观的重要表达，蕴含着社会主义的主流价值，传播着主流价值观，凝聚着社会正能量，是国家和民族的精神源泉和内在动力③。辩证唯物主义认识论认为，思想意识的产生是从感性认识开始的，感性认识是思想意识形成和发展的起始和初级阶段。人们亲身感觉和体验到的东西将有助于其思想意识的确定、深化，乃至产生行动。英雄人物的事迹及精神的宣传，在本质上属于思想政治教育中的榜样教育，即将抽象的道理变成具体生动的典型人物或事例，具有形象、直观和生动的特点，具有很强的感染性和可接受性，易于引起人们思想感情的共鸣，吸

---

① 戴韶华：《历史记忆中的民族英雄与社会主义核心价值观建设》，《渭南师范学院学报》2015年第9期。
② 罗国杰主编：《马克思主义价值观研究》，人民出版社2013年版，第18页。
③ 唐勇：《捍卫与传承：英雄精神的当代价值及实现路径》，《思想教育研究》2019年第2期。

引人们去对照和仿效①。宣传英雄人物的事迹及精神，有利于提升人们对社会主义核心价值观的认识。面对全球范围内各种文化的交流交融交锋，面对国内复杂艰巨的深化改革任务，为有效应对各种挑战和风险，使中华民族在激烈的国际竞争中立于不败之地，必须加大对英雄人物事迹的宣传，充分调动每一个人的积极性与行动力，最大限度地集中民智民力，为经济发展和社会进步提供强有力的精神动力和智力支持。

弘扬英雄精神，契合中华民族"英雄情结"心理需求。有学者认为，中华民族是一个具有"英雄情结"②的民族。基于此，可以为培育和践行社会主义核心价值观提供良好的社会心理基础。从"女娲补天"的神话英雄，到古代"舍生取义"的国家英雄，到近代争取国家独立、民族觉醒的革命英雄，再到新时代的"平凡英雄""人民英雄"，中华民族可谓英雄辈出、群星闪耀。传统文化的浸润培植出对于英雄的崇拜，深刻于民族心理结构的深处，"英雄情结"成为中华民族的固有情结，忘不了、割不断、抛不掉。民族的"英雄情结"和"英雄崇拜"的良好社会心理结构，成为培育和践行社会主义核心价值观的重要基础和深层动力。

以弘扬英雄精神为切入点，来培育和践行社会主义核心价值观，符合价值观形成规律。瑞士著名心理学家荣格指出："原型的影响激励着我们（无论它采取直接经验的形式，还是通过所说的那个词得到表现），因为它唤起了一种比我们自己的声音更强的声音。"③ 美国著名心理学家班杜拉认为："大部分的人类行动是通过对榜样的观

---

① 陈秉公主编：《思想政治教育学》，延边大学出版社1997年版，第307页。
② 曹宣明：《英雄精神的时代价值及其弘扬路径》，《温州大学学报（社会科学版）》2020年第6期。
③ ［瑞士］荣格：《心理学与文学》，冯川、苏克译，生活·读书·新知三联书店1987年版，第122页。

察而习得。"① 在社会发展进程中，英雄人物具备的品质、行为、思想，自然地成为个体尤其是青少年价值观形成的"重要参照"，对个体价值观的形成起到重要的指导引领、典型示范作用。

其二，传播和弘扬英雄人物及精神离不开社会主义核心价值观。

社会主义核心价值观孕育、激励、引领人们成为英雄，为英雄的涌现创造良好的社会环境和道德氛围。习近平指出："社会主义核心价值观是凝聚人心、汇聚民力的强大力量。"② 我国作为一个有着14亿多人口、56个民族的大国，作为世界上最大的发展中国家，确立好反映共同价值观念的标准准则，对于实现国家团结奋斗、勇毅前行、满足人民期待、实现民族复兴有着极其重要的作用。英雄是"为党和人民事业作出贡献的杰出人士的代表。他们身上生动体现了中华民族精神和社会主义核心价值观"③。社会主义核心价值观所内蕴的科学真理性、鲜明人民立场、先进思想理念、崇高价值理想，对英雄的成长和英雄精神的萌发具有至关重要的作用。唯有营造出良好的社会环境和道德氛围，才能使英雄人物所具备的"忠诚、执着、朴实的鲜明品格"得以升华为所处时代的精神和道德的制高点，成为"中国人民弥足珍贵的精神财富"④，为激励中国人民克服前进道路上的一切艰难险阻、为实现中华民族伟大复兴的中国梦而奋斗提供不竭的精神动力，才能形成人人争当英雄、英雄辈出的良好氛围。

褒扬和传播英雄人物及其事迹，应该作为推进社会主义先进文化、

---

① ［美］阿尔伯特·班杜拉：《社会学习心理学》，郭占基译，吉林教育出版社1988年版，第22页。

② 习近平：《高举中国特色社会主义伟大旗帜 为全面建设社会主义现代化国家而团结奋斗——在中国共产党第二十次全国代表大会上的报告》，人民出版社2022年版，第44页。

③ 习近平：《在国家勋章和国家荣誉称号颁授仪式上的讲话》，《人民日报》2019年9月30日。

④ 习近平：《在纪念中国人民抗日战争暨世界反法西斯战争胜利69周年座谈会上的讲话》，《人民日报》2014年9月4日。

强化价值观教育、培育民族精神教育的关键一环。新时代，在推进社会主义核心价值观建设过程中，我们党特别重视发挥英雄人物的育人载体作用。《关于培育和践行社会主义核心价值观的意见》明确要求"大力宣传先进典型"。与此同时，功勋人物荣誉表彰制度的建立，以制度化的形式给予英雄人物合法化身份，以最高规格表彰在国家发展过程中有着杰出贡献的个人或团体，无疑就是弘扬英雄身上展现出来的"忠诚、执着、朴实的鲜明品格"。

英雄人物及其事迹充分彰显着社会主义核心价值观，是国家和民族精神的源泉与重要载体。伟大的事业离不开英雄模范群体、离不开伟大的英雄精神。对英雄人物进行表彰，对英雄人物本人和广大人民群众都是一种精神上的巨大鼓舞。表彰英雄人物，构筑褒扬英雄精神的良好社会氛围，不仅是为了崇尚英雄，而且在于激励更多的人争当英雄，发挥英雄对社会主义核心价值观的最大化传播效应。

其三，弘扬英雄精神与培育社会主义核心价值观相辅相成。

弘扬英雄精神的过程，也是社会主义核心价值观从抽象概念到具体事迹、从感性认知到理性把握、从内化吸收到外化实践的过程。在中国革命、建设和改革中涌现出来的英雄人物，是社会主义核心价值观的人格化、具体化、形象化，是社会主义核心价值观的生动诠释。从不畏烈焰、在火中穿行的四川凉山消防英雄，到把责任扛在肩上、把百姓放在心上的脱贫攻坚战场的英雄，在没有硝烟的战斗中筑起人民长城、谱写感人至深的生命赞歌的医务人员，英雄们以实际行动证明了社会主义核心价值观不是处江湖之远的、抽象的形容和高悬的教条，而是融入现实生活中的可知、可感、可遵循的观念。

正是在极具进步意义的社会主义核心价值观的引领下，在无数英雄人物的事迹及精神的感召下，伟大的中国人民和衷共济、风雨同舟，使社会主义、爱国主义、集体主义在神州大地广为弘扬，铸就起万众一心、团结奋斗、无坚不摧、无往不胜的钢铁长城。

二 英雄人物及精神与社会主义核心价值观内在契合的时代必然

"每个前进的时代都有英雄,每个向上的民族都需要英雄精神的滋养。"[1] 可以说,英雄文化、英雄精神具有超越时代、跨越时空的人类智慧和永恒魅力,为社会主义核心价值观提供了丰富与深厚的文化滋养、精神营养、思想涵养,蕴藏着解决当代人类面临难题和困境的重要启示,成为两者内在契合的逻辑必然、历史必然、时代必然。新时代新征程,以中国式现代化全面推进中华民族伟大复兴面临着世所罕见、史所罕见的机遇和挑战。从二者的价值互通中可以把握党和国家的坚定理想信念与价值追求,从二者的交流互鉴中可以挖掘党和国家对自身历史文化的自觉自信,进而为全面建成社会主义现代化强国提供更为主动的精神力量。

(一)二者的内在契合是在坚持"两个结合"中推进马克思主义中国化时代化的必然要求

习近平在庆祝中国共产党成立一百周年大会上的讲话中首次提出:"坚持把马克思主义基本原理同中国具体实际相结合、同中华优秀传统文化相结合"[2]。"两个结合"的科学论断和重大命题,为深化对马克思主义中国化时代化的规律性认识提供了思想密钥。英雄人物及精神与社会主义核心价值观都是马克思主义中国化时代化的重要思想结晶,二者的生成和提出都契合中国实际、实情、实践需要,都在中国共产党领导人民群众为了中华民族伟大复兴和共产主义远大理想而奋斗的历史进程中产生,经受了历史和实践的检验。我们党从诞生之日起就以马克思主义的真理伟力、共产主义的崇高

---

[1] 李越胜:《前进的时代需要英雄(人民时评)》,《人民日报》2018年6月11日。
[2] 《习近平谈治国理政》第四卷,外文出版社2022年版,第10页。

理想、全人类解放的伟大目标为引领，为实现民族独立、人民解放和国家富强、人民幸福，锻造出了以崇高理想信念、强烈使命担当、不懈斗争精神、坚定人民立场为主要内涵的英雄精神。中国共产党人作为英雄精神的建构主体，其思想风骨和人格气质中蕴含着自强不息、厚德载物的传统文化基因，成为中华优秀传统文化的坚定守护者、忠实传承者。

同英雄精神一样，社会主义核心价值观也不是一个超越时代和社会制度的抽象概念，而是我们党和国家在应对复杂多变的国际国内形势，尤其是应对改革开放进入转型期、深水区、攻坚期的现实需要中提出并确立起来的。它是我们党和国家在吸收转化爱国、仁义、友爱、诚信、和谐等传统道德精华的基础上，构建的迥别于中国传统价值观和西方价值观的具有中国特色的核心价值观，在道德价值方面强调超越资本主义效用价值观，拒斥个人利己主义，践行集体主义，在政治价值方面突出强调人民为本、平等正义与实质民主，其基本内容与科学社会主义价值主张、中华优秀传统价值观是内在契合、彼此贯通的。

英雄精神与社会主义核心价值观的亲缘契合，有利于加强马克思主义指导地位，赋予中华优秀传统文化以新的时代内涵，在当代社会实践和科学文化的最新发展中获得精神力量，深入回答"四大之问"①，充分检验马克思主义的科学性和真理性、充分贯彻其人民性和实践性、充分彰显其开放性和时代性②，增强实现中华优秀传统文化创造性转化、创新性发展的志气、骨气、底气。

---

① "四大之问"即中国之问、世界之问、时代之问、人民之问。
② 《中共中央关于党的百年奋斗重大成就和历史经验的决议》，《人民日报》2021年11月17日。

第二章　英雄人物及精神与社会主义核心价值观的内在契合

（二）二者的内在契合是在世界百年未有之大变局下巩固意识形态安全的必然要求

有学者指出，"意识形态治理既是批判错误观点、解构错误思潮的过程，也是提供价值引领、建构价值秩序的过程"①，更是凝聚理想信念、构筑精神高地的过程。当前，"面对世界范围思想文化交流交融交锋形势下价值观较量的新态势，面对改革开放和发展社会主义市场经济条件下思想意识多元多样多变的新特点"②，更加需要深入地思考和审视如何在新的世界体系中自处、如何处理好民族性与世界性的关系。

英雄精神融思想观念、政治伦理、道德规范与价值理念于一体，孕育着中国主流意识形态的精神品格，反映了我们党在社会主义文化建设、意识形态建设方面的思想成果。英雄精神承载了我们党英勇斗争的伟大历史和光辉传统，使先辈们留下的革命精神更具有感召力和凝聚力，为抵御各种错误思潮提供精神支持，增亮社会主义核心价值观的精神底色，"从信仰高度赋予社会主义核心价值观培育的原动力，提升社会主义核心价值观培育的耐挫力，提高社会主义核心价值观培育的向心力"③。

社会主义核心价值观为每个公民提供了基本的行为规范，对于人们的价值观起着引领作用，让人们明晰何为是非善恶、何为光荣耻辱，进而把握社会主义基本价值准则，巩固政治认同、文化认同和思想认同。弘扬英雄人物及精神，要以社会主义核心价值观所蕴含的反映人类普遍价值追求的价值观念为基础，妥善处理好世界性与民族性、历史与现实、传统与现代的关系，自觉抵制西方意识形态，不为

---

① 秦志龙、吴波：《习近平关于新时代意识形态治理的重要论述研究》，《湖北社会科学》2018 年第 10 期。
② 《关于培育和践行社会主义核心价值观的意见》，人民出版社 2013 年版，第 4 页。
③ 王宇、张澍军：《论革命精神对社会主义核心价值观培育的支持力》，《思想政治教育研究》2017 年第 5 期。

"普世价值"所惑，确保英雄精神的民族性、科学性和时代性。

（三）二者的内在契合是坚定文化自信、建设社会主义文化强国的必然要求

所谓文化自信，"是中国共产党把马克思主义与中国具体实际和时代特征相结合，在中外文化的碰撞交流中比较优劣长短、反思中华民族文化的历史、现状和未来而形成的"[①]。文化自信在本质上是我们党和国家正确看待、深刻领会、自觉认同本身文化的丰富内涵与重要价值，是我们文化强国建设的关键前提、内在基础、重要内容。

近代中国故步自封于自身历史文化辉煌和外来推崇青睐，出现自我满足、盲目排外甚至文化自负的心理，而面对外来科技思想、制度文化和价值观念的冲击与诱惑，很多国人又陷入唯洋是举、崇洋媚外的自卑心态。在这种历史背景下，我们党和人民正确认识到落后与差距。英雄人物为追求真理与理想而不懈奋斗，为走在社会主义现代化文化强国新征程上的中国注入不竭的精神动力。

在改革开放和社会主义现代化建设新时期，时代变革、社会转型、体制转轨使人们的思想活动变得更具独立性、多变性，选择性、差异性更加明显，而社会主义核心价值观的提出能够使人们形成并坚持正确的思想观念和价值判断，这本身就彰显着我们党和国家对现阶段思想文化状态的自觉反思和发展构想。

从文化发展进步的过程来看，英雄人物和精神以及社会主义核心价值观，根植于五千多年中华优秀传统文化，熔铸于社会主义革命和建设实践，丰富和充实于新时代中国特色社会主义伟大征程，代表着社会主义先进文化的前进方向，并不断吸取人类进步、科学、民主等优秀价值成果，二者的生成和赓续是对中华文化自古至今演进历程的

[①] 董朝霞：《文化自信的根本在于核心价值观自信》，《北京师范大学学报（社会科学版）》2017年第5期。

进步性和开放性的充分彰显。

从文化的价值取向来说，英雄人物及精神始终是我们党由小到大、由弱变强、勇往直前、永葆青春的精神密码，社会主义核心价值观是人类社会最为先进社会制度的本质规定在价值层面的集中体现，二者使人们充分认识到社会主流价值取向的崇高性、先进性、优越性，增强对中国社会文化现状所蕴含的价值取向、精神追求的根本自信。

从文化的未来走向来讲，英雄人物及精神与社会主义核心价值观内含的理想信念、真理品格、人民立场、道德规范等都蕴藏着解决当代人类社会难题的智慧结晶和重要启示，能够在交流互鉴、兼收并蓄中不断丰富发展，不断实现自我更新、自我超越，有利于增强人们对我国文化发展的未来趋势、前景以及文化生命力、生长力、更新力的充分自信。

三 英雄人物及精神与社会主义核心价值观内在契合的基本特点

英雄精神与社会主义核心价值观相融相通，两者具有共同的文化基因、精神特质和价值诉求，都彰显着先进性与大众性的统一、理论性与实践性的统一、现实性与超越性的统一、传承性与创新性的统一。

（一）英雄人物及精神与社会主义核心价值观都彰显着先进性与大众性的统一

英雄人物及精神与社会主义核心价值观既有政治先进性又有社会大众性。两者共同具备了马克思主义思想、共产主义理想信念，鲜明的政治属性使得二者对于思想关系的调整、制度方面的维护、党的文化的传播、人民信仰的建构，无一例外体现出其具备的政治先进性。与此同时，英雄人物及精神与社会主义核心价值观，不仅"仰望星空"，而且"脚踏实地"，体现了日常生活元素。英雄是人不是神，是有血有肉、有爱有恨、有情有愁、扎根于社会并自觉承担社会责任和自觉履行社会义务的人。许多英雄来自普通的工作岗位，上演了无数平凡世界中的感人事迹。社会主义核心价值观是全国各族人民价值观认同的"平均数""最大公约数"。社会主义核心价值观与英雄人物及精神蕴含的都是平凡岁月中百姓敬佩的心中的信仰、脚下的行动，彰显的都是危机中体现承担、平凡中体现伟大、平常中体现大义。因此，英雄人物及精神和社会主义核心价值观均贴近生活，可触可亲，可近可效，具有社会大众性。

（二）英雄人物及精神与社会主义核心价值观都彰显着理论性与实践性的统一

英雄人物及精神与社会主义核心价值观既有思想理论性又有具体实践性。党的十八大以来，习近平就英雄、英雄精神及社会主义核心价值观发表了一系列重要讲话，提出了许多新理念新观点新论断，有力推动了英雄精神和社会主义核心价值观在理论研究和实践养成方面的深化和拓展。实践性是马克思主义的重要特征，贯穿于整个马克思主义理论学说体系。作为思想性、理论化的英雄精神和社会主义核心价值观，其真理性在于社会实践的不断验证。无论是英雄人物的事迹及精神，还是社会主义核心价值观，均产生和形成于社会实践。可以说，新民主主义革命时期的伟大实践、社会主义革命和建设时期的伟大实践、改革开放和社会主义现代化建设新时期的伟大实践、中国特色社会主义进入新时代的伟大实践，是中华民族英雄精神和社会主义核心价值观得以发展、赓续的实践基础。二者能否在推进中国特色社会主义伟大事业中发挥巨大推动作用，关键还是要在新时代的伟大实践中去得到检验和验证。总之，无论是英雄精神的弘扬，还是社会主义核心价值观的传播，对于当代之中国既是一项重大的理论课题，又是一项艰辛的实践课题，体现了理论性与实践性的统一。

第二章　英雄人物及精神与社会主义核心价值观的内在契合

（三）英雄人物及精神与社会主义核心价值观都彰显着现实性与超越性的统一

英雄人物及精神与社会主义核心价值观都彰显着现实性和超越性的统一。二者有共同的思想渊源，都深深植根于中华优秀传统文化的沃土之上，淬炼和形成于我们党在革命、建设、改革的不同历史时期所创造的革命文化、社会主义先进文化，具有现实性。二者都具有人民性、先进性、崇高性等鲜明特征，能够超越时空、引领时代、引导人民，具有超越性。

英雄人物及精神彰显着现实性和超越性的统一。英雄人物不是抽象捏造、凭空想象出来的，而是产生于现实生活实践。每一位英雄都是有着鲜活完整的生活和丰富情感的实实在在的人。人民群众对崇高精神的追求贯穿于中华民族的伟大奋斗中，造就了一个个牺牲自身利益、创造生命价值的英雄人物。在争取人民解放和民族独立过程中，产生了夏明翰、杨靖宇、董存瑞……抛头颅，洒热血；在中华人民共和国成立后，出现了焦裕禄、雷锋、王进喜……全心全意为人民服务；在改革开放后，产生了袁隆平、杨善洲……开拓进取，锐意创新；进入新时代，出现了张桂梅、钟南山……任劳任怨，无怨无悔。他们用自己的实际行动，诠释英雄精神，追求崇高精神。英雄人物在时代的需要中创造了宝贵的精神财富，以平凡而伟大的英雄故事为人民群众树立了学习的榜样。英雄人物所表现出的英雄精神，激励着一代代中华儿女在国家危亡之际前赴后继，在民族危难之时舍生忘死，在人民需要的地方贡献力量，具有现实性。同时，英雄人物及精神具有穿越时空、历久弥新的永恒魅力和价值。习近平指出："伟大时代呼唤伟大精神，崇高事业需要榜样引领。"[①] 新时代新征程，全面实现社会主义

---

① 《习近平谈治国理政》第一卷，外文出版社2018年版，第159页。

现代化国家、全面推进中华民族伟大复兴，需要英雄人物，需要崇尚英雄精神。英雄精神是爱国精神。在中华民族五千年的历史发展长河中，爱国精神有着把中华儿女紧紧团结在一起的凝聚力。英雄精神是奉献精神。英雄人物无不是在党和国家、人民需要的时候不求回报地奉献自己，以此唤醒、引导人民为党和国家的发展奋斗。英雄精神是梦想精神。为实现中国梦，无数有理想、有追求的人努力拼搏，谱写了宏伟的英雄凯歌。英雄精神是民族崛起的精神支柱，发挥英雄人物榜样的力量，用英雄精神教育、引导人民，在全社会营造崇尚英雄、争做先锋的良好氛围。全国各族人民崇敬英雄，传承英雄精神，让英雄精神不断焕发新的时代光芒。

社会主义核心价值观同样体现着现实性与超越性的统一。一方面，社会主义核心价值观立足于现实的土壤，在现实的需要中产生，具有现实性。社会主义核心价值观，是科学社会主义价值学说同中国具体实际相结合的理论成果，是对中华优秀传统价值观的继承和发展。我国经济社会发展的需要是社会主义核心价值观产生的现实依据。改革开放以来，一些西方文化和价值观念给人们造成一定程度的消极影响。社会主义核心价值观在抵御西方意识形态渗透的挑战中构建。在经济全球化加速演变的背景下，各国之间经济、科技、政治、文化等方面的交流日趋频繁。一些西方国家借机对我国进行意识形态的渗透、颠覆、瓦解活动，对我国宣传资本主义生活方式和"普世价值"。广泛践行社会主义核心价值观，是维护我国意识形态安全和总体国家安全、增强中华民族的凝聚力、实现民富国强、教育引导人民的现实需要。另一方面，社会主义核心价值观具有鲜明的社会主义本质属性，具有人民性、先进性、崇高性等特征，与我国现实国情和社会发展相符合，在社会各领域发挥着激励、凝聚和导向作用，具有超越性。社会主义核心价值观体现和反映了人民群众的根本利益和愿望，能够激发其生产热情和潜力，发挥激励作用。社会主义核心价值观引领不同文化背景的民族凝聚在一起，共同推动社会的发展，加深对我们党和国家制度的认同，有着凝聚作用。社会主义核心价值观在我国经济高质量发展过程中提供正确的价值方向，对非主流意识形态、多元社会思潮起到重要的引领作用。在全社会范围内开展社会主义核心价值观教育，有利于人民群众坚定理想信念，树立昂扬向上的精神状态，为早日建成富强民主文明和谐美丽的社会主义现代化强国而努力奋斗。

（四）英雄人物及精神与社会主义核心价值观都彰显着传承性与创新性的统一

英雄人物及精神与社会主义核心价值观是传承性与创新性的统一。从中国5000多年的文明史来看，从社会主义500多年的发展史、马克思主义170多年的发展史、中华民族近代以来180多年的斗争史、中国共产党成立以来100多年的奋斗史、中华人民共和国成立以来70多年和改革开放40多年的探索史来看，特别是从新时代以来的极不寻常、极不平凡的10多年来看，英雄精神和社会主义核心价值观从来都不是抽象的概念表达，而是无数先进分子及其后继者不断根据时代和实践的变迁而推进理论创新和发展的历史。理论创新从问题开始，新时代英雄精神和社会主义核心价值观正是在实践的问题逻辑之中得以不断激发并创造出来[1]。随着中国特色社会主义实践的不断发展，英雄精神与社会主义核心价值观也不断被赋予新的时代内涵。可以说，"天下兴亡，匹夫有责"的爱国精神、"奋不顾身，舍生忘死"的奉献精神、"百折不挠，自强不息"的奋斗精神、"鞠躬尽瘁，死而后已"的敬业精神，都是新时代英雄精神内涵的重要组成部分。新时代的社会主义核心价值观，既不同于植根我国封建社会两千多年的传统核心价

---

[1] 代金平、卢成观：《新时代英雄精神的文化底蕴、实践基础和理论价值》，《探索》2020年第2期。

值观,也不同于近代以来肇始于西方资本主义社会的价值理念,而是基于我国国情的实践基础之上,反映着社会主义制度的本质,集中体现着社会主义的根本要求和人民的基本诉求。新时代,英雄精神和社会主义核心价值观在中华民族的伟大实践中,会始终与时代同脉搏、与实践同前进、与人民同呼吸,彰显出鲜明的传承性、创新性和崇高性。

第三章　英雄人物对社会主义核心价值观的传播作用、过程和规律

当代经验主义传播学的奠基人之一哈罗德·拉斯韦尔最早提出著名的传播学"5W"① 理论，描绘了传播行为须解答的五个基本问题。霍夫兰、贾尼斯等学者所提出的"影响说"，指出传播就是"某个人（传播者）传递刺激（通常是语言的）以影响另一些（接受者）行为的过程"②。而在技术控制论学派的 C. 申农和 W. 韦弗提出的

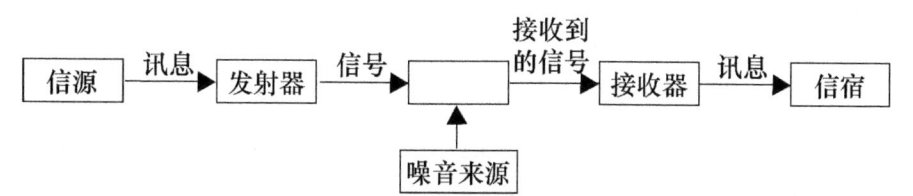

信源 →讯息→ 发射器 →信号→ □ →接收到的信号→ 接收器 →讯息→ 信宿
　　　　　　　　　　　　　　↑
　　　　　　　　　　　　噪音来源

传播模式中③，传播则被描述和定义为一种直线型的单向过程，即发送

---

① "谁（Who）？说什么（Says What）？通过什么渠道（In Which Channel）？向谁（To Whom）？有什么效果（With What Effect）？"参见［美］哈罗德·拉斯韦尔《社会传播的结构与功能》，何道宽译，中国传媒大学出版社2013年版，第35页。
② ［美］沃纳丁·塞弗林、小詹姆斯·W坦卡德：《传播学的起源、研究与应用》，陈韵昭译，福建人民出版社1985年版，第6页。
③ ［英］丹尼斯·麦奎尔、［瑞典］斯文·温德尔：《大众传播模式论》，祝建华、武伟译，上海译文出版社1987年版，第20页。

者发出一个信息经通道传递给接收者的过程①。本章旨在借鉴和运用传播学的基本理论和方法，对英雄人物传播社会主义核心价值观的作用、过程和规律进行具体阐释和探析。

第一节 英雄人物对社会主义核心价值观的传播作用

英雄人物及精神与社会主义核心价值观有着密不可分的关系。英雄人物及精神既是社会主义核心价值观的内涵，其传播又能在更大的范围内弘扬社会主义核心价值观。英雄人物在传播社会主义核心价值观过程中发挥着巩固和拓展、诠释和建构、引领和强化、规范和协调、熏陶和升华、示范和引领、激励和鞭策、唤醒和激活、辨识和警示、团结和凝聚等多重作用②。

一 英雄人物在社会主义核心价值观传播中具有巩固和拓展作用

社会主义核心价值观是一种抽象的精神文化。英雄人物作为具象化、人格化的社会主义核心价值观，对其传播发挥着巩固、拓展作用。

马克思曾经指出："每一个社会时代都需要有自己的大人物，如果没有这样的人物，它就要把他们创造出来。"③ 英雄人物及精神是对社会主义核心价值观的生动诠释和集中体现，是我们在新的历史条件下继续取得胜利和成功的重要法宝。随着我国社会主义现代化建设和改革开放向纵深发展，网络信息技术的突飞猛进，各种社会思潮和观念，

---

① 张伟、杨明：《从"传递观"到"仪式观"：论社会主义核心价值观传播的范式转换》，《江苏行政学院学报》2018年第2期。

② 参见田海舰、洪贺鹏《英雄人物对社会主义核心价值观的传播作用及规律新探》，《思想战线》2024年第3期。

③ 《马克思恩格斯文集》第二卷，人民出版社2009年版，第137页。

第三章 英雄人物对社会主义核心价值观的传播作用、过程和规律

如新自由主义、历史虚无主义、"普世价值"、拜金主义、享乐主义、极端个人主义、实用主义、消费主义、游戏主义、物质主义等，在不同社会群体中不同程度地存在，令人思绪混乱，造成道德和行为标准模糊，社会中出现失范失序现象，对社会成员产生负面影响。新时代面临的意识形态安全和风险挑战愈发严峻，在社会的道德和价值观念的诸多争论中，需要时刻警惕话语秩序的变化，确保在这样一个思想价值观念多元多样多变的环境中指引正确的方向、明确主导、凝聚共识。英雄人物及事迹就是引领纷乱社会思潮中的"压舱石""稳定器""方向盘"。英雄人物具有强烈的凝聚力、向心力，通过知识、情感、意志、行动，即"知情意行"四个维度，对广大人民群众实现由感官到心理到行动的层层递进，将社会主义核心价值观牢牢铭刻在人民的心中。英雄人物将社会主义核心价值观的价值目标与要求以实际的言行、生动鲜活且富有感染力的画面呈现在民众面前。英雄人物以其强烈的感染力、影响力，使我国人民在伟大斗争中不断获得深厚的道德滋养和不竭的精神动力，在意识形态领域牢牢巩固社会主义核心价值观的主导地位。诚如吴潜涛所说："他们的思想行为和模范事迹承载着一定社会主流道德的价值取向，体现着一定社会所要求的人生观、价值观和道德观。"[①] 英雄人物彰显出社会主义核心价值观的力量，巩固着其在话语秩序中的合法性与权威性，捍卫着社会主流意识形态的科学性及主导地位。

但是，仅仅起到巩固作用是不够的，还要将社会主义核心价值观拓展开来。宣传英雄人物和事迹，弘扬英雄精神和文化，以隐喻性的话语表达方式增强社会主义核心价值观的生动性，有效整合社会意识，提升社会主义意识形态的吸引力。价值观对个人及群体的思维方式、

---

① 吴潜涛、本刊记者：《崇尚道德模范 促进社会和谐——访中国人民大学伦理学与道德建设研究中心主任吴潜涛教授》，《思想理论教育导刊》2008年第2期。

价值判断、行为选择的影响非常关键，我们比以往任何时期都更加需要依靠英雄人物及其事迹传播社会主义核心价值观。英雄人物事迹及精神反映的是社会主义核心价值观的基本要求，能够使人们深切地领悟在国家、社会、公民三个层面的价值目标。英雄人物对国热爱、对党忠诚、对民无私，以其强大的影响力、说服力带领公众树立和弘扬社会主义核心价值观，是每位社会成员思维模式、实践方式的"标杆"。英雄人物以其坚定的理想信念、正确的政治方向引导民众树立积极的人生态度、正确的价值观念，明是非、分主次、辨正误，凝聚社会共识，使全社会形成科学的价值观、道德观认知。社会主义核心价值观与人民群众正在进行的美好生活建设目标相契合，英雄人物及事迹的传播给予人民群众主动去接受、扩展社会主义核心价值观的内生动力。英雄人物及事迹彰显的英雄精神以及思想品质是人们赖以应对挑战、克服险阻、战胜困难的精神之盾。英雄人物是社会主义核心价值观传播的重要载体，其具体、生动、形象的宣传，不仅丰富和拓展了社会主义核心价值观的宣传载体，使之深深地渗透于社会各领域和各方面，还为全社会树立起一个公民道德和行为的"标杆""标尺"，起到净化公民的思想、陶冶人民的情操、营造积极向上社会风气的作用。

英雄人物以其鲜活的形象、感人的事迹、高尚的精神出现在人们的视野中，鼓舞着广大人民群众在处理国家利益、集体利益与个人利益的关系中做出正确选择，增强社会责任感、集体意识，自觉行使和履行个人的权利和义务。从某种意义上说，英雄人物体现了社会发展本身对个体以及公众的要求。面对多元价值观的不断冲击，各种思想文化观念的激烈碰撞，特别是历史虚无主义的侵袭浸染，迫切需要社会主义核心价值观发挥其引领作用，用人们价值观念的"最大公约数"凝聚社会共识，学习英雄人物身上的政治信仰、道德准则、优秀品格。

英雄人物及精神生动形象地说明了什么是真善美、什么是假恶丑，潜移默化地传播着社会主流价值观，营造起良好的环境，引导人民群众以英勇顽强、永不懈怠的精神状态投身中国式现代化建设。

二 英雄人物在社会主义核心价值观传播中具有诠释和建构作用

英雄人物集中体现了我们党和人民在革命、建设、改革实践中形成的先进道德标准和行为准则，诠释着社会主义核心价值观的丰富内涵，建构起与广大民众的生活背景相应的话语体系。

习近平指出："在一百年的非凡奋斗历程中，一代又一代中国共产党人顽强拼搏、不懈奋斗，涌现了一大批视死如归的革命烈士、一大批顽强奋斗的英雄人物、一大批忘我奉献的先进模范。"[①] 我们党自诞生之日起就涌现出很多人民英雄，传递着英雄精神。他们有着坚定的共产主义信仰，有着英勇无畏的意志和品格。回顾历史，革命战争年代，有为了中华人民共和国的建立冲锋陷阵、视死如归、舍生取义的英雄，如方志敏、赵一曼、杨靖宇、刘胡兰、董存瑞等；社会主义革命和建设时期，有鞠躬尽瘁、死而后已的英雄，如雷锋、焦裕禄等；改革开放以来，有刻苦钻研、勇于探索的英雄，如于敏、王大珩等。英雄人物德可为人表、行可为人师，是时代的楷模。英雄人物用坚定的信仰鼓舞人民、高尚的人格感召人民，使社会主义核心价值观在新时代、新青年中焕发新活力、增添新内涵。"富强、民主、文明、和谐"是英雄人物的奋斗目标，"自由、平等、公正、法治"是英雄人物的行为准则，"爱国、敬业、诚信、友善"是英雄人物的优良品德。英雄人物及精神是对社会主义核心价值观的创造性转化和创新性发展，反映着大公无私、鞠躬尽瘁、呕心沥血、舍生取义等英雄精神。每位

---

① 《习近平谈治国理政》第四卷，外文出版社2022年版，第514页。

公民都应当自觉地继承和发扬英雄精神，努力践行社会主义核心价值观，使人民英雄代代辈出、英雄精神薪火相传。习近平指出："新中国成立以后，也是因为我们党有一大批像焦裕禄、谷文昌、杨善洲、张富清这样的英雄模范率先垂范，才团结带领人民群众不断开创各项事业发展新局面。"① 在我国社会各领域都有英雄人物走在时代和人民的前列，他们为国家的发展殚精竭虑、呕心沥血，用充满鲜血斗争的一生换取了中国百年来的胜利和荣光。中华民族英雄辈出，在不同历史阶段无不为国家的独立富强、民族的团结解放、人民的自由幸福而英勇奋斗。

这些不断涌现出来的英雄，代表了时代主流的价值观念，是社会主义核心价值观的忠实倡导者和模范践行者。习近平指出："他们身上生动体现了中华民族精神和社会主义核心价值观，他们的事迹和贡献将永远写在共和国史册上！"② 抗灾英雄们义无反顾地坚守在一线，贴近民众、带动民众一起加入抗灾斗争。广大人民群众能切实体会到"最美逆行者"身上的爱国主义精神，并以此为榜样。英雄人物高度的政治觉悟、坚定的理想信念、崇高的精神境界、良好的道德修养，彰显了中华民族的传统美德和新时代的道德要求，展示了社会主义核心价值观的目标追求③。新时代新征程，英雄人物要引领和教育广大群众树立正确的"三观"，为弘扬社会主义核心价值观点亮灯塔，担当人们的道德楷模和精神向导。

英雄人物的行为事迹与精神品质，能够指引民众对社会主义核心价值观由道德意识转化为切实的行动。首先，英雄人物及事迹已经在

---

① 习近平：《在"不忘初心、牢记使命"主题教育总结大会上的讲话》，《人民日报》2020年1月9日。
② 习近平：《在国家勋章和国家荣誉称号颁授仪式上的讲话》，《人民日报》2019年9月30日。
③ 乔法容、马跃：《德性论视阈下的个人品德建设研究》，《中州学刊》2012年第3期。

民众的心理上得到了认可,因而就使得这种由内而外的转化更加容易。民众内心的认同与自我建构,离不开英雄人物及事迹的熏染以及周围人的影响,在这种范围广、时间长、力度强的影响之下,民众就会逐渐认同英雄人物事迹及精神中所蕴含的价值标准和道德要求,进而转化为内心的道德和价值准则。民众如果有意向英雄人物效仿看齐,就会审视自身与英雄人物的差距,主动参与践行。由此,在英雄人物事迹及精神的激励下,个体及共同体之间实现了社会主义核心价值观内化与外化的联动,完成自身及社会普遍认同的道德观、价值观的建构。

三 英雄人物在社会主义核心价值观传播中具有引领和强化作用

英雄人物是客观的、具体的,立足于现实生活语境,引领与强化着人们对社会主义核心价值观的理解与认同[①]。在一定意义上可以说,认同英雄人物就认同了正确的价值观,追随英雄人物就追随了真善美。

英雄人物是践行社会主义核心价值观的典范引领者。在心理学中,人们对一个价值观念的接受、了解、领会、实践必然要经历一个从感性认识到理性认识的较为漫长的渐进过程。英雄人物及其事迹以其鲜明、动态、直观的方式来向大众展示社会主义核心价值观,更具有感染力、影响力,会极大地缩短公众对新的价值观念理解认同的时间。人最容易受到身边人的影响,如果发现英雄人物就是身边人,就会更加认同、更加自觉地去践行社会主义核心价值观。引起人们内心的价值观共鸣、弘扬社会主义核心价值观,行之有效的途径就是借助平凡岗位上的英雄人物及事迹的传播。有学者认为,这些贴近日常生活、平凡而伟大的英雄人物,有着更强烈的影响力,能够让人民群众

---

① 王冬云:《社会主义核心价值观阐释与传播话语的价值探究》,《延边大学学报(社会科学版)》2019年第6期。

感受到小善大义，从而在不知不觉中加深对社会主义核心价值观的认同[1]。英雄人物承担起了时代赋予的使命，走在了时代和人民的前列，彰显出了蓬勃有力的社会主义核心价值观，可以引领人民群众将社会主义核心价值观作为衡量个人、社会与国家利益的价值标尺，作为反思自身的道德规范准则，作为自觉的行为习惯去坚守。对社会主义核心价值观从认知认同到情感认同，是个体在思想层面上质的改变、境界的升华。"耳提面命"式传播容易使民众产生抵触心理，完成认知认同的只是一部分人，而英雄人物的引导可增强民众的主体意识和参与感。

与强行灌输伦理、价值观念的方式不同，英雄人物作为具象化的榜样出现，引领着人们的思想意识和价值观念，能使社会主义核心价值观更容易被吸收和转化。英雄人物及事迹传播社会主义核心价值观在于一个"化"字。"化"在东汉许慎的《说文解字》中的基本含义被解释为："教行也"[2]。意思就是说，教育一个人，要对他言传身教，让其行为发生改变，也就是教化、教育之义。教，也是讲艺术的。言传不如身教，是从古至今教育教学得出的正确经验。我们需要借助英雄人物及事迹使公众对社会主义核心价值观达到更基本、更深层、更持久的认同。英雄人物事迹及精神有效地拉近了公众在效仿时的心理距离，趋近公众普遍喜爱、尊崇的价值取向，以主流趋势占据社会意识形态的制高点。同时，"是否能满足人的需要决定着情感的激发与唤醒"[3]。英雄人物维护的是国家利益、集体利益、人民利益，无形中给予了大众践行社会主义核心价值观的行为以正面的强化，使其反思自

---

[1] 严华勇、吴新颖：《论社会主义核心价值观情感认同的行为引导机制》，《贵州师范大学学报（社会科学版）》2021年第6期。

[2] （汉）许慎：《说文解字》，中国华侨出版社2018年版，第478页。

[3] 石海兵、张颖：《社会主义核心价值观情感认同研究述评》，《社会主义核心价值观研究》2020年第6期。

己的行为，对国家、集体、个人之间的利益关系做出正确的价值判断。加强社会主义核心价值观传播，英雄人物在认知认同与实践认同上双管齐下，使之入眼、入耳、入心、入行。田雨晴认为："英雄人物在革命斗争中的伟大实践为社会主义文化的生成奠定了实践基础，也坚定了人们对于中国共产党领导地位、中国特色社会主义目标方向、马克思主义中国化必然选择的自信。"① 在英雄人物的引领之下，人民群众对社会主义核心价值观体现出高度的认同，在新征程上努力为建成社会主义现代化强国的价值目标和理想而不懈奋斗。

四 英雄人物在社会主义核心价值观传播中具有规范和协调作用

英雄人物事迹及精神是被全社会积极宣传和效仿的高尚精神与品质的载体，对社会主义核心价值观的传播具有规范和协调作用。习近平谈到英雄人物的作用时将其评价为是人民"心中的标杆"："心有榜样，要学习英雄人物……把他们立为心中的标杆，向他们看齐，像他们那样追求美好的思想品德。"② 英雄人物事迹及精神通过影响人们的价值判断和心理定势来协调其行为准则，使之感受个人与社会、民族、国家间休戚与共的关系，激发其情感与意志，并上升为信念和动力，以此达到共同体内部行动的一致。

英雄人物对社会主义核心价值观的传播对人的思维以及行动具有高效的规范作用。英雄人物在社会上是极受尊崇和爱戴的，是社会道德的行为模范，是人民学习的典型人物，其事迹及精神对周围的人具有强大的辐射效应，使人们以此为标尺来进行自我反思和评价，激励自己同时也监督他人向积极的形象转变。孔子曾说："见贤思齐焉，见

---

① 田雨晴：《习近平关于英雄精神价值的重要论述探析》，《思想教育研究》2020年第12期。

② 习近平：《从小积极培育和践行社会主义核心价值观》，《人民日报》2014年5月31日。

不贤而内自省也。"①"贤"就是英雄人物及其事迹和精神,"思齐"就是要鼓励人民群众向英雄人物看齐,学习英雄人物及其事迹所蕴含的精神文化。可见,"内省"也是这一传播过程中带来的正面影响,人们会将英雄人物所传递的英雄精神、渗透的社会主义核心价值观主动地向内吸收、消化,最终外化为积极的实践,激励自己成为新时代的英雄、社会主义核心价值观的传播者。这是英雄人物的形象和事迹传播社会主义核心价值观最直观、最有效的过程。

除了规范作用之外,英雄人物与事迹及精神还在传播中起到协调人与社会、民族、国家之间关系的作用。"趋利避害"是人的本能,能否做出利己利人的价值判断与价值选择,需要正确的价值观引导。英雄人物代表鞠躬尽瘁、为国为民的无私奉献精神,在处理个人利益与国家、民族、社会的利益中做出了舍己为人的选择。对英雄人物事迹的宣扬和对英雄人物的敬爱,会使人们逐渐产生仰慕、效仿的心理,由自发到自觉去效仿英雄人物的"音形言表",从而推动社会主流价值观的形成,达到由浅入深的价值观植入效果。英雄人物及事迹对人的价值判断和选择产生了激励和警戒的双重暗示,坚定社会主义核心价值观是在个体和共同体之间利益考量的结果。在英雄人物的辐射效应和社会的普遍效仿的推动下,人们就会给自己预设一个反映一定价值观的形象并在言行中表现出向这个目标的趋近。人们就会在彼此的激励、效仿中形成良好的价值观氛围。鼓舞、支持、肯定那些积极捍卫国家、民族和社会利益的言行,这是英雄人物践行社会主义核心价值观的正面强化作用。反之,如果违背社会主义核心价值观,做出危害国家、民族、社会的言行,就会遭到贬斥、鞭策,久而久之就会减少这种行为,这是负面强化的作用。个体在外部监督和反思中,

---

① 杨伯峻译注:《论语译注》,中华书局2017年版,第54页。

将社会主义核心价值观化于内心、践行于外，甚至超越自己成为新的英雄人物。长此以往，将形成竞相争优的社会氛围，引导人们在践行社会主义核心价值观时变得高度自觉，成为积极传播者、弘扬者、守护者。

习近平指出："一种价值观要真正发挥作用，必须融入社会生活，让人们在实践中感知它、领悟它。"① 英雄人物引领我们将这种英雄精神体现在平凡的工作岗位上，实现个人价值与社会价值的辩证统一，将个人的理想追求切实融合在共产主义远大理想中。英雄事迹及精神使人民群众在认识水平、道德观念等方面都有所提升，使得"全党全社会要崇尚英雄、学习英雄、关爱英雄，大力弘扬英雄精神，汇聚实现中华民族伟大复兴的磅礴力量"②。英雄人物同社会的主流意识形态、主导价值观密切地联系在一起。英雄人物陶冶了无数中华儿女心中的历史基因、民族基因、文化基因等，以真挚科学、为国为民的价值观呼唤中华儿女勠力同心、踔厉奋发、勇毅前行！

五 英雄人物在社会主义核心价值观传播中具有熏陶和升华作用

英雄人物的事迹及精神让人们在感受"三个来之不易"③的同时，还可以不断提升心灵境界、努力建构理想人格。有学者认为，英雄精神具有"牺牲奉献的青春生命美、庄严肃穆的高尚人格美、超越时空的历史厚重美"④，能够使人们抵御腐朽落后思想文化的侵蚀，为传播和弘扬社会主义核心价值观廓清思想认识上的迷雾。英

---

① 《习近平谈治国理政》第一卷，外文出版社2018年版，第165页。
② 《全党全社会要崇尚英雄学习英雄关爱英雄 汇聚实现中华民族伟大复兴的磅礴力量》，《人民日报》2020年10月22日。
③ "三个来之不易"，即红色政权来之不易、新中国来之不易、中国特色社会主义来之不易。
④ 李霞、曾长秋：《论红色资源的教育功能及其拓展》，《湖南师范大学社会科学学报》2011年第6期。

雄精神是人民群众在认同和接受社会主义核心价值观过程中得到熏陶和升华的"净化器"和"助推器"。通过宣传英雄人物事迹及精神，可以用英雄人物的理想信仰、价值取向和行为方式引领人民群众的价值判断和价值选择、陶冶其情操、感化其道德，激励和引导他们坚定信心、攻坚克难，推动我国社会主义精神文明建设上升到新的境界。

习近平指出："抓什么样的典型，就能体现什么样的导向，就会收到什么样的效果。"[1] 英雄人物是从人民群众中走出来的优秀代表，其事迹的感召力、辐射力、影响力能使广大人民群众深刻领悟、主动践行社会主义核心价值观，塑造正确的价值理念，进而去建设富强的国家、构建和谐的社会、推动人的全面发展。英雄人物以其英雄精神、英勇之气去滋养道德、感召人民。英雄人物是民族记忆的一部分，具有强大的凝聚力、号召力。这种记忆能够指导人民的行为，坚定人民的意志，影响着个人甚至社会共同体的理想人格塑造。可以说，英雄人物的宣传过程在一定意义上就是社会主义核心价值观的传播过程，就是理想人格的塑造过程。英雄人物应时代的重大考验和困难而生，或体现爱国、敬业精神，或体现公平、公正等理念，寄托着公众对理想人格的期盼和想象，是一个国家、民族、时代的理想精神、理想人格的化身，是公众理想价值观的代言人，是民族精神、时代精神的具象化表现。英雄人物及精神深深融入国家、民族的记忆中，在政府的塑造和公众的传承中发挥精神层面的感召作用。人们可以感受到在艰苦卓绝的环境中奋斗的英雄人物，感受到为了祖国的繁荣富强而不断奉献的精神境界，感受到人们对建设好国家的凌云壮志。英雄人物及精神以其向心力、凝聚力团结人民的力量，凝聚社会共识，为民族复兴而奋斗。

---

[1] 习近平：《之江新语》，浙江人民出版社2007年版，第212页。

第三章　英雄人物对社会主义核心价值观的传播作用、过程和规律

在对公众的精神世界的提升与价值观念的教育中，只有找到与公众之间的共情点，社会主义核心价值观的传播效果才能破解遗忘规律的魔咒，极大地提升人们的心灵境界，防范信仰不坚定的人在大数据时代被腐朽的思想文化侵蚀。这个共情的联结点就是我国浓厚的历史文化。英雄人物身上寄托着国家、民族的深厚历史情感，随着民族精神、时代精神融入每个中华儿女的血脉中，成为自觉追寻的价值潮流。蕴含着红色基因的英雄人物真真切切地就在身边，英雄事迹就发生在昨天、今天。在英雄事迹及精神的感召熏陶下，可最大程度、最深层次激发公众对社会主义核心价值观的认同并加以践行。习近平指出："一切为中华民族独立和解放而牺牲的人们，一切为中华民族摆脱外来殖民统治和侵略而英勇斗争的人们，一切为中华民族掌握自己命运，开创国家发展新路的人们，都是民族英雄，都是国家荣光。"[①] 一代代英雄接续点亮前进的灯塔，指引公众聚力向前，致力于实现共同的价值目标。英雄人物及事迹面向个体时启迪他的智慧、净化他的品格、激发他的英雄精神和意志；面向社会共同体时则引领着正确的价值取向、诠释着新的价值内涵。在行动层面，英雄人物以其真实的实践诠释着社会主义核心价值观，在人民群众中树立起一种正确的价值导向，使人们开始直面社会问题以及个人问题，营造风清气正的社会氛围。在精神层面，英雄人物弘扬着英雄精神，传递着真善美，在人民心中建立起精神上和道德上的高地。英雄人物是社会主义核心价值观的精神标识，是人民心中永远闪烁的光辉。作为时代的楷模，英雄人物通过其事迹和精神的传播，增强人们践行社会主义核心价值观的内生动力。

实现远大理想和共同理想，实现中华民族伟大复兴，我们在意识形态领域将不可避免地长期面临着与腐朽思想文化以及资产阶级意识

---

① 习近平：《在颁发"中国人民抗日战争胜利70周年"纪念章仪式上的讲话》，《人民日报》2015年9月3日。

形态斗争的风险考验，所以，无论何时都不能淡化、忽视乃至否定英雄人物以及英雄精神的作用。英雄人物赢得了公众的认同和褒奖，树立了不畏艰辛、不怕困难、为国为民奋斗的精神坐标，提供了激励人民英勇奋进的精神动力。英雄人物、英雄精神、英雄文化得到全社会的广泛认同，已经内化于民族精神之中，成为中华民族的共同记忆，构成我们国家不可或缺的精神财富。我国社会主义意识形态建设要牢牢把握这一关键，将弘扬英雄人物及精神与培育社会主义核心价值观紧密结合起来，共同助推中华民族伟大复兴。

六 英雄人物在社会主义核心价值观传播中具有示范和引领作用

英雄人物与事迹是社会主义核心价值观的物质载体，以具象性的公共文化产品和服务供给的形式在社会主义核心价值观传播中起到示范和引领作用。"见贤思齐"是人类文明进步的动力之一。发现、选择、确定榜样人物，进而进行榜样教育，是培育和践行社会主义核心价值观的前提条件。相对于社会主义核心价值观的抽象性，英雄人物与事迹具有将其人格化的突出特点和优势，鲜活人物和有意义事件的传递方式更具形象性和亲和力，易于为人所接受。英雄人物在某个方面出类拔萃、不同寻常，其行为和精神为社会主义核心价值观起到注解和示范作用，能使人们在对英雄人物产生钦佩和仰慕心理的同时，提升对社会主义核心价值观的认同度。

经验表明，仅有示范是不够的，实现价值引领是关键。如果说示范是指"用某种可供大家学习的典范"[1]，以静态为表征，那么引领则强调带动以实现发展，突出行动典范。今天的英雄人物多是我们身边的人。"见贤思齐"不再是遥远的志向和理想，而是人人都可践行的实

---

[1] 中国社会科学院语言研究所词典编辑室编：《现代汉语词典》（第7版），商务印书馆2016年版，第1191页。

际。英雄人物用实际行动和崇高精神传播社会主义核心价值观,引领人们争作践行的优秀模范和榜样。

七 英雄人物在社会主义核心价值观传播中具有激励和鞭策作用

英雄人物与事迹是践行社会主义核心价值观的标识和样板。习近平明确提出:"用社会主义核心价值观凝魂聚力,更好构筑中国精神、中国价值、中国力量,为中国特色社会主义事业提供源源不断的精神动力和道德滋养。"① 英雄人物与事迹是社会主义核心价值观的丰富养料、实践样本,对广大人民群众践行社会主义核心价值观发挥着激励和鞭策的重要作用。习近平指出,要"从英雄人物和时代楷模的身上感受道德风范,从自身内省中提升道德修为,明大德、守公德、严私德"②。英雄人物与事迹永远是激励我们奋斗前行的强大力量。

英雄人物与事迹能够为人们提供价值参照和人生意义的支点。"活着的意义"成为整个人类不断追问和追寻的人生命题,正如某位哲学家所说,人无法接受一种毫无目的和意义的旅程。英雄人物的存在为人们提供了人生意义的价值标杆。榜样的力量是无穷的。英雄人物与事迹不但能够激励人,而且能够鞭策人。外因只有通过内因才能起作用,任何一种教育和宣传要想取得良好的效果,最终都要依靠自身积极性的发挥。人们对社会主义核心价值观的理解和认同程度客观上存在差异,通过宣传英雄人物与事迹可以对教育对象产生不同程度的作用。对社会主义核心价值观理解度深、认同度高的人,英雄人物与事迹能够起到激励作用,使其进一步落实和践行社会主义核心价值观;对社会主义核心价值观理解和认同不足的人,英雄人物与事迹能够起

---

① 《更好构筑中国精神、中国价值、中国力量 为中国特色社会主义事业提供精神动力和道德滋养》,《人民日报》2015年10月14日。

② 习近平:《在纪念五四运动100周年大会上的讲话》,《人民日报》2019年5月1日。

到督促和鞭策作用，深化其思想认识，促使其采取行动。

八 英雄人物在社会主义核心价值观传播中具有唤醒和激活作用

英雄人物与事迹是社会主义核心价值观获得认同和传播的"催化剂"。英雄人物引导是一种典型的他人引导。他人引导的着眼点在于通过榜样示范和引领、激励和鞭策，进而实现唤醒和激活人们潜在的思想观念的作用。唤醒和激活，实质是教育和宣传对象进行自我建设的行动前提和心理基础，即所谓内化于心方能外化于行。如果说革命战争年代，使人们认识到人民群众是历史创造者从而产生心理自信和积极行动的话，那么，新时代新征程，唤醒人们心中埋藏的英雄情结，激活人们"平凡人也能当英雄""人人都能当英雄""人皆可以为尧舜"的信念，是使其全身心投入中华民族伟大复兴事业的前提。

英雄人物与事迹能够点燃人自我成长的内在渴望。超越平凡、追求卓越，是深植于每一个人内心的潜在意识。无数默默无闻的平凡人能够在国家和人民面临危难的时候挺身而出，成为最美的"逆行"英雄。社会主义核心价值观所倡导的"12个词"的种子沉睡在人们潜意识之中，危难突来的关键时刻，当人们发现朝夕相处的同事、同学和家人原来都深深地爱着国家和人民的时候，他们心底最持久、最深层的力量就会被唤醒，他们自身的爱国主义、集体主义、人道主义和英雄主义情结就被激活并付诸行动，成为"勇敢逆行者"中的一员，成为习近平所说的"以普通人的平凡书写了不平凡的人生"[①]的无名英雄。

九 英雄人物在社会主义核心价值观传播中具有辨识和警示作用

英雄人物是检验人们践行社会主义核心价值观的"试金石"。英雄人

[①] 《国家主席习近平发表二〇二〇年新年贺词》，《人民日报》2020年1月1日。

物与事迹是对社会主义核心价值观的积极而正向的传播,具有对违逆思想和行为的辨识和警示作用。英雄人物因坚贞不渝的忠诚信仰、至诚报国的爱国情怀、永不言败的奋斗精神、舍我其谁的责任担当,树立了践行社会主义核心价值观的榜样。在榜样面前,任何理想信念上的消极怠惰、报效国家上的软弱退缩、现实行动中的萎靡不振、实际工作中的拈轻怕重都将变得逊色。知耻而求荣是促使人进步的内生动力。当人们对荣誉感到道德情感上的满足时,会产生荣誉感;当人们对耻辱感到惭愧和痛心时,就产生廉耻心。对英雄人物与事迹的宣传可以充分激发人内心的"知耻求荣"心,引导和教育全社会树立正确的荣辱观,使认同和践行社会主义核心价值观成为一种自觉。

全球化与信息化的冲击,市场经济引起的价值观变化,使得民众的主体意识不断提升,精神生活日趋个性化、多样化,社会观念变得复杂多元。这个时候比以往任何时候都更需要对人们进行榜样教育。习近平指出:"一个有希望的民族不能没有英雄,一个有前途的国家不能没有先锋。"[①] 2014年三个国家级法定纪念日的设立、2018年《英雄烈士保护法》的颁布实施,有力回击了社会上丑化和诋毁英雄人物的思想和行为,为全体成员践行社会主义核心价值观提供了坚强的法治保障。2020年8月12日,习近平签署主席令授予钟南山"共和国勋章",授予张伯礼、张定宇、陈薇"人民英雄"国家荣誉称号。褒奖英雄,弘扬爱国主义、集体主义精神,强化了社会主义核心价值观认同。

十 英雄人物在社会主义核心价值观传播中具有团结和凝聚作用

英雄人物与事迹的宣传教育是汇聚社会主义核心价值观向心力的重要方式和手段。习近平强调,核心价值观是"决定文化性质和方向

---

① 习近平:《在颁发"中国人民抗日战争胜利70周年"纪念章仪式上的讲话》,《人民日报》2015年9月3日。

的最深层次要素"①，是一个国家的重要"稳定器"，其根本作用在于强基固本、凝魂聚力。英雄人物的行为实践和事迹代表着的价值观越是得到社会广泛认可，就越能够发挥促进价值认同和社会团结的作用。从历史发展的演进来看，英雄人物身上凝结着人们的精神寄托，彰显着中华民族在世界历史发展中的理性认知和行动自觉。英雄人物与事迹，既可以为社会提供道德价值规范，又可以为人们共谋伟大事业提供不竭动力，有利于社会共同体的构建并赋予其发展动力。

一个拥有英雄的民族是幸运的民族。生命是有限的，英雄精神却是永恒的。擎起民族脊梁的接力棒传递到了新时代中国人的手中，事实已经证明，正是在英雄精神的感召下，今天的人们依然会为追逐信仰挥洒一腔热血，为守护人民甘愿舍弃生命，坚定恪守社会主义核心价值观。

第二节　英雄人物对社会主义核心价值观的传播过程

习近平指出："英雄是民族最闪亮的坐标。"② 英雄人物及其事迹体现的高尚精神品质对传播和推进社会主义核心价值观起着重要的载体作用。新时代必须大力传播英雄人物及其事迹，使其融入社会生活的方方面面，引领、带动全社会积极学习和践行社会主义核心价值观。英雄人物及其事迹的传播过程大致分为四个阶段，即选择事实阶段、转换事实阶段、信息接受阶段、信息反馈阶段。

---

① 《习近平谈治国理政》第一卷，外文出版社2018年版，第163页。
② 习近平：《在中国文联十大、中国作协九大开幕式上的讲话》，《人民日报》2016年12月1日。

第三章　英雄人物对社会主义核心价值观的传播作用、过程和规律

一　选择事实阶段

事实是无限丰富的，但并非所有事实都可以进入传播领域①。我们选择怎样的英雄人物，就会在社会传播怎样的价值观。中国特色社会主义进入新时代，我们党和国家一直积极推进英雄人物的评选，授予那些为了国家的繁荣昌盛、社会的和谐稳定、人民的自由幸福作出巨大牺牲和贡献的人以模范称号，在全社会弘扬其爱岗敬业、忠诚朴实、乐于奉献的崇高品质。要坚持传播最大效应原则，通过选择出的英雄人物及其事迹，充分发挥其号召力和影响力，向人们传递社会主义核心价值观，增强全国各族人民的凝聚力，为实现共同理想不懈奋斗。

为了更好地发挥英雄人物作为弘扬社会主义核心价值观的载体作用，必须不断规范英雄人物的选择标准。传播者要进行全面深入的调查采访，认真分析，筛选出重要的、典型的、新鲜的、受众感兴趣的、具有个性特点的英雄人物及事迹。

第一，选择英雄人物要有深入的调查采访。选择英雄人物时不能只看重其某一方面对国家、社会、人民的贡献，还要仔细调查其各方面的综合素质。我们需要的是符合当今时代发展大势和顺应社会发展目标的典型人物。同时，在选择英雄人物的过程中，不能只看其贡献，还要选择人民群众都支持尊敬的，只有这样才有利于培育和践行社会主义核心价值观。

第二，选择英雄人物过程中，人民群众要有充分的参与②。英雄人物的选择多为政府主导、自上而下地进行。这就难免造成人民群众对

---

①　张琨：《论模糊新闻学的兴起及其研究对象》，《现代传播—北京广播学院学报》1997年第6期。
②　黄倩倩：《英雄模范人物：社会主义核心价值观培育和践行的生动载体》，《山西高等学校社会科学学报》2021年第8期。

所选英雄人物认识不足,不了解其身上的光荣事迹,不清楚他们身上所具有的精神品质。因此,在选择英雄人物时,要进行广泛社会动员,鼓励人民群众积极参与。充分利用先进科技手段,扩展群众参与评选的渠道。只有人民群众选择的英雄人物,才能发挥榜样的力量,才能在社会充分传播社会主义核心价值观。

第三,选择英雄人物必须仰仗人民群众的认同。在选择英雄人物时,必须坚持人民英雄为人民的原则,能够同人民群众同呼吸、共命运、心连心,急人民群众之所急,行人民群众之所瞩,坚持一切为了人民,切实维护和实现好最广大人民群众的根本利益。有观点认为:"人民立场是英雄人物的根本立场,人民利益是无数英雄付出奉献牺牲的根本出发点和落脚点。"① 只有将人民群众的利益摆在首位,舍"小家"为"大家"的人,才能成为人民群众衷心拥护和爱戴的英雄人物,才能充分发挥其作为传播社会主义核心价值观的载体作用。

二 转换事实阶段

在评选出英雄人物及其事迹之后,就要在社会中宣传、弘扬所蕴含的价值观念。但是仅凭政治说教和理论学习这样的宣传方式,要达到在全社会培育和践行的目的,是有一定难度的。随着社会的发展和技术的进步,传播者可以利用丰富多样的载体平台、生动形象的符号工具,将英雄人物的事迹精神转换为喜闻乐见、贴近生活、贴近事实的形式。传播者要把握好时、度、效,提升传播的感染力、渗透力,让人民群众爱听爱看,能够产生共鸣,发挥传播激励人、鼓励人的作用。传播者应该把握社会进入新时代呈现的发展趋势,更为准确地分析广大人民群众特别是年轻一代的切实需求和

---

① 田雨晴:《习近平关于英雄精神价值的重要论述探析》,《思想教育研究》2020年第12期。

第三章　英雄人物对社会主义核心价值观的传播作用、过程和规律

内在的价值观念，不断开拓思路，创新符合人民群众实际生活的传播方式，努力提高培育效果。英雄人物是崇高品质的代名词，通过多种渠道，深度挖掘英雄人物的先进故事和事迹，将其转换为人民群众乐于接受、容易获取的形式，使英雄人物身上所具有的先进价值观念更好地得到弘扬和传播。

新时代，社会生产力的快速发展，科学技术的突飞猛进，特别是网络的普及、5G 的开发应用，为利用广泛丰富的载体和渠道传播英雄人物的事迹提供了便利条件。

第一，将英雄人物传播社会主义核心价值观与网络文化建设结合起来。传播英雄人物事迹要充分发挥网络功能，善用网络载体，开展形式多样的传播和学习活动，吸引亿万网民积极参与其中，使之领会蕴含的社会主义核心价值观。建设积极健康的网络空间，让人民群众在网络空间中时时刻刻都能牢记社会主义核心价值观。加强网络空间治理，坚决抵制和打击在网络上诋毁英雄人物的言行。加强网络制度建设，对英雄人物进行保护，有利于弘扬社会主义核心价值观。

第二，利用图像传播，将英雄人物及其事迹转换为人民群众简单易懂的形式。相对于文字传播，图像传播拥有更大的优势。有学者认为，图像化的"观看"拥有更多的受众，它打破了文字符号系统所塑造出来的信息隔离和知识阶段，在不同年龄、教育背景、职业、阶层受众之间形成共享的信息系统[①]。利用图像传播就是指将英雄人物的光辉事迹制作成图像，通过大众传媒，实现对英雄人物事迹的宣传。传播方式实现由文字传播到图像传播的发展，成为英雄人物及其事迹传播社会主义核心价值观的新形式。

第三，传播社会主义核心价值观，需要用英雄人物所具有的精神

[①] 周琪：《思想政治教育的图像化转向》，《思想理论教育》2017 年第 1 期。

品质对大众进行思想理论教育，更重要的是，要促进大众实际践行。大众学习英雄人物并不是简单地模仿他们的行为，而是要注重理解、体会他们身上所体现出的民族精神和时代精神。传播社会主义核心价值观的重点在于人民群众在日常生活中的践行，将英雄人物的行为举止、意志品质逐渐转化为人民群众自己的日常规范，使社会主义核心价值观的影响"像空气一样无所不在、无时不有"①。

三 信息接受阶段

英雄人物及事迹"视觉化""场景化""故事化"的感性表达形式，契合公众的接受偏好、理解习惯、情感诉求，有利于社会主义核心价值观实现从"庙堂之高"到"江湖之远"的转变②。广大人民群众既要被英雄人物的事迹感动，也要付出行动，学习英雄人物，在日常生活中践行社会主义核心价值观。感性表达是使社会主义核心价值观从理论层面转换为人们日常行为规范和思想认知的重要方式。传播者在把英雄人物及其事迹通过感性表达方式向人民群众传播时，要注意其精神需求和物质需求，把解决思想问题与现实问题结合起来，不断增强社会主义核心价值观的凝聚力和创造力，为实现中国梦奠定坚实的思想保证。传播者不仅要将英雄人物的事迹转换为喜闻乐见、贴近生活、贴近事实的形式，而且要注重接受者的喜好，以便更好地接受英雄人物及事迹所蕴含的价值观念。

第一，英雄人物传播社会主义核心价值观，必须坚持人民群众的主体地位，满足其客观需求。新时代，"我国社会主要矛盾已经转化为人民日益增长的美好生活需要和不平衡不充分的发展之间的矛盾"③。

---

① 《习近平谈治国理政》第一卷，外文出版社2018年版，第165页。
② 柏路、包崇庆：《运用全媒体优化社会主义核心价值观大众化传播论析》，《思想教育研究》2020年第9期。
③ 《习近平谈治国理政》第三卷，外文出版社2020年版，第127页。

第三章　英雄人物对社会主义核心价值观的传播作用、过程和规律

受此影响和制约，全体社会成员的不同需求还难以完全满足。传播者想要依靠宣传英雄人物及事迹弘扬社会主义核心价值观，使之取得全体社会成员的普遍认同，就要做到英雄人物及其事迹所蕴含的价值观念符合人民群众现阶段的需要，以人民群众的根本需要为出发点，既关注现实世界，从人民群众的现实生活中汲取经验和智慧，又顺应人民群众的精神生活和需要，并尽最大努力加以满足。

第二，将英雄人物及其事迹编写成故事，使其与人民群众的感情态度、价值观念融通契合，对传播社会主义核心价值观具有非常明显的促进作用。"语言是思想的直接现实"①，可通过通俗易懂的语言解说英雄人物的事迹。社会主义核心价值观想要通过宣传英雄人物及其事迹使人在日常生活中普遍接受，就要用"故事化"的语言使其走进人们的生活中，以通俗化、简单化的语言文字阐释英雄事迹中的价值观念，让人民群众从内心中自觉地接受。

第三，英雄人物的事迹日常情景再现，让人民群众认识到英雄人物不仅出现在书本上，而且就在日常生活中、在人们的身边。英雄人物从人民中产生，又以自身所具有的精神品质引领人民的日常生活和行为规范。情景再现使人民群众在学习英雄人物的事迹时如同身临其境，感受英雄人物为社会、国家和人民作出的巨大贡献。用日常的生活场景，发掘其中所蕴含的社会主义核心价值观，拉近与人们的距离，提高人们的认同感，发挥英雄的榜样力量，使人民群众更好履行社会责任和义务，自觉接受、主动遵循社会主义核心价值观。

四　信息反馈阶段

信息反馈是确保英雄人物及其事迹在社会广泛传播的一个重要阶段。

---

① 《马克思恩格斯全集》第三卷，人民出版社1960年版，第525页。

传播者借鉴前一行为过程的得失，通过受众调查、效果研究和民意测验等方式，获得准确的信息反馈，相应调整和改变传播的内容和方式，确保达到预期效果。根据前一阶段的传播方式向人民群众宣传英雄人物及其事迹，随后利用多种调查方式在人民群众中获得准确的信息反馈。

首先，进行受众调查。传播英雄人物及事迹的受众即广大的民众。受众调查是联系民众的重要渠道，同时也是民众对英雄人物表达自身看法的途径和方式。对英雄人物及其事迹的传播方式和内容能否引起人民群众主动接受的兴趣进行调查十分重要。对人民群众主动接受的传播方式，要积极地发展；对人民群众消极被动接收的传播方式，要及时作出改变。

其次，对英雄人物及其事迹的传播进行效果研究。调查人民群众是否接受了英雄人物的价值观念，是否引起心理、态度和行为的变化。通过效果研究，发现英雄人物及其事迹的传播方式对传播社会主义核心价值观的影响，并分析其原因。要扬长避短，积极推广具有直接明显传播效果的、能够为人民群众接受的传播方式和内容，并适当改进其他传播方式和内容。

最后，进行民意测验，了解人民群众的意愿和需要。传播者进行民意测验，搜集人民群众对待信息接收阶段英雄人物事迹的态度、意见和看法。传播者对民意测验结果进行分析和推论，向社会公布调查结果，说明各种传播方式被人民群众接收的情况，引起传播者和社会公众的关注和重视，借此调整和改变传播的内容与方式。

另外，传播者不仅要研究调查前一行为过程的得失，而且还要为英雄人物传播社会主义核心价值观营造良好的社会环境和制度保障。首先，完善保护英雄人物的法律法规。习近平强调："该保障的要保障好，该落实的政策必须落实，不能让英雄流血又流泪。"[①] 当前，无论

---

① 《为强军兴军凝聚智慧力量 谱写强军兴军崭新篇章（我和总书记面对面）》，《人民日报》2018年3月13日。

在网络上还是在现实中，诋毁、污蔑人民英雄的事件屡屡发生，阻滞了人民群众学习英雄人物，对社会主义核心价值观的弘扬产生了一定的不良影响。国家必须完善立法，使人民英雄的尊严与形象神圣不可侵犯。其次，实现学习英雄人物常态化。学习英雄人物从家庭做起，从娃娃抓起，坚持干部带头，全民参与。在全社会营造学习英雄人物及其事迹的良好氛围，让社会主义核心价值观深入人心。最后，积极开展社会实践，尤其在青年中开展学习英雄模范及其事迹活动，使他们自觉地将英雄人物身上所具有的社会主义核心价值观转化为自己的价值观念，体现在日常行为规范中。

第三节　英雄人物对社会主义核心价值观的传播规律

英雄人物传播社会主义核心价值观，需要遵循传播效用规律、相对价值规律、梯度转移规律、信息循环规律[1]。依据这些规律提升传播社会主义核心价值观的辐射力、影响力和号召力，使传播更具系统性、持久性、连续性[2]。

一　传播效用规律

传播者在宣传英雄人物及其事迹以弘扬社会主义核心价值观时，要把握好受众即人民群众对英雄人物及其事迹的接收程度，及时调查清楚传播方式的传播效用。传播效用的大小主要取决于人民群众对英雄人物及其事迹代表的社会主义核心价值观的先进性的主观心理评价，由人民

---

[1] 苗国厚、李净、谢霄男：《浅析网络舆情的传播途径特点规律及监测对策》，《新闻世界》2014年第10期。

[2] 田海舰、洪贺鹏：《英雄人物对社会主义核心价值观的传播作用及规律新探》，《思想战线》2024年第3期。

群众的主动接收程度所决定。因此，在传播过程中必须遵循传播效用规律，将提高人民群众的主动接受英雄人物及其事迹的积极性放在首位，坚持正确导向，提高社会主义核心价值观的培育效果。

根据传播效用规律，要提高传播效用，必须满足坚持正确导向和人民群众需要两大基本要素。在英雄人物及其事迹的传播和教育中要坚持其能够正确阐释社会主义核心价值观。在英雄人物评选时，必须注重其思想符合社会主流价值。英雄人物是各个时期时代精神的代表者，其精神品质以及事迹所体现出的价值追求，集中体现了社会政治经济发展的需要和社会先进思想文化的发展趋势。英雄人物及其事迹是引导人民群众弘扬社会主义核心价值观的典型。通过选择有代表性的英雄人物，可以有效引导人民群众学习效仿，使其深刻体会社会主义核心价值观的基本要求，提高争做时代先锋和英雄的动力。以正确的价值导向引导受众树立正确的行为规范和价值观念，才能产生良好的传播效用。

传播者在选择英雄人物传播社会主义核心价值观时要坚持人民至上。英雄来源于人民，又服务于人民。人民群众之所以崇敬英雄，是因为英雄的所作所为无不把人民群众的利益放在第一位，人民群众才会积极地学习英雄人物所承载的社会主义核心价值观，这是提高传播效用的根本。但由于有些英雄人物的传播方式与人们的需要不相符合，导致他们的事迹不能在人民群众心中产生共鸣、传播的社会主义核心价值观不能得到大力弘扬和践行。要努力在全社会的各行各业中选择出典型的英雄人物，让在不同层次和职业中的人们都有自己可以学习的榜样，让榜样的影响深入人心，引发人民群众的共鸣，使人人都愿意成为培育和践行社会主义核心价值观的英雄。坚持人民至上，"把服务群众同教育引导群众结合起来，把满足需求同提高素养结合起来"[①]，

---

① 《习近平谈治国理政》第一卷，外文出版社2018年版，第154页。

在努力提升群众学习英雄人物的自觉性和积极性上下功夫，以切实达到良好的传播效果。

二 相对价值规律

英雄人物及其事迹不会因为自身所具有的价值观念和崇高精神品质，就自然而然地被传播者认为对社会的进步具有价值，其价值只能通过人民群众在接受后的行为来体现。英雄人物及其事迹能否成为传播社会主义核心价值观的载体，能否对社会产生积极的影响，只能通过人民群众的接受程度、在日常生活中践行社会主义核心价值观的自觉性来检验。

根据相对价值规律，传播者要使英雄人物及其事迹在社会中发挥最大的价值，就要依据社会发展和人民群众的现实需要选择英雄人物，破除培育和践行社会主义核心价值观所面临的问题和挑战，提高接受英雄人物价值观的自觉性、主动性。

首先，研究传播社会主义核心价值观面临的难题，坚决破除来自各方面的困难和挑战。进入新时代，社会思潮呈现出多元化的发展态势，对提高创新意识、扩展思维方式产生了积极作用，但也出现了挑战主流意识形态的负面作用和消极影响。历史虚无主义思潮，在回顾历史的过程中，肆意捏造历史事实，诋毁英雄人物，恶意造谣。苏联在解体前夕就曾频繁出现污蔑英雄、虚无英雄的问题，许多卫国战争时期涌现的民族英雄都受到了极端的损害：卓雅被污蔑为"小偷""有精神病"，马特洛索夫舍身堵枪眼被认为是一场"骗局"，巴普洛夫则被认为是没有头脑的"炮灰"。这是苏联意识形态阵地失守的一个典型表现，成为苏联解体的一个重要原因[1]。人民的敌人妄图扭曲英雄人物

---

[1] 张瑜、李俊贤：《新时代英雄观建构的三重逻辑》，《社会主义核心价值观研究》2022年第3期。

所具有的价值观念,降低人民群众对英雄人物的认同感,以此来瓦解人民群众的共产主义信仰和理想信念。西方国家意识形态的强力渗透和恶意打压,严重威胁我国意识形态安全和总体国家安全。这些都会对英雄人物传播社会主义核心价值观的辐射力、衍生性、影响力和号召力产生阻碍。习近平深刻指出:"能否做好意识形态工作,事关党的前途命运,事关国家长治久安,事关民族凝聚力和向心力。"[①] 传播者要注重以典型的、符合社会主旋律的英雄人物及其事迹端正人们的思想,坚决抵制历史虚无主义和西方意识形态的侵蚀,让社会主义核心价值观更有吸引力和凝聚力。

其次,提高人民群众接受的积极性和主动性。重视人民群众对待英雄人物的看法,选择人民群众崇敬和爱护的英雄人物。传播者要利用恰当的传播方式,为人民群众打造简单、便捷的获取渠道,提高传播效用。重视对人民群众的教育,人民群众只有在内心中接纳、认同英雄人物,才能自觉地学习领会英雄人物身上具有的价值观念,将学习英雄人物的思想行为作为日常生活的一部分。只有坚决抵制来自各方面的困难和挑战,选择合适的英雄人物,创新传播方式和渠道,提高人民群众的积极性和主动性,才能更好体现出英雄人物及其事迹的传播在社会中的价值。

三 梯度转移规律

传播者通过宣传英雄人物及其事迹以达到在全社会培育和践行社会主义核心价值观的目的,必须认清各个层次的人民群众综合素质等有所差异的实际情况。从客观实际出发,以不同层次人群自身素质的差异为基础,抓住重点人群的教育和引导,以此在全社会带动社会主

[①] 中共中央宣传部:《习近平总书记系列重要讲话读本》,学习出版社、人民出版社2014年版,第105页。

义核心价值观的培育与践行。根据梯度转移规律,可以选择从综合素质较高的人群中率先传播,形成在重点人群中培育和践行的潮流,并通过改善传播方式和人民群众的受教育程度,促使已经形成规范的重点人群带动其他层次人群,按梯度转移依次进行传播。习近平就此提出:"特别要抓好领导干部、公众人物、青少年、先进模范等重点人群。"[1] 以重点人群的自觉践行引领其他层次人群,进而达到全体社会成员践行社会主义核心价值观的目标。

领导干部要认真学习英雄人物及其事迹,积极践行社会主义核心价值观,对其他社会成员发挥重要的示范和引领作用。领导干部"身体力行"做好表率,将传播重点逐渐转移到广大人民群众。公众人物在社会生活中备受关注,在民众中有着广泛的影响。因此,应该将公众人物作为重点人群,向他们宣传英雄人物及其事迹,将他们打造成社会主义核心价值观的推广者、践行者。同时,公众人物也要提升自身素质,树立良好社会形象,以身作则,向人民群众传递正确的价值观念和导向。国家的富强、民族的振兴寄希望于青年。青少年是有理想、有抱负的群体,接受了良好的文化教育,拥有较好的综合素质。要紧抓这一时期,率先让青少年学习英雄人物及精神,"人生的扣子从一开始就要扣好"[2]。英雄人物属于先进模范,是时代的先锋、人民心中的榜样,能够强化弘扬社会主义核心价值观的影响力、渗透力。英雄人物要充分发挥教育、引导、带动广大群众积极践行社会主义核心价值观的先锋模范作用。

四 信息循环规律

英雄人物传播社会主义核心价值观要遵循信息循环规律。信息循

---

[1] 《当好全国改革开放排头兵 不断提高城市核心竞争力》,《人民日报》2014年5月25日。
[2] 《习近平谈治国理政》第一卷,外文出版社2018年版,第172页。

环包括上述完整的传播过程，其中信息反馈环节起着最重要的作用。长期以来，我们在价值观传播工作中积累了丰富的经验，这些经验的取得弥足珍贵，一定要倍加珍惜，长期坚持，在传播实践中不断丰富和发展。根据信息循环规律，信息是守恒的，因而，必须做好每一传播过程的工作，特别是信息反馈阶段的工作。传播者在接收到英雄人物的事迹、全社会培育和践行社会主义核心价值观的信息反馈后，要进行正确分析，利用反馈的信息不断调整传播过程、改进传播方式、完善传播手段、拓展传播途径，更加有效地实现传播目的，打开传播工作的新局面。

传播者要深入人民群众中进行广泛的调查，发现传播过程中的不利因素，进行有目的的完善和改造。传播者根据信息反馈，优化传播过程，提高传播效用。

首先，提高人民群众传播社会主义核心价值观的自觉意识。将英雄人物及其事迹纳入文化教育体系，坚持以人民为中心，健全相关政策，为传播社会主义核心价值观提供保障。同时，坚持问题导向，拓展和创新传播渠道和方式，着眼解决阻碍和制约传播的难题与困境，为人民群众获取和传播社会主义核心价值观提供重要的支撑。要发挥各行各业人才的智慧，引导他们成为社会主义核心价值观的倡导者。

其次，根据信息反馈情况，健全社会主义核心价值观传播体系。事实证明，讲英雄故事，可以更好地传播社会主义核心价值观。有学者认为：“叙事实际上是对生活经验的一种诠释，是对生命和生活事件'赋予意义'的过程。"[①] 在传播过程中，要生动形象地讲好英雄故事，让英雄人物及其事迹的影响融入人民群众的日常生活中。运用人民群众喜闻乐见的方式传播社会主义核心价值观，对人民群众更好地对之

---

① 权福军：《叙事研究与青少年社会工作理论本土化建构》，《中国青年社会科学》2017年第9期。

践行具有基础性作用。要统筹发挥好社会各方面的积极作用，运用科学传播方法和现代科技手段，组织形式多样的文化活动，促进社会主义核心价值观传播。

最后，创新社会主义核心价值观传播方式。为了实现更大的传播效用，要在传播方式的创新上加大力度，在传播方式上不仅要具有针对性，还要有特色性，提高对人民群众的吸引力，扩展传播的广度和深度。要充分利用信息技术，坚持"线上"与"线下"相结合，探索适合各个领域、各个方面的传播方式。要规范和完善传播过程，尤其要发挥好信息反馈阶段的作用，吸取传播过程中的经验和不足，不断提高社会主义核心价值观传播效用。

第四章 英雄人物传播社会主义核心价值观的现实考察和重大意义

社会主义核心价值观是中国人民追求理想社会愿景的价值表达[①]，是民族精神和时代精神的集中反映，是国家主流意识形态的根本体现。英雄人物来自人民，是传播社会主义核心价值观的鲜活载体。不同历史时期涌现出的英雄人物，身上都具有热爱祖国、无私奉献、勤劳敬业、大公无私、为国为民等高尚品质。为了提升全社会的文明水平，凝铸中国精神，就要利用好英雄人物这座"精神富矿"。本章对英雄人物传播社会主义核心价值观存在的薄弱环节和问题进行现实考察，对传播的重大理论和实践意义进行深入探析，阐释传播的必要性、紧迫性。

第一节 英雄人物传播社会主义核心价值观的现实考察

通过英雄人物传播社会主义核心价值观，虽然取得了不少成绩，但也存在着诸多薄弱环节。因此，非常有必要对其影响因素进行分析，

[①] 胡媛媛、易华勇、王岩：《弘扬社会主义核心价值观的时代要求与着力点》，《江淮论坛》2021年第6期。

第四章　英雄人物传播社会主义核心价值观的现实考察和重大意义

对存在的不良倾向加以纠正，行之有效地推动社会主义核心价值观的传播工作走深走实。

一　英雄人物传播社会主义核心价值观存在的薄弱环节

习近平强调："崇尚英雄才会产生英雄，争做英雄才能英雄辈出。"[①] 其实，不论是崇尚英雄还是争做英雄，首要的是要了解英雄的事迹和英雄的精神，进而讲好、传播好英雄的故事，实现弘扬社会主义核心价值观的目标。因此，非常有必要对英雄人物传播社会主义核心价值观的薄弱环节加以分析和把握。

（一）对英雄人物的宣传存在万能化、绝对化、功利化倾向

金无足赤，人无完人。宣传英雄人物不能一味追求效果，如果过分拔高英雄人物，就会导致宣传出现万能化、绝对化和功利化的倾向。

唯物史观主张，英雄人物来自人民，也离不开人民，不是超脱于人民的"神秘人""真空人"。不能将英雄人物悬置于人民的范畴之上、废置于人民的范畴之外，更不能片面夸大其历史作用，失去真实性、客观性。肯定英雄人物的作用和价值，必须坚持"人民群众是历史的创造者""历史活动是群众的活动"这一唯物史观的基本前提和根本观点。英雄人物首先是作为一个有血有肉的普通人、平凡人而存在的。英雄人物不是万能的，也不是绝对的，更不是高高在上与人民群众相疏离的。为了突出英雄人物形象的光辉伟大，有些地方的宣传部门苦心孤诣去挖掘英雄人物的闪光点，这些过度的挖掘使真实的英雄变成"艺术品"，"高、大、全"，只有优点、没有缺点，让英雄人物变得不真实、不接地气、不食人间烟火。同时，对英雄人物的宣传还存在着功利化的倾向，宣传变成了为"包装"和"销售"这些塑造而

---

① 习近平：《在国家勋章和国家荣誉称号颁授仪式上的讲话》，《人民日报》2019年9月30日。

成的"艺术品"的手段，久而久之，在时、度、效上对英雄人物的宣传失去了温度，失去了吸引力和感染力，无法让人产生共鸣，很难取得良好的宣传效果。

（二）传播内容还不够全面系统，有碎片化、零散性、"同质化"倾向

伴随着互联网经济的迅猛发展，微信、微博、抖音、快手等一系列新媒介产生，全媒体的时代悄然而至。新媒体的普及成为人们日常生活中获取信息的主要途径，为英雄人物传播社会主义核心价值观提供便利的同时，也容易导致传播的内容缺乏系统性，致使碎片化、零散性、"同质化"现象比较严重。

毋庸置疑，现代快节奏使人们的时间被工作、生活、交通等割裂，呈现了时空上的碎片，催生了受众碎片时空的需求。智能手机成为覆盖人群最广的媒介。全媒体时代确实弥补了传统媒体无法满足的碎片化时间的充分利用，巨大的信息流填补了注意力空白，但不容忽视的是，人们更多地成为信息的接收者，在对英雄人物的事迹碎片化阅读的过程中，感官上受到了刺激，而在情感上的刺激却被淡化了。尤其是在网络经济推动下，英雄人物事迹大范围的转载传播带给人们感官上的片刻影响力后，同类型的信息总是短时间内高密度频发，重复宣传使传播内容从风格到版式形式、从受众对象到营销手段都出现趋同现象，甚至很多媒体一味追求时效性，进行不正当的竞争使传播内容变得"同质化"。这样，对于英雄人物的传播使受众只停留在浅显阅读的层面，而不能深入思考和体悟覆盖在信息背后对英雄最质朴真实的情感，得到的只有浮于文字表面的碎片化、零散性认识，无法深入理解把英雄人物作为载体传播社会主义核心价值观的真正意义。

（三）传播形式还不够灵活，有"应景化"倾向

全媒体时代的到来丰富了英雄人物的传播形式。随着现代传播理

第四章　英雄人物传播社会主义核心价值观的现实考察和重大意义

念的更新，传播形式也需要与时俱进。在对英雄人物的传播过程中，要解决传播方式灵活性不强、局限于某一种固有宣传定式的现象，尤其要克服疾风骤雨"应景化"的传播方式。

当今时代，以互联网为代表的新媒体日益成为人们获取信息资讯的主渠道。在此情况下，对英雄人物的传播如果仅仅依靠传统媒体传播形式，以单一的图片、文字、音频、视频形态作为传播途径，灵活性不强，舆论宣传力度不佳，难以对英雄人物的传播做到最大限度的"扩音"，用社会主义核心价值观凝心聚力的作用大打折扣。此外，英雄人物在传播中呈现出的"应景化"倾向也折射出某些不良现象与浮躁风气。全媒体时代下竞争力、吸引力是整个社会所追求的，对时效性很看重，追求应景往往重视关键的时间节点而忽视了英雄精神的持久永恒性。搞"一窝蜂""大呼隆"式宣传，只是制造形式上火热的表象，实际上却没有内容上的深刻性。习惯以量化思维对待英雄宣教，追求在短期或限定期限内以"短平快"的方式达到"灌输"目标，并获得一劳永逸的效果，英雄人物的宣教时紧时松，这种跟风式的宣传只不过是一时的轰轰烈烈，为了传播而传播，大大削弱了传播效果。

（四）传播对象还未能达到全覆盖，没有做到回归受众本位

传播对象是传播内容的接收者，是传播的目的，在传播过程中具有非常重要的地位。英雄人物传播社会主义核心价值观就是要使传播对象回到受众本位，而当下的英雄人物传播还存在着传播对象未能达到全覆盖、传播者本位的桎梏还未被打破等现实问题。

英雄人物对社会主义核心价值观进行传播，面对的是不同地域、年龄、职业、兴趣爱好、知识水平的人民群众。一般而言，传播覆盖的对象越广泛、越深入，传播效果才可能越好。改革开放40多年来，涌现出许多新的经济组织和社会组织形式，"三资"企业、民营企业、个体工商户中的就业人员日益增多，社会团体发展迅速，社区和居民

小区建设加快。对这些经济组织、社团组织、社区居民和留守群体的传播工作难免存在盲区。城市流动人口和下岗待业人员增多，可能会成为传播的"空白点"。不可否认的是，互联网时代在一定程度上仍会存在"遗民"，这些"弱势群体"和"遗民"的存在表明，传播对象还未达到全覆盖。而传播者本位以传播者的利益来决定传播的内容及舆论导向，这在一定程度上势必会影响传播效果。马克思说过："人民的信任是报刊赖以生存的条件，没有这种条件，报刊就会完全萎靡不振。"[①] 这就启示我们，传播只有以受众为本，真正尊重其风俗习惯、兴趣爱好、生活特点，不断进行创新，推出全新的传播手段和传播形式，才能真正做到回归受众本位。

（五）传播效果还不够理想

传播者在传播过程中决定着信息内容的取舍，掌握着传播手段和工具。因此，传播者如果不能真实、完整地再现英雄人物，过分拔高、神化英雄人物，就会导致可信性不足；在传播技巧上不能采用有效的策略方法，仍然以单一的文字、音频、视频形态宣传英雄人物；不考虑传播对象的实际情况或者过度追求受众本位，单纯、被动地去"迎合""讨好"传播对象，都会影响传播效果。

二　英雄人物传播社会主义核心价值观的影响因素

传播效果是一切传播活动的根本，受多种环节和因素的影响。深入分析影响英雄人物传播效果的各类因素，有助于实现英雄人物作为载体传播社会主义核心价值观的根本目标，使全社会形成崇尚英雄、学习英雄、争当英雄的良好风尚。

（一）影响英雄人物传播社会主义核心价值观的主体因素

在主体方面，进行传播的积极性、主动性、自觉性有待增强，对

[①] 《马克思恩格斯全集》第一卷，人民出版社1956年版，第234页。

受众的主体性、差异性、广泛性的认知程度有待深入，素质差异化明显，综合素质有待提高，降低了传播的阐释力。

英雄人物传播主体是日常生活中各级各类的媒体。由于媒体本身各自不同的特点，其责任感的缺失，主动性、自觉性弱，很难俯下身、沉下心、动真情，都会大大降低英雄人物传播社会主义核心价值观的阐释力。

从传播主体来看，传播者决定着信息的内容，但如果从宣传的角度来看，同一内容的信息如果出于不同的传播者，人们的接受程度有明显差异。传播者的信誉、专业权威性构成了可信性的基础。人们要根据传播者本身的可信性对信息的真伪和价值做出判断。主流媒体要强化责任感，客观真实并积极、主动、自觉地把英雄人物的事迹传播好、宣传好，为其他媒体作好宣传工作中的风向标，而不是仅仅把其作为一个宣传任务去完成。从长期来看，受传播中"休眠"效果的影响，人们对信源与内容联系的记忆会逐渐淡漠，官方主流媒体的可信性效果会趋于减弱或消失①。各级各类媒体只有在传播内容本身的说服力上着力，才能深入挖掘好英雄人物背后的故事，充分阐释出英雄精神的深刻内涵，用英雄人物传播社会主义核心价值观。从受众的角度来看，由于受众本身的主体性、差异性、广泛性，他们对于英雄人物传播社会主义核心价值观的认知程度是各异的，从整体上来看综合素质还有待提高。

（二）影响英雄人物传播社会主义核心价值观的客体因素

在客体方面表现为认知上不清、情感上不愿、行为上不想，影响了传播的接受力。

传播客体又称为受传者或受众。传播者运用同一种方法传达相同内容的信息，不同的受众会有不同的反应。传播效果是多种因素

---

① 郭倩：《关于福布斯国际投资环境排行榜的传播学思考》，《新闻采编》2011年第1期。

交互作用的结果，受众自身的属性同样起着重要的制约作用①。英雄人物传播的受众为广大人民群众。英雄人物的传播应该不仅仅使广大人民群众得益于英雄人物事迹、英雄人物精神本身的魅力，还应该在对英雄人物的认知理解更深入后获得情感体验上的共鸣，让大众在英雄人物的感召下不论于思想上、精神上、心灵上还是现实中都拥有强烈的获得感。受众在知识结构、性格特点、情感经历等方面个性化、差异化比较大。田旭明认为，在现实实践中，英雄宣教方式存在脱实向虚、固化、形式化、运动化和非常态化等短板。对英雄的宣教过于依赖官方路径，且组织形式、动员程序、宣传口吻、话语体系等比较单一和程式化，易导致由于简单复制和重复操作而引发的审美疲劳②。对英雄人物的认知不清晰，难以在情感上产生共鸣，获得感无从谈起，在行为表现上必然就不愿进行人际传播、组织传播、大众传播，从而影响传播的接受力。

（三）影响英雄人物传播社会主义核心价值观的介体因素

在介体方面，对英雄人物与事迹承载的英雄精神内涵挖掘不深，运用英雄人物与事迹进行传播的载体方法陈旧单一、缺乏创新，消解了传播的辐射力。

有观点认为，宣传主体与客体之间离不开特定的传播渠道或传播介质。此种传播渠道或介质就是这里所称的介体③。当前，英雄人物传播社会主义核心价值观的传播介体还不够成熟，总体上未形成立体化宣传格局。加之在对英雄精神内涵的挖掘与阐释上还不够深刻，对英雄精神内涵的时代性阐释还稍显滞后，进行传播的载体方法陈旧单一、

---

① 李英田：《大众传播规律与社会主义意识形态建设》，《思想理论教育》2008年第9期。

② 田旭明：《英雄是民族最闪亮的坐标——新时代培育和弘扬英雄文化的若干思考》，《马克思主义研究》2019年第8期。

③ 王宏、孙晓航：《如何提升高校宣传思想工作的"四力"》，《光明日报》2015年4月29日。

缺乏创新，因而在一定程度上消解和弱化了英雄人物传播社会主义核心价值观的辐射力。

全媒体信息化时代，信息量剧增，传播工具不断创新，因此，必须努力建设与之相适应的传播介体，构建起多方位、多层次、多维度的宣传体系，形成立体化宣传格局，进一步使英雄人物传播社会主义核心价值观更快、更深、更大范围覆盖全社会，达到预期的传播效果。要巩固传统媒体的宣传作用，同时，充分发挥新媒体的功能优势，增强宣传力度，统筹好"传统+现代""网上+网下""大众+分众"等宣传方式，实现多种传播介体"同频共振"，强化传播的辐射力。

（四）影响英雄人物传播社会主义核心价值观的环体因素

在环体方面，经济层面上经济全球化和市场经济带来的多元挑战，政治文化层面上社会思潮和文化渗透引发的多重矛盾，社会层面上网络时代和社会转型造成的多样冲击，均弱化了传播的凝聚力。

英雄人物传播效果与整个社会的大环境密不可分。在经济层面，改革开放以来，经济全球化和市场经济带来机遇的同时也带来多元挑战。一方面，开放包容的社会环境加快了我国对外开放的步伐，促进了经济增长方式的转变；另一方面，处于社会转型期，"效率""利益""消费"等观念逐渐深入人心，一些人陷入对金钱、权力、名望的崇拜，追求享乐奢靡的生活，弱化了对崇高英雄精神的追求。

在政治文化层面，社会思潮和文化渗透引发的多重矛盾，弱化了英雄的道德力量，损害了英雄精神的教育氛围，阻碍了人们对英雄的价值认同[1]。特别是历史虚无主义者打着所谓"还原和重评历史"的旗号，肆意散布关于英雄的虚假言论，诽谤、诋毁、亵渎革命英雄，企图在戏谑中瓦解主流价值观。张明仓指出，历史虚无主义诋毁、抹

---

[1] 参见田旭明《英雄是民族最闪亮的坐标——新时代培育和弘扬英雄文化的若干思考》，《马克思主义研究》2019年第8期。

黑革命先烈，称"革命先烈慷慨赴死是'犯傻'，坚贞不屈是'被洗脑'，流血牺牲是'精神病'；或'颠覆'英雄意义，宣称英雄多是社会的不幸，竭力攻击英雄形象，在戏谑中消解主流价值观"[①]。西方国家不断进行文化渗透，推行文化帝国主义，打着"向统一性开战""去中心化"等口号，贬损、讥笑革命领袖，虚无革命英雄及历史，对培育英雄精神造成严重挑战和负面影响。

在社会层面上，网络时代和社会转型使英雄人物传播饱受泛娱乐化的冲击。网络普及化、社会转型期带来人们的行为方式、生活方式、价值观念发生明显变化。在娱乐至死的社会景观中，"始作俑者"各种手段层出不穷，为了博眼球、蹭流量、占头条，利用人们的猎奇心理，致使英雄人物被嘲谑恶搞、编造虚构、肢解重塑，沦为现代人娱乐消遣的文化消费品。这些负面效应弱化了对英雄人物的敬仰，降低了学习英雄的动力，淡化了对英雄的关注，甚至滋生热衷低俗丑陋、抹黑英雄的行径，给宣传英雄、凝聚社会价值共识造成严重冲击[②]。对此，我们必须保持高度警惕，予以坚决抵制和反击。

三 英雄人物传播社会主义核心价值观需要克服的不良倾向

习近平指出："一个有希望的民族不能没有英雄，一个有前途的国家不能没有先锋。"[③] 新时代需要英雄人物来引领，英雄的情怀不能弱化，英雄的文化不能式微。因此，用英雄人物引领、传播社会主义核心价值观，需要注意克服传播中存在的问题和不良倾向。

[①] 张明仓：《英雄文化的反思与重构》，《南京政治学院学报》2016年第5期。
[②] 参见田旭明《英雄是民族最闪亮的坐标——新时代培育和弘扬英雄文化的若干思考》，《马克思主义研究》2019年第8期。
[③] 习近平：《在颁发"中国人民抗日战争胜利70周年"纪念章仪式上的讲话》，《人民日报》2015年9月3日。

第四章 英雄人物传播社会主义核心价值观的现实考察和重大意义

（一）要破除典型人物宣传中千人一面、移花接木、浮光掠影、求全责备的"误区"，注重其贴近性、平凡性、层次性

人民英雄来自人民。英雄不是从一个模子里刻出来的，也不是没有人之常情、超越世俗生活和意义的"神"，而是有血有肉、有爱有恨、在现实生活中履行应有社会责任和义务的人。所以，英雄人物的宣传绝不能模式化、脸谱化、单一化。常见的英雄人物报道模式有几种类型："雕像式"，英雄人物高高在上、空洞说教，没有亲切感；"画像式"，英雄形象千人一面、毫无特色，没有吸引力；"神像式"，故意回避典型缺点，营造光环效应，缺乏可信度；"蜡像式"，英雄人物看似栩栩如生，实则毫无情感和生命力。这样的英雄人物塑造，虽然展现了"高、大、全"的特点，但全部都是脸谱化的"纸片人"，很难让人民群众感知到英雄事迹中蕴含的革命精神和崇高信念。

英雄人物的事迹，是活化了的时代精神、社会规范和政治主张的体现，但老生常谈、千篇一律的形象会给人留下刻板印象。英雄人物及事迹要想立得起、立得住、立得牢，就必须找准符合时代需求和受众期待的定位，实现差异化传播。片面化、绝对化宣传往往过分强调某一方面，而忽略另一方面，或者是把一种相对范围内、一定阶段上或某种行业内的典型经验当作是"放之四海而皆准"的真理。逐步开放与扩展的信息交流传播环境，让越来越多的受众深切地意识到英雄人物也有国恨家仇、喜怒哀乐、人情冷暖，所谓特定的"脸谱化"宣传不仅不会得到民众的认同，反而会在一定程度上受到质疑。随着"自媒体效应"的不断催化与放大，英雄人物的言行越直观、越直白就越能打动人心[①]。

---

① 杨雪雁：《新媒体环境下的典型人物宣传》，《新媒体研究》2019年第7期。

（二）克服脱离实际的空洞性，强化面对现实的针对性

宣传英雄人物不仅要"接天线"，还要"接地气"。许多英雄都来自平凡的工作岗位。人们眼中的"草根英雄""平民英雄"都是在寻常生活中创造出了不寻常的事迹。而这种英雄精神生动地诠释了在琐碎的日常中做人的坚定信念、做事的行为准则，彰显了于危急中见勇敢、于平凡中见伟大、于寻常中见大义[①]。因此，英雄形象与生活息息相关，可触可亲可近可效，这也使得英雄文化和英雄精神具有浓浓的烟火气息。相反，如果英雄人物缺少生活气息，被"包装"成高不可攀或难以企及的形象，那么就会导致人民英雄与人民群众之间的隔离，造成人民群众对英雄及其事迹漠不关心，大大阻碍英雄精神的传播。因此，英雄人物的呈现要真实立体，彰显人性温度。

改革开放40多年来，我们走自己的路，坚持和发展中国特色社会主义，取得了举世瞩目的成就，我们党、国家、民族、人民、军队的面貌焕然一新，中华民族迎来了从站起来、富起来到强起来的伟大飞跃。社会主义核心价值观有力回答了在市场经济条件下秉持什么样的价值取向。新时代，培育英雄文化、传播英雄精神，让英雄人物走入千家万户，实实在在作为一种价值引领，必须贴近实际、贴近群众、贴近生活，采用民众通俗易懂的语言、能够接受的对话方式，实现由经典化向通俗化的转变，克服英雄人物传播脱离实际的空洞性，让英雄精神之火生生不息[②]。

（三）克服"经院哲学"的思辨性，强化传播宣传的生动性

培育和弘扬英雄文化、英雄精神，应该应势而谋、因势而动、顺

[①] 田旭明：《英雄是民族最闪亮的坐标——新时代培育和弘扬英雄文化的若干思考》，《马克思主义研究》2019年第8期。

[②] 田海舰：《社会主义核心价值体系引领社会思潮的基本原则和方法探析》，《河北软件职业技术学院学报》2012年第1期。

势而为。"经院哲学"又称繁琐哲学，是欧洲中世纪时的基督教哲学，主要通过抽象、繁琐、思辨的方式证明上帝何以能够存在，以此论证基督教信仰，为宗教神学服务。目前，在英雄人物传播社会主义核心价值观的现实过程中，还存在着类似"经院哲学"说教式、思辨性的宣传，显得非常枯燥、晦涩，缺乏吸引力和亲和力。对英雄的宣传过于依赖官方路径，存在"单兵种"孤军作战的现象。毋庸置疑，主流媒体在宣传英雄人物事迹、英雄精神中承担着重要使命，发挥着重要作用。在新的传播形态下，主流媒体必须坚定承担起培育和践行社会主义核心价值观的重任。要在重大主题报道中，以权威、优质内容传播和彰显主流价值；在典型报道中，讲好英雄人物故事，弘扬主流价值；在理论评论中，高擎思想引领的大旗，当好舆论场的"定海神针"。

如果仅仅依靠主流媒体的宣传，传播形式过于单一，仍然无法克服"经院哲学"的说教性，还需要充分调动各级各类媒体的积极性，推动媒体融合发展。在新阶段贯彻新发展理念、建构发展新格局中，要把打造新型传播平台、推动媒体深度融合发展落到实处，实现"大宣传"格局。笔者认为，要充分"发挥好党报、党刊、电台、电视台等传统媒体的主力军作用，也发挥好都市类媒体、网络媒体的优势。特别应注重以新颖的视觉文化、听觉文化吸引人，通过提供既体现主流意识形态要求又为广大群众所喜闻乐见的优秀精神文化产品，生动形象地表现社会主义核心价值观的内涵和要求，使人们在潜移默化中受到感染和教育"[①]。

（四）克服空泛浅薄的娱乐性，强化传播宣传的严肃性

在信息爆炸、观点多元、文化多样的当今时代，传媒行业成为自负

---

① 田海舰：《社会主义核心价值体系培育纲要》，人民出版社2012年版，第301页。

盈亏、独立经营的经济实体后，其逐利的动机和欲望被无限放大。竞争的压力导致媒体将经济收益作为衡量一切的最大指标，新闻娱乐化趋势愈演愈烈①。为了争抢有限的受众资源，一些媒体投受众所好，坚持娱乐至上、消费至上，推出各种新奇内容，英雄趣事、日常事件及带有煽情性的内容成为新闻的重点。没有英雄、蔑视英雄、不崇尚英雄的民族是可悲的。诚如习近平所言，"绝不做亵渎祖先、亵渎经典、亵渎英雄的事情"②"不能让英雄流血又流泪"③。泛娱乐化的现象不是对英雄人物的正面宣传，相反，这不仅破坏和颠覆了英雄的伟岸形象，而且影响了人们对英雄的情感认知和价值认同。我们必须珍惜、捍卫英雄，对英雄怀有"温情与敬意"，绝不容许恶搞、丑化、调侃英雄。要进一步强化英雄传播宣传的严肃性，对各种诋毁、污蔑、诽谤英雄人物的行为依法进行严厉打击。要克服空泛浅薄的娱乐性，用好英雄人物的事迹，做好英雄人物的传播，真正凝聚价值共识。事实上，当历史被虚无主义绑架和支配之时，"直接瓦解着社会的价值底座、人们的精神信仰"④。娱乐化一旦过度膨胀，其必然的结果就是审美取向感官化、价值取向虚无化、政治取向戏谑化、道德取向去崇高化。在文化娱乐领域存在的娱乐至死、是非不分、美丑不辨等乱象，究其原因，正是由于缺少了崇高精神的支撑，"泛娱乐化"背后其实是对历史的一种"去价值化"。这应该引起我们高度的警惕与重视。

---

① 盛芳：《消费主义语境下典型人物报道构建文化认同的困境》，《新闻爱好者》2011年第3期。
② 《习近平谈治国理政》第二卷，外文出版社2017年版，第351页。
③ 《为强军兴军凝聚智慧力量　谱写强军兴军崭新篇章（我和总书记面对面）》，《人民日报》2018年3月13日。
④ 本报评论部：《追寻意义，走出"泛娱乐化"（人民观点）》，《人民日报》2015年8月14日。

第二节 英雄人物传播社会主义核心价值观的重大意义

英雄人物与社会主义核心价值观密不可分、相辅相成。新时代新征程，用社会主义核心价值观铸魂育人，需要充分发挥英雄人物的作用。英雄人物传播社会主义核心价值观，具有十分重要的学理价值和现实意义。

一 英雄人物传播社会主义核心价值观的学理价值

下面，本节从英雄人物的产生成长、先进事迹和重大贡献出发，阐发英雄人物传播社会主义核心价值观在坚持群众史观、传承民族精神、弘扬革命文化、进行榜样教育等方面的学理价值。

（一）英雄人物传播社会主义核心价值观有利于牢固树立无产阶级政党的群众史观

马克思、恩格斯在批判唯心主义英雄史观的过程中，确立了群众史观。它主张，人民群众是历史的主体和创造者，在社会发展过程中起着决定性作用。同时，它又肯定个人特别是历史人物所发挥的重要作用，明确英雄人物的创造源泉是人民群众。这不仅为实现人类解放和共产主义作出理论论证，而且为解决社会问题找到"现实力量"。

第一，英雄来自人民，夯实群众史观现实根基。闪耀在民族历史发展长河中的英雄人物，往往坚守在平凡的工作岗位上，创造出不凡的成绩。我国在革命、建设和改革各个历史时期取得的发展成就，离不开千千万万坚守在平凡工作岗位上默默奉献的人民群众。新民主主义革命时期，无数英烈抛头颅、洒热血，可以查到姓名的革命牺牲者就有370多万，无名烈士近2000万。社会主义革命和建设时期，广大人民群众自力更生、艰苦创业、刻苦钻研、爱岗敬业，我国初步建成了独立的、门类比较齐全的工业体系和国民经济体系。改革开放和社会主义现代化建设新时期，安徽凤阳小岗村村民解放思想，实行"大包干"，拉开了农村土地承包责任制改革的序幕。平凡的星火汇成火焰，带来温度；英雄的光芒闪闪发光，引领前路。回望过去，无数的平民英雄无私奉献书写灿烂历史；立足当下，亿万中国人民正意气风发地走在实现中华民族伟大复兴的康庄大道上；放眼未来，会有更多的普通人在平凡的岗位谱写不平凡的人生华章。

　　第二，镌刻英雄坐标，塑造群众史观历史丰碑。社会主义核心价值观的传播，让英雄人物回归生活，让英雄事迹广为人知，让英雄精神薪火相传，留下时代英雄的记忆，闪烁着群众史观的智慧。其一，弘扬英雄精神，传递人民力量。习近平强调："英雄是民族最闪亮的坐标。"[①] 英雄人物作为社会先锋、国家栋梁、时代楷模，应然地肩负着弘扬社会主旋律和正能量的责任使命。在弘扬社会主义核心价值观过程中，要注意讲好我们党的百年奋斗史，大力讴歌和宣传人民英雄。我们党自成立伊始，就始终把人民利益放在最高位置，时刻保持同人民群众的密切联系，矢志不渝为人民谋幸福，从一穷二白到奔向小康，从脱贫攻坚到扎实推进共同富裕，以实际行动生动诠释了江山就是人民、人民就是江山。可以说，"英雄精神"不是与生俱来的，而是以真情真心、牺牲奉献换来的价值认同，充分体现了共产党人一心为民、无私担当、忘我付出的精神境界，由此赢得人民群众发自内心的支持拥戴。其二，践行群众路线，满足人民需要。马克思、恩格斯在《共产党宣言》中指出："过去的一切运动都是少数人的，或者为少数人谋利益的运动。无产阶级的运动是绝大多数人的，为绝大多数人谋利

---

　　① 习近平：《在中国文联十大、中国作协九大开幕式上的讲话》，《人民日报》2016年12月1日。

第四章　英雄人物传播社会主义核心价值观的现实考察和重大意义

益的独立的运动。"① 社会主义核心价值观是立德铸魂的基础工程、系统工程、社会工程，要把群众对物质利益和精神利益的满足作为价值追求。一是坚持从群众中来、到群众中去。分析人民群众价值观念的现实出发点、思维逻辑等哲学基础，理性判断群众的价值观念是否建立在正确认识基础上，真正把握群众价值观念的现实状态和认知水平，对价值观传播策略作出适时调整与改变。二是充分发挥英雄人物对人民群众的引领作用。注意把最优质、最通俗、最合理的"英雄智慧"转变为"群众理论"，使英雄智慧普及化、大众化，使更多的人民群众通过英雄智慧的引导受益。三是积极推动群众从"被动"走向"主动"。马克思早就指出："理论一经掌握群众，也会变成物质力量。"②坚决鼓励和支持群众发挥首创精神，不断地让群众"解放思想、开动脑筋"，使其在社会主义核心价值观的传播中积极主动参与其中，推动自我完善，成为价值观塑造的引领者。

（二）英雄人物传播社会主义核心价值观有利于传承民族精神

习近平指出："一个有希望的民族不能没有英雄，一个有前途的国家不能没有先锋。"③ 民族精神是在一个民族长期发展过程中所形成的，为民族成员共同认同、共同接受、共同追求的精神特质，其中包含民族文化、信仰、风俗、品格、历史等要素，是一个民族生存发展的不竭源泉。

第一，把握好、讲清楚、说明白民族精神。首先，"把握好"民族精神的历史。民族精神是时代的产物，是民族历史的结晶。可以说，把握好民族精神的历史就是把握民族的历史，因为民族历史的进程、演进、沉浮都会反映为精神形式、凝结为民族精神。英雄人物是民族

---

① 《马克思恩格斯选集》第一卷，人民出版社2012年版，第411页。
② 《马克思恩格斯选集》第一卷，人民出版社2012年版，第9页。
③ 习近平：《在颁发"中国人民抗日战争胜利70周年"纪念章仪式上的讲话》，《人民日报》2015年9月3日。

历史的亲历者、见证者，是民族精神的"标本"，同样是传播社会主义核心价值观的有效载体，对于传承民族精神具有重要作用。英雄人物对社会主义核心价值观的传播让人们更容易把握民族精神的历史。以爱国主义精神为例，古有屈原上下求索，虽九死其犹未悔；大将军卫青戎马一生，御匈奴于千里之外；诸葛亮鞠躬尽瘁，为光复汉室死而后已；今有四川凉山扑火英烈、空军战士王伟、守岛英模王继才、扫雷战士杜国富等英雄模范报效国家。英雄人物以实际行动唱响爱国赞歌，让民族精神彪炳史册，呈现波澜壮阔的历史画卷，展现丰富多彩的历史景观，让民族精神的历史"活"起来。其次，"讲清楚"民族精神的内涵。社会主义核心价值观与民族精神一脉相承、同根同源。中华民族在漫长的历史发展中形成了以爱国主义为核心的伟大民族精神。而社会主义核心价值观根植于中华沃土，具有明显的民族特色、风格与追求，其中的爱国、文明、和谐、敬业、友善等价值诉求与民族精神内涵紧密契合、密切相关。诠释社会主义核心价值观与讲述民族精神互为表里、相互支撑、相互作用。英雄人物传播社会主义核心价值观，通过具体的行为、真实的事迹、朴实的语言，在实践中不断探索，展现出独具风格的中国魅力，并不断丰富着民族精神的内涵。最后，"说明白"民族精神的价值。民族精神集中体现了中华民族的整体风貌、精神特质和价值追求。传播社会主义核心价值观，要将英雄人物推到历史的前台，透过英雄人物的事迹，不断强化民族认同、增强民族意识、凝聚民族力量、激发民族自信，让民族精神绽放时代光芒、彰显时代价值。

第二，传承好、发展好、践行好民族精神。首先，社会主义核心价值观肯定了民族精神的精神特质。英雄人物对于社会主义核心价值观的传播，从"实然"与"应然"两个维度对民族精神的精神特质进行了肯定。所谓实然，意指民族精神生成于一定的社会历史条件下。

第四章　英雄人物传播社会主义核心价值观的现实考察和重大意义

马克思明确指出："物质生活的生产方式制约着整个社会生活、政治生活和精神生活的过程。不是人们的意识决定人们的存在，相反，是人们的社会存在决定人们的意识。"① 民族精神在形成与发展的过程中深深镌刻着民族历史的记忆。价值观同样是在社会历史活动与理性建构的过程中逐渐形成的关于价值的总的观点与看法，这一点与民族精神的产生不谋而合。从"应然"的维度来看，民族精神的内涵与社会主义核心价值观蕴含的价值取向和价值追求有机契合。有鉴于此，从历史逻辑与理论逻辑来看，二者具有内在的同质性，这就为社会主义核心价值观传承民族精神奠定了坚实基础。其次，社会主义核心价值观为民族精神指明了前进方向。不同的文化历史背景、发展模式决定了不同的价值观念，当代英雄人物的先进事迹体现出传承民族精神的价值追求。习近平指出："我讲到中国人民的伟大创造精神、伟大奋斗精神、伟大团结精神、伟大梦想精神。这种伟大精神是一代一代中华儿女创造和积淀出来的，也需要一代一代传承下去。"② 社会主义核心价值观对于民族精神的传承在于，紧密相接新时代民族精神，明确民族精神前进方向，这包含：为全面建成社会主义现代化强国，坚定不移走中国特色社会主义道路，尽显当代中国人民的伟大创造精神；实现自由、平等、公正、法治的社会发展宏愿，满足中国人民对于美好生活向往的殷切期盼，建构当代中国人民的伟大奋斗精神；追求爱国、敬业、诚信、友善的个人道德品格，浇铸切实可为、真实可干的价值信仰，凝结当代中国人民的伟大团结精神；实现中华民族伟大复兴，奔赴"第二个百年"新的赶考之路，彰显当代中国人民的伟大梦想精神。再次，社会主义核心价值观确立了民族精神的实践立场。民族精神既是民族财富，同样也属于世界瑰宝。社会主义核心价值观既包含

---

① 《马克思恩格斯选集》第二卷，人民出版社2012年版，第2页。
② 习近平：《在北京大学师生座谈会上的讲话》，《人民日报》2018年5月3日。

着中华民族的立场,也体现着天下情怀、世界眼光、国际视野。英雄人物对社会主义核心价值观的践行和诠释,彰显了中华民族"求索"民族价值与世界意义的双重意蕴。在"求索"过程中,就是要用社会主义核心价值观的民族特质和世界性价值观来明确弘扬发展中国精神的民族立场与世界眼光,确保民族精神既不沉迷"民粹主义"的虚妄,也不跌入"普世价值"的泥潭。一方面,要以英雄人物树立模范典型,既反映世界价值共识又体现民族气派。通过英雄人物以小见大式的辐射效应,以点带面,让民族精神得以发扬光大。另一方面,要注重对于社会主义核心价值观的完整性解读与现代化阐释,使其与国情相合,与世界相连,与时代发展接轨,不为资本主义意识形态所"惑"、不为错误思想观念所"扰"、不为其他民族精神所"动",以保证我国民族精神向好发展,充满生机和活力。

(三) 英雄人物传播社会主义核心价值观有利于弘扬革命文化

党的十八大以来,习近平反复强调:"要把红色资源利用好、把红色传统发扬好、把红色基因传承好"[①] "红色基因不能变,变了就变了质"[②] "继承革命文化,发展社会主义先进文化"[③]。有观点认为:"如果把一代代英烈创造的精神比作一颗颗闪亮的珍珠、一个个时代符号,由这些珍珠、符号的内核有机结合形成的结构稳定的图谱体系就是我们的红色基因。传承红色基因,根本的就是要弘扬英烈精神,用英烈精神武装我们的思想,把英烈精神融入血脉,在实现中国梦强军梦的道路上接力前行。"[④] 英雄人物传播社会主义核心价值观有利于传承红色基因、弘扬革命文化。

[①] 《贯彻全军政治工作会议精神 扎实推进依法治军从严治军》,《人民日报》2014年12月16日。
[②] 《习近平谈治国理政》第二卷,外文出版社2017年版,第183页。
[③] 《习近平谈治国理政》第三卷,外文出版社2020年版,第18页。
[④] 《深刻体味英烈精神的时代价值》,《光明日报》2019年4月6日。

第四章　英雄人物传播社会主义核心价值观的现实考察和重大意义

第一，提供宣传抓手，引领革命文化精神外化。在新时代的历史境遇下，在推进革命文化的赓续发展中，必须构建以英雄人物及精神为内容的社会主义核心价值观建设机制，共筑中国文化自信。首先，充分利用英雄人物事迹和重大时间节点，加强宣传引导力度。英雄人物是刻画在民族发展历史上的"星"，在重大的时间开展相关的纪念活动，让"星"光更加绚烂，让历史记忆更加深刻，有利于形成弘扬革命文化的良好社会氛围。例如，在庆祝中国共产党成立一百周年"七一勋章"颁授活动中，"渡江英雄"马毛姐、护海战士王书茂、革命战士王占山等29名模范人物被授予"七一勋章"，在全社会引起了广泛的关注，为弘扬革命文化做出典型示范。其次，全方位、多途径、宽领域开展宣传。要采取理论宣讲、实践引导、文化塑造、网络传播等多种方法和措施，加强先进典型精神教育，使其渗透到寻常百姓的日常生活中，并积极推动进机关、进学校、进农村、进企业、进社区、进网络，建立常态化的运行模式，促使革命文化财富中英雄精神在全社会得到关注和学习，助力革命文化见人见事、可知可懂、贴近生活。最后，去"污"除"渍"，优化社会舆论环境。英雄人物不仅能够在社会历史实践中作出突出的历史贡献，而且所形成的精神力量能够引领风尚、激浊扬清、统一思想、凝聚力量。当前，我国的思想舆论领域面临着错误思潮污染、敌对思潮渍涝的挑战。因此，去"污"除"渍"成为舆论宣传工作的重中之重。有观点认为，社会舆论作为"社会发展的风向标、指示器"[1]，在推进舆论宣传工作的过程中，要充分彰显革命文化的优势，以其鲜明的政治方向、真实的历史事件、突出的历史成就、强大的精神力量，在去"污"除"渍"中发挥最大优势，以此强化对社会舆论的引导。

---

[1] 王紫潇：《弘扬革命文化　建设文化强国》，《红旗文稿》2021年第23期。

第二，淬炼思想自觉，强化革命文化认同内化。要发扬红色传统，传承红色基因，滋养革命文化。首先，讲述革命故事，传承革命经典。产生于中国革命具体实践的革命文化，意蕴深远、真实感人、丰富多彩，在人们价值观的塑造上具有得天独厚的优势，易于人们在情感深处产生共鸣，利于引导广大群众促进价值认同、提升文明素质。英雄人物传播社会主义核心价值观，讲述《洪湖赤卫队》《地道战》《铁道游击队》等诸多革命经典。这些来自革命战争年代的真实事例，以最贴近人民的途径，使革命精神和革命追求融合于百姓生活之中，影响和改变了一代又一代人的价值观念和生活方式。在社会主义核心价值观的传播过程中，对李大钊、夏明翰、方志敏、刘胡兰、董存瑞、黄继光、雷锋、王杰、焦裕禄等一批革命英雄人物进行宣传，使革命事迹变得更加具体而微、生动鲜活，通过潜移默化地渗透，培育人们基本的思想认知和价值判断，深化革命文化认同。其次，注重精神塑造，涵养精神世界。提升思想文化精神境界是社会文化建设的重要组成部分。只有每一个社会成员的思想境界都提高，整个国家的文明水平才会得以提升。近年来，历史虚无主义、新自由主义、民主社会主义、"普世价值"等错误思潮暗流涌动。在同不良文化思潮的对垒中，革命文化中符合社会主义核心价值观要求的价值理念和价值追求，为人们走出价值"泥潭"、廓清精神"迷雾"、脱离虚假"幻象"提供了正确的思想指引。以伟大建党精神为源头的中国共产党人精神谱系[1]，为塑造理想信念、纯洁道德品格、涵养精神世界提供了重要的启发借鉴。最后，建构革命文化新样态，促进革命文化新表达。要积极传播社会主义核心价值观，使红色革命文化不再是仅仅停留在老一辈人过去的回忆，而要逐渐成为当下年轻人竞相追逐的"潮流"。例如，重走长征

---

[1] 如红船精神、井冈山精神、苏区精神、长征精神、遵义会议精神、延安精神、西柏坡精神、红岩精神等。

路、百人千场红色宣讲、照亮烈士回家路等活动吸引越来越多的年轻人投身其中；红色革命文化 IP 与时尚潮流结合所创造的文化更加贴合年轻人的审美，成为年轻人"偏爱"的文创产品；《建党伟业》《觉醒年代》等一批革命历史大剧也受到年轻人的关注。红色革命文化在当代多样化的呈现、现代化的表达、潮流化的发展，使越来越多的年轻人对之产生认同，从而去自觉践行社会主义核心价值观。

（四）英雄人物传播社会主义核心价值观有利于进行榜样教育

陆士桢认为，榜样是指社会群体中先进的、优秀的，能够对他人形成影响力，具有感召、激励、引导作用的个体或群体[1]。而榜样教育旨在通过发挥榜样的作用，在知、情、意、行等方面去影响受教育者，深化受教育者道德认识，陶冶受教育者高尚情操，增进受教育者思想认知，引导受教育者社会行为，以典型性的榜样范式对受教育者施以具体可感的价值引领和人格塑造。作为一种社会现象和个人成长发展与社会交往关系的现实反映，榜样教育在每个人的成长历程中都具有重要作用。英雄人物既是弘扬社会主义核心价值观的主体力量，也是民众学习的榜样和标杆。

第一，树立榜样典范，筑牢榜样教育精神航标。英雄人物传播社会主义核心价值观，实现了树立榜样典范与表达社会价值的有机结合。这不仅使社会主义核心价值观的呈现更加生动翔实，而且让榜样教育有了更加坚实的现实基础和更加有力的话语表达。社会主义核心价值观在国家层面、社会层面、个人层面三个维度展开，通过英雄人物推广榜样教育，让榜样教育不单停留于抽象的思维认知层面，而是向大众提供更为具象化、可示范、接地气的人物形象。其一，实现榜样教育多维化。人是关系存在物，是社会化的产物。无论是普通人民

---

[1] 陆士桢：《新时代，我们需要什么样的榜样教育——再谈青少年榜样教育》，《人民教育》2021 年第 7 期。

群众还是英雄人物都无法与多样化的社会关系"脱钩",所以榜样模范在不同的"社会关系"下会产生不同的价值作用。同样,中华优秀传统文化中"修齐治平"的价值理念,不仅具有实现个人价值的理想主义色彩,同时也饱含忧国忧民的家国情怀,表明榜样教育下的价值塑造具备多维特征。例如,民主战士李公朴、雷锋传人郭明义、地球卫士塞罕坝等英雄模范或群体对于社会主义核心价值观的表现就是多维的、立体的、全面的。其二,满足榜样教育个性化。苔花如米小,也学牡丹开。榜样教育要求关注受教育者个人自身的价值趋向与价值塑造。在新时代的历史条件下,更要注重把普适性的要求与个性化的满足结合起来。马克思认为:"要使这种个性成为可能,能力的发展就要达到一定的程度和全面性。"① 满足个性化的需要可以拓展普适性的外延,而延伸普适化的外延则可以进一步满足个性化的需要,二者相辅相成,互为表里。要贯彻有教无类的教育理念。受教育者往往持有不同层级价值与不同尺度人格标准。进行榜样教育不能局限于人格与价值的单一方面,可以通过普适性榜样教育的方式促进受教育者全面发展。要遵循因材施教的教育规律。例如,对于热爱科技的受教育者,可使其以钱学森、于敏、黄大年等英雄人物为榜样;对于具有社会责任感的受教育者,可使其以白求恩、杨善洲、钟南山等英雄人物为榜样。

第二,传播榜样力量,引领榜样教育发展走向。榜样教育走进生活,不仅有利于促进社会精神文明健康发展,而且有利于满足人民群众对正确价值观的追求。其一,强化学习意识,贴近教育生活。榜样教育隶属于教育范畴,之所以强调榜样教育,是由于它在培育受教育者的价值观、规范其价值行为方面具有独特之处。英雄人物传播社会

---

① 《马克思恩格斯文集》第八卷,人民出版社2009年版,第56页。

主义核心价值观具有鲜明的教育性。英雄人物被视为榜样的现实载体，当代社会往往以英雄事迹作为宣传话语，传递价值观念信息，从中英雄事迹得以传播、价值观念得以传递。习近平就纪念和学习英雄人物发表多次重要讲话，推动在全社会形成崇尚、捍卫、学习、关爱英雄的良好风气。其二，培育道德品格，抵制不良文化。要明大德、守公德、严私德。英雄人物的先进事迹生动诠释了道德的含义，彰显了道德的价值。当今社会，多元文化纷纷涌入，道德建设亟需有力的引导与支撑。一方面，娱乐主义、犬儒文化、消费主义、躺平主义等不良文化现象逐渐腐蚀榜样教育的根基；另一方面，不良的文化现象披上虚拟化、模式化、弥散化的"迷彩外衣"，极大地迎合了当前文化市场的需求，让人难以辨别。面对这样的文化冲击和意识形态风险挑战，要不断加强道德体系建设，考量国家教育发展战略需求，将榜样教育与道德建设有机结合起来，培植健康有益的社会文化，使社会主义核心价值观植根人民的日常生活，增强其道德意识与理性认知，提高其参与度、增强自省力。其三，面向生活和时代，注重个体需要。新时代条件下，榜样教育必须结合时代境遇做出适当调整。无论是国家教育体制的变革，还是价值取向变换与价值内容更新，都要时刻关注不良文化对主流意识形态的侵扰。另外，注重精准施策，满足榜样教育个体差异性特征，既要顶层设计，又要以人为本，发挥榜样教育对于立德树人的最大效能。

历史上，每个社会都会通过各种方式褒奖英烈、塑造英烈形象，以此构筑其主导价值观。放眼全球，各国都把英烈置于备受尊崇的位置，让人们自觉维护和爱戴自己的民族英雄。在这方面，他山之石可以借鉴。

二 英雄人物传播社会主义核心价值观的现实意义

下面，本节从培育时代新人、增强价值认同、坚定文化自信、抵御"普世价值"、维护我国意识形态安全等方面,对英雄人物传播社会主义核心价值观的现实意义进行具体阐释,凸显其必要性和紧迫性。

(一)培育时代新人的需要

实现中华民族伟大复兴的中国梦,是一项崭新事业,也是一项伟大事业。新时代中国特色主义伟大事业需要接力奋进的新的人才。这种新的人才,就是担当民族复兴大任、国家建设之责的时代新人。习近平强调:"要以培养担当民族复兴大任的时代新人为着眼点"[①]"新时代中国特色社会主义伟大事业需要千千万万个英雄群体、英雄人物"[②]"青年兴则国家兴,青年强则国家强。青年一代有理想、有本领、有担当,国家就有前途,民族就有希望"[③]。从本质内涵来看,时代新人要有坚定的理想信念、过硬的本领能力、强烈的责任担当。在实现中华民族伟大复兴的进程中,时代新人肩负着神圣的历史使命,这种使命感与责任感源于对党的事业的高度认同,源于革命精神的代代传承,源于对社会主义核心价值观的高度认同。因而,要"全面贯彻党的教育方针,落实立德树人根本任务,培养德智体美劳全面发展的社会主义建设者和接班人"[④]。

(二)增强公民价值认同的需要

所谓价值认同,表现为社会成员对社会共同价值规范的自觉接受和遵循。当今时代,经济全球化进程加快,人们开始接受异质文化,一些根深蒂固的传统意识被逐步打破,取而代之的是人们对新思想、新观念的追求,一个更大范围内的价值观悄然形成。

---

① 《习近平谈治国理政》第三卷,外文出版社2020年版,第33页。
② 《学习英雄事迹 弘扬英雄精神 将平凡英雄精神体现在平凡工作岗位上》,《人民日报》2018年10月1日。
③ 《习近平谈治国理政》第三卷,外文出版社2020年版,第54页。
④ 习近平:《高举中国特色社会主义伟大旗帜 为全面建设社会主义现代化国家而团结奋斗——在中国共产党第二十次全国代表大会上的报告》,人民出版社2022年版,第34页。

第四章 英雄人物传播社会主义核心价值观的现实考察和重大意义

一个不争的事实是，全球的价值冲突与交融、对抗与对话，既促进了各国经济、政治和文化的深入交流，同时也使各国面对多样文化的冲击和碰撞。德国的霍尔茨指出，"全球化把我们推入激烈的价值冲突中"①，使人们在价值观上面临新的问题。法国的魏明德说："当代的人们遭遇到'他者'从根本上的挑战。他们知道，有时候也直接经验到，世上有种种不同的规范和价值引导人们的行为和态度，随着不同的历史、社会和文化背景而不同。因此，对许多人来说，发现'他者'的存在使得他们认为价值完全是相对的。"② 特别是以美国为首的西方国家，"通过跨国公司和受它们控制的国际经济组织，加紧向发展中国家进行经济渗透和扩张，在全世界争夺资源和市场，同时极力推行它们的发展模式、政治制度和价值观念，企图通过经济全球化实现资本主义的一统天下，这使广大发展中国家的经济主权、国家安全面临着严峻挑战和威胁"③。正如亨廷顿所强调的："对一个传统社会的稳定来说，构成主要威胁的，并非来自外国军队的侵略，而是来自外国观念的侵入，印刷品和言论比军队和坦克推进得更快、更深入。"④ "正如我们已经看到的，其他国家的领导人有时企图摈弃本国的文化遗产，使自己国家的认同从一种文明转向另一种文明。然而迄今为止，他们非但没有成功，反而使自己的国家成为精神分裂的无所适从的国家。"⑤

因而，增强国民对社会主义核心价值观的认同和自信显得异常重要

---

① [德] 马蒂亚斯·霍尔茨：《未来宣言 我们如何为二十一世纪做准备》，王滨滨译，云南人民出版社2001年版，第181页。

② [法] 魏明德：《全球化与中国——一位法国学者谈当代文化交流》，商务印书馆2002年版，第35页。

③ 中共中央文献研究室：《江泽民论有中国特色社会主义（专题摘编）》，中央文献出版社2002年版，第519页。

④ [美] 塞缪尔·P. 亨廷顿：《变化社会中的政治秩序》，王冠华、刘为等译，上海人民出版社2008年版，第129页。

⑤ [美] 塞缪尔·亨廷顿：《文明的冲突与世界秩序的重建》，周琪等译，新华出版社1999年版，第353页。

和紧迫。从内涵来看,价值观自信是"指价值主体对自身价值追求的坚定信心和信仰。具体来说,价值观自信包含两个维度:其一是指民族国家对自身价值追求的准确把握和执着坚守,其二是指人们对社会主导价值的高度认同和自觉实践,两者本质相通,具有内在一致性"①。而推动社会主义核心价值观自信,必须"用好马克思主义的真理力量,用好中国特色社会主义的实践力量,用好五千年历史传承的文化力量"②。

(三) 树立文化自信的需要

习近平指出:"文化是一个国家、一个民族的灵魂。"③ 文化自信,是一个国家和民族对自身文化价值和文化理想的高度肯定,能够激励本民族、社会和国家不断向前发展的高度信心。中国特色社会主义文化自信实质上就是要强调对中华优秀传统文化充分自信、对革命文化充分自信、对社会主义先进文化充分自信。在庆祝中国共产党成立95周年大会上,习近平将"三个自信"拓展为"四个自信",即中国特色社会主义道路自信、理论自信、制度自信、文化自信。其中,"文化自信,是更基础、更广泛、更深厚的自信,是更基本、更深沉、更持久的力量"④。这"六个更"凸显了文化自信的重要地位和价值。

文化自信为中华民族伟大复兴注入持久的精神动力。英雄人物是先进文化的重要创造者、继承者、捍卫者、引领者、践行者,英雄精神是先进文化最直接、最生动、最典型的精华,英雄文化构成先进文化的重要内容。一个没有英雄和英雄文化的民族,或者有英雄但不崇尚英雄甚至诋毁英雄的民族,是不可能建立起强大文化自信的。尼尔·波兹曼认为:"有两种方法可以让文化精神枯萎,一种是奥威尔式

---

① 陈曙光:《价值观自信是保持民族精神独立性的重要支撑》,《求是》2016年第4期。
② 《牢固树立文化自信价值观自信 不断增强人们奋发向上的精神动力》,《人民日报》2016年6月22日。
③ 《习近平谈治国理政》第三卷,外文出版社2020年版,第32页。
④ 《习近平谈治国理政》第二卷,外文出版社2017年版,第349页。

第四章　英雄人物传播社会主义核心价值观的现实考察和重大意义

的——文化成为一个监狱，另一种是赫胥黎式的——文化成为一场滑稽戏。"① 如果说庄严的英雄文化一旦在不经意间变成人们娱乐消费的"滑稽戏"，就非常可能使其变得"精神枯萎"，进而导致崇尚英雄的信仰传承分崩离析、土崩瓦解。提升英雄地位、捍卫英雄形象、弘扬英雄精神、构建英雄文化，是坚定文化自信的必然要求。新时代新征程，自觉传承革命传统，大力弘扬红色文化，有效利用英雄文化资源，积极探索英雄精神传播体系，对广泛践行社会主义核心价值观、建设社会主义文化强国意义重大而深远。

（四）抵御"普世价值"侵蚀的需要

当今世界各种思想文化相互激荡，"我们正在进行具有许多新的历史特点的伟大斗争，面临着前所未有的复杂局面。国际形势在风云变幻中经历着大变局"②。西方国家顺应新兴媒体的特点和优势，建立了一整套从官方到民间、从政府到军队、从智库到个人的完善意识形态舆论斗争体系，借助网络霸权优势、技术优势、信息优势向包括我国在内的社会主义国家输入他们的价值理念、宗教信仰、生活方式以及文化产品，进行意识形态渗透和扩张，旨在分化、西化、颠覆我国社会主义制度，其险恶目的昭然若揭。塞缪尔·亨廷顿说过："普世主义是西方对付非西方社会的意识形态。"③ 例如，美国一直重视在社会中寻找偶像并塑造英雄形象，以现实为原型的"美国大兵"、虚构的"超人"等频频出现在影视和文学作品中，甚至输出到其他国家和地区，进行价值观的渗透和颠覆④。这种体系化的输出战略，具有咄咄逼人的"强势"特点，给社会

---

① [美]尼尔·波兹曼：《娱乐至死》，章艳译，广西师范大学出版社2011年版，第162页。
② 人民日报评论员：《弘扬主旋律　传播正能量》，《人民日报》2013年8月28日。
③ [美]塞缪尔·亨廷顿：《文明的冲突与世界秩序的重建》，周琪等译，新华出版社1999年版，第56页。
④ 倪光辉、冯春梅、葛亮亮：《崇尚英雄　捍卫英雄（对话价值（38）·（实现"中国梦"呼唤更多英雄））》，《人民日报》2015年9月7日。

主义意识形态安全带来了显而易见的压力。正如习近平在全国党校工作会议上所说:"国内外各种敌对势力,总是企图让我们党改旗易帜、改名换姓,其要害就是企图让我们丢掉对马克思主义的信仰,丢掉对社会主义、共产主义的信念。"① 敌对势力对于我国的侵袭无处不在、无孔不入,所谓"普世价值"无非是其自导自演的政治把戏,这其中暗藏玄机,危机四伏。而现实中有一部分人没有清醒地认识到这样的危机,在不知不觉中被利用,成为了西方资本主义意识形态的吹鼓手。

这种外部挑战客观上要求我们必须从战略高度大张旗鼓地宣传社会主义核心价值观,捍卫英雄形象,拓宽传播渠道,强化警觉意识,做到警钟长鸣,以更加积极、主动的心态建设社会主义先进文化,针对性地开展意识形态斗争,抵御西方思想文化的渗透,决不能在敌对意识形态话语面前"沉默失语"②。

(五) 维护意识形态安全的需要

意识形态,在广义上指特定的社会阶级和利益集团对自身社会地位和利益要求的自我意识和自觉表达,狭义上则为在社会上占统治地位的利益集团的观念集合和思想体系③。当今时代,我国社会主义意识形态建设面临着诸多问题与挑战,如在国际方面,西方国家的和平演变、渗透与颠覆从未停止过,在价值观方面宣扬"普世价值",进行显性和隐性传播;在国内方面,社会转型期使得人们在思想认识上的独立性、选择性、多变性、差异性日益增强,网络新媒体时代的传播由单一化转向多样化、由平面化转向立体化、由一维化转向多维化,呈现出多元多样多变的复杂性特点和发展趋势。一些别有用心的网站和个人不负责任地对英雄人物进行抹黑,否定英雄人物的光辉事迹,丑

---

① 《习近平谈治国理政》第二卷,外文出版社2020年版,第327页。
② 田海舰:《论新时代弘扬延安精神的重大意义》,《中华魂》2020年第1期。
③ 田雨晴:《新中国70年中国共产党意识形态话语研究》,《保定学院学报》2019年第5期。

化和虚化英雄形象。互联网自身具有的开放性、即时性、虚拟性、分众性、互动性、娱乐性等特点①，使得多样化的价值观念和社会思潮在虚拟空间传播和泛滥，对我国社会主义意识形态安全带来严重冲击和挑战。

捍卫英雄是一场意识形态斗争。在这场输不起也不能输的斗争中，必须高度警惕，坚决捍卫英雄，维护英雄形象，在实践中予以还击，这样既可有效抵制历史虚无主义，又可帮助人们树立正确的历史观、英雄观。社会主义核心价值观属于观念上层建筑，是社会主义意识形态的本质体现。有观点指出："意识形态的现实存在及其实际影响，形式上提醒人们不可能离开现实世界而神游在虚幻的迷思之中，实质上则引导人们如何进行思想建构并实际参与人们的思想建构。"② 在推进英雄人物传播社会主义核心价值观的过程中，加深对"四史"的了解，形成对马克思主义的指导、中国共产党的领导、中国特色社会主义制度的情感认同、思想认同、政治认同，有助于"坚持马克思主义在意识形态领域指导地位的根本制度""建设具有强大凝聚力和引领力的社会主义意识形态""牢牢掌握党对意识形态工作领导权"③。

---

① 田海舰：《习近平互联网意识形态建设思想研究》，《社会科学家》2017年第10期。
② 孙辉、陈立新：《误解与澄清：马克思意识形态理论探析》，《南昌大学学报（人文社会科学版）》2020年第3期。
③ 习近平：《高举中国特色社会主义伟大旗帜　为全面建设社会主义现代化国家而团结奋斗——在中国共产党第二十次全国代表大会上的报告》，人民出版社2022年版，第43页。

第五章 英雄人物传播社会主义核心价值观的对策分析

塑造英雄人物，用英雄人物传播社会主义核心价值观，是时代的召唤、历史的需要、人民的期盼。英雄人物、英雄精神为全面推进中华民族伟大复兴提供力量支撑，而在这一过程中，也必然会涌现出一批批新时代的人民英雄。勿忘历史，开创未来，"要铭记一切为中华民族和中国人民作出贡献的英雄们，崇尚英雄，捍卫英雄，学习英雄，关爱英雄"[①]。历史和现实充分证明，英雄人物展示的英雄精神是社会主义核心价值观的重要思想来源。对英雄人物进行深入研究，对英雄精神进行概括凝练，是提升社会主义核心价值观传播效果的必然要求和基本内容。总的来说，要秉承基本理念，遵循基本原则，优化传播路径，创新传播方式，完善传播机制，形成完整传播体系，提升传播效果。

第一节 英雄人物传播社会主义核心价值观秉承的基本理念

理念是行动的先导。提升英雄人物对社会主义核心价值观传播效

---

① 习近平：《在颁发"中国人民抗日战争胜利70周年"纪念章仪式上的讲话》，《人民日报》2015年9月3日。

果，要秉承基本理念，不断提升传播实效①。

一 代表社会主义核心价值观内容的先进性

英雄精神与社会主义核心价值观都属于思想文化范畴，代表着社会的主流价值取向，在思想的先进性方面高度统一。

社会主义核心价值观之所以具有强大的凝聚力和感召力，主要在于其自身内容的先进性。它从宏观、中观、微观三个层面，科学地回答了"建设一个什么样的国家，怎样建设这样的国家""建设一个什么样的社会，怎样建设这样的社会""培育一个什么样的公民，怎样培育这样的公民"，规定了国家、社会、个人三个层面的价值取向和要求，为坚持和发展中国特色社会主义提供了根本价值遵循，指明了前进方向。英雄人物致力于民族的解放、民族的复兴，是民族的脊梁；英雄人物投身于革命、建设、改革事业，是社会的楷模；英雄人物爱国敬业、诚信友善，是先进的个人典范。总之，英雄人物是践行社会主义核心价值观的模范，其身上展现的英雄精神、道德品质、思想境界完美展现了社会主义核心价值观内容的先进性。要加强对英雄人物的宣传，让社会主义核心价值观内化于心、外践于行。

二 坚守社会主义核心价值观本质的人民性

英雄人物来自人民，服务于人民，与人民有着相同的、共同的情感体验。英雄人物之所以被敬仰、被宣传，其中根本的一点在于他们的思想和行动无一例外地坚持人民利益至上。英雄人物始终代表人民利益，反映他们的价值诉求。在国家之维，英雄人物为建设富强、民主、文明、和谐的社会主义现代化国家勇毅前行；在社会之维，英雄

---

① 本节内容参见田海舰、李阁《论英雄模范人物与事迹对社会主义核心价值观的传播作用》，《思想理论教育导刊》2021年第8期。

人物为实现自由、平等、公正、法治率先垂范；在个体之维，英雄人物为践行爱国、敬业、诚信、友善走在前列。英雄人物以自己的实际行动感染人民群众，以自身的光荣事迹感化人民群众。对英雄人物崇敬爱戴，会使人民群众认可英雄人物身上体现出的正确价值观，形成主动向英雄人物学习的看齐意识，让社会主义核心价值观产生巨大的精神力量，引领社会思潮，凝聚社会共识。英雄人物及其事迹的宣传教育要坚持以人民为中心，从而更加彰显社会主义核心价值观的人民性。

社会主义核心价值观是先进性和广泛性的统一。社会主义核心价值观反映人民的根本利益，代表着人民的价值追求，从本质上来讲具有鲜明的人民性。社会主义核心价值观针对不同层次的群体提出了不同的思想要求，涵盖不同的社会阶层和群体不同层面的追求。军队系统、教育部门、司法领域、公安系统、邮政行业以及海关、水利、电力等不同行业领域和岗位都有自身群体性特征的价值观。与之相应，每个行业领域和岗位均涌现出不可胜数的英雄人物和典型事迹。这既印证着社会主义核心价值观的人民性，也对英雄人物典型的树立和宣传提出了人民性要求。要加强对英雄人物的宣传，引领民众广泛践行社会主义核心价值观。

英雄人物与事迹兼具政治属性和生活属性。英雄人物与事迹的宣传和弘扬，不仅带有鲜明的政治属性和政治功能，而且还富有生活气息和个人意义。英雄人物并没有高高在上地脱离人民群众，而是来自人民群众。正如黑格尔所说："人民就是丰收的大地，英雄们像是从大地里长出来的花朵和树干，他们的整个的生存是要受这种土壤制约的。"[1] 发现英雄人物就存在于身边的亲友、同学、同事和邻居之中，

---

[1] ［德］黑格尔：《美学》第三卷（下册），朱光潜译，商务印书馆2011年版，第304页。

就会使人们更加领会和认同"中华民族是英雄辈出的民族,新时代是成就英雄的时代"①。从白衣天使到人民子弟兵、从科研人员到社会工作者、从志愿者到工程建设者、从古稀老人到"90后""00后"青年一代,无数人用生命赴使命,用挚爱护苍生,让人深切感受和领会到"平凡铸就伟大,英雄来自人民"②。

三 鉴证社会主义核心价值观理念的正确性

社会主义核心价值观,立足于广袤的中国大地,坚持马克思主义指导,是被实践证明了的正确的价值理念。

历史车轮滚滚向前,英雄人物接续涌现。新民主主义革命时期,浴血奋战、百折不挠,为民族独立、人民解放而流血牺牲的人是英雄;社会主义革命和建设时期,自力更生、奋发图强,为国家富强、人民幸福作出重大贡献的人是英雄;改革开放和社会主义现代化建设新时期,解放思想、开拓进取,使中华民族变得更富更强的人是英雄;中国特色社会主义进入新时代,自信自强、守正创新,致力于全面建成小康社会、脱贫攻坚、科技进步的人是英雄。英雄人物以自己的实际行动鉴证着社会主义核心价值观理念的正确性。习近平指出:"一切为中华民族独立和解放而牺牲的人们,一切为中华民族摆脱外来殖民统治和侵略而英勇斗争的人们,一切为中华民族掌握自己命运、开创国家发展新路的人们,都是民族英雄,都是国家荣光。"③英雄人物推动着社会的发展进步,身体力行地证实了社会主义核心价值观的科学性,助推社会主义核心价值观在现实生活中更广更深地践行。

---

① 《全党全社会要崇尚英雄学习英雄关爱英雄 汇聚实现中华民族伟大复兴的磅礴力量》,《人民日报》2020年10月22日。
② 《国家主席习近平发表二〇二一年新年贺词》,《人民日报》2021年1月1日。
③ 习近平:《在颁发"中国人民抗日战争胜利70周年"纪念章仪式上的讲话》,《人民日报》2015年9月3日。

英雄人物作为价值观的一种现实载体,是对价值观的生动体现。我们当然希望承载价值观的英雄人物与事迹的传播能够产生良好的社会效益。所谓社会效益好,就是导向正确且受到教育的人多,两个要素缺一不可。同时具备这两个要素,直接关涉人们对社会主义核心价值观正确性的认可。马克思主义高扬共产主义崇高理想,也是最具真理性的认识,深刻揭示"'思想'一旦离开'利益',就一定会使自己出丑"①。理想的达成需要切实的行动。2020年,在党的带领下向深度贫困堡垒发起总攻,历经八年实现现行标准下近1亿农村贫困人口全部脱贫,832个贫困县全部摘帽,取得决战脱贫攻坚的决定性胜利。这些成绩的取得离不开党领导下的广大扶贫干部倾情投入的奉献,离不开各行各业坚守岗位努力工作的平凡的英雄模范。这是弘扬和践行社会主义核心价值观的强有力证明。

需要特别注意的是,智能信息时代,尽管信息资源海量且传递快速,但媒体智能化往往使得信息不对称,从而导致人们认知不对称。凭借互联网和自媒体,丑化英雄、消解崇高、躲避神圣的行径一度大行其道,给社会主义核心价值观认同带来极大干扰和冲击。这种情况下,捍卫英雄,坚决反对历史虚无主义和文化虚无主义,是每一个中国人义不容辞的责任。习近平指出:"我们要在全社会树立崇尚英雄、缅怀先烈的良好风尚。"② 他强调:"英雄是民族最闪亮的坐标""对中华民族的英雄,要心怀崇敬,浓墨重彩记录英雄、塑造英雄,让英雄在文艺作品中得到传扬,引导人民树立正确的历史观、民族观、国家观、文化观,绝不做亵渎祖先、亵渎经典、亵渎英雄的事情。"③ 他对思想政治理论课明确提出了"注重引导学生传承民族气节、崇尚英雄

---

① 《马克思恩格斯文集》第一卷,人民出版社2009年版,第286页。
② 《十八大以来重要文献选编》(中),中央文献出版社2016年版,第205页。
③ 《"英雄是民族最闪亮的坐标"(习近平讲故事)》,《人民日报(海外版)》2019年6月20日。

气概，引导学生学习英雄、铭记英雄"[1]的具体要求。一个社会，"崇尚英雄才会产生英雄，争做英雄才能英雄辈出"[2]。宣传英雄人物必须在与错误思潮的较量和斗争中进行。我们要明辨是非，抵制错误思潮，做到铭记英雄，尊崇英雄。

四 确保社会主义核心价值观认同的实效性

社会主义核心价值观作为社会成员共同遵循的价值观，要在思想认同的基础上积极践行，发挥其凝聚人心、引领民族复兴的作用。英雄人物是国家发展、民族复兴的杰出代表，是人民学习的楷模。两者之间具有理论和实践相统一的关系。社会主义核心价值观属于上层建筑，是抽象的意识形态。英雄人物是社会主义核心价值观的践行者，是将"抽象"变为"现实"的人。英雄的优秀品质和崇高精神，是社会主义核心价值观的鲜明体现。社会主义核心价值观所规定和传达的抽象理念，需要通过英雄人物的行为和事迹真实呈现出来，两者形成一种昭示和印证的关系。在这种情况下，践行社会主义核心价值观所涌现出的英雄人物越多，社会主义核心价值观的认同效果就越好、实效性就越强。

学习英雄人物本身就是在践行社会主义核心价值观。只有价值上认同才会转换为行动上的自觉。英雄人物是否得到尊重、肯定，获得相应的荣誉、享受一定的待遇，在一定程度上直接影响社会主义核心价值观的认同与践行。英雄人物英勇奋斗、无私奉献、义行善举等，护卫祖国安全、保障人民的生命财产安全、匡扶弱者、行善斗恶，让中国成为世界上最安全的国家。保护英雄的合法权益、关心英雄的工

---

[1] 习近平：《思政课是落实立德树人根本任务的关键课程》，《求是》2020年第17期。
[2] 《习近平总书记在出席庆祝中华人民共和国成立70周年系列活动时的3篇重要讲话》，《人民日报》2020年10月1日。

作生活，让英雄的尊严感、荣誉感和幸福感不断增强。习近平强调，"该保障的要保障好，该落实的政策必须落实，不能让英雄流血又流泪"①，这就给予了人们践行社会主义核心价值观、争当英雄的信心和动力。授予作出杰出贡献的人士国家勋章和国家荣誉称号，以最高规格褒奖英雄模范，亮明了党和国家关爱英雄、敬仰英雄、学习英雄的态度和导向。只有社会不失公允、国家亮明态度对待英雄人物，增强英雄的获得感、尊严感、荣誉感和幸福感，才能使人们感受到社会主义核心价值观所倡导的理念真实和落地实效。要把继承英雄精神与弘扬英雄精神结合起来，鼓励人们做时代的英雄、民族的英雄、人民的英雄，确保社会主义核心价值观认同取得实实在在的成效。

第二节 英雄人物传播社会主义核心价值观遵循的基本原则

坚持基本原则是确保传播效果的基本遵循。提升英雄人物对社会主义核心价值观传播效果，必须遵循"三性一体化""四性相协调""五律相结合"的基本原则。

一 遵循"三性一体化"原则

提升英雄人物对社会主义核心价值观传播效果，必须坚持价值导向性、历史真实性、实践体验性一体化原则。

其一，坚持价值导向性原则。社会主义核心价值观是社会主义核心价值体系的内核，为全社会提供基本的价值遵循，确定明确的价值目标。面对西方价值观念和意识形态的强力渗透，以及部分国人信仰动摇、理

---

① 《为强军兴军凝聚智慧力量 谱写强军兴军崭新篇章（我和总书记面对面）》，《人民日报》2018年3月13日。

想失落、思想迷茫、诚信缺失等问题，亟待将社会主义核心价值观内化于心、外化于行，充分发挥其引领作用。中国特色社会主义进入新时代，学习宣传英雄人物、先进典型活动深入开展，英雄人物得到大力表彰与宣传。英雄人物饱含正能量、体现正义感、胸怀天下、心系人民，引领社会主义核心价值观建设的方向。历史虚无主义者和西方反华势力对我国进行"和平演变""颜色革命"，以揭示所谓"人性""真相"等名义来否定英雄的精神力量，进一步"以庸俗、低俗、媚俗的手段来涂抹历史人物与事件，丑化党的领袖和英模人物，对刘胡兰、董存瑞、黄继光、邱少云、雷锋等进行'戏说''恶搞'，等等"[1]。针对"解构英雄"的历史虚无主义逆流，必须"坚持以马克思主义英雄观为指导，以革命英雄主义为核心，增强英雄文化建设的时代感和实效性"[2]。

其二，坚持历史真实性原则。历史是最好的老师。英雄人物的成长、事迹与历史紧密相联。以唯物史观、党史观为指导，坚持历史的真实性，更好地激励群众学习英雄。回顾我们党一百多年的伟大征程，从夏明翰到赵一曼，从狼牙山五壮士到中共隐蔽战线杰出代表，从"两弹一星"专家到"航天英雄人物"等，英雄人物接续奋斗，为中华人民共和国成立、中国航天事业、脱贫攻坚事业等作出巨大贡献，付出巨大牺牲，展现了历史真实的一面。

其三，坚持实践体验性原则。传播英雄事迹和故事，传承爱国奉献精神，弘扬为民服务理念等，为践行社会主义核心价值观营造良好氛围。学习英雄人物，凝聚正能量，让人们真心认同并自觉践行社会主义核心价值观。将社会主义核心价值观融入日常的生产、生活和工作中，在实践中体悟体验，做到"日用而不觉"，真正做到落细落小落实。

---

[1] 《求是》杂志评论员：《旗帜鲜明坚持和运用正确党史观》，《求是》2021年第7期。
[2] 张明仓：《英雄文化的反思与重构》，《南京政治学院学报》2016年第5期。

二 遵循"四性相协调"原则

提升英雄人物对社会主义核心价值观传播效果,要坚持突出时代性、增强思想性、注重群众性、把握真实性四个方面相协调。

其一,突出时代性。时势造英雄。每个时代都有每个时代的英雄人物。对于国家、民族而言,英雄人物始终是社会的楷模、时代主旋律最高音。英雄人物引领时代价值取向,是人民群众崇尚的榜样、学习的对象。对英雄人物的宣传,对英雄精神的弘扬,要紧扣时代脉搏,展现时代风貌,让英雄模范身上的时代品格、风范气概得到真正彰显。

其二,增强思想性。加强英雄内涵、英雄精神、英雄文化与社会主义核心价值观的理论研究。二者在内容上高度一致,体现了人们的价值诉求,符合社会主义核心价值观成为评判英雄人物的重要标准。传播社会主义核心价值观,不仅要考虑推崇英雄、学习英雄,还要加强对英雄精神的研究和弘扬,提升传播内容的思想深度。培育英雄文化,弘扬英雄精神,如侯惠勤教授所说,不是宣扬英雄史观和所谓的个人英雄主义,也不是承认历史是由作为"个体主体"的人创造的,因为"个体主体无法达到对于历史的科学把握。进一步说,个体主体也不符合历史事实,因为迄今为止,个人都从属于社团或阶级,没有个体历史主体的空间。历史还证明,以个人为本位的事业最终只能是少数人的事业,真正能凝聚起磅礴之力的思想必定属于人民群众的事业"①。

其三,注重群众性。社会主义核心价值观的传播实效最终要落实到人民群众的践行上。社会主义核心价值观体现人民群众的意志、代表人民群众的根本利益。英雄人物从来都不是脱离群众、高高在上的,而是人民利益的忠实代表,为人民生命财产安全保驾护航、为人民的

---

① 侯惠勤:《伟大思想的磅礴之力:马克思主义的真理光辉和习近平新时代中国特色社会主义思想》,《思想理论教育导刊》2018 年第 6 期。

幸福生活奋斗终身。有观点认为，中国共产党从三个方面实现了英雄主体的平民化转向：以工人阶级和农民阶级作为战争英雄和民族英雄的主体构成、基于"无名英雄"的概念将英雄的主体扩展为普通群众、实现了英雄的职事化转向，由此克服了传统英雄主体精英化的历史局限性[1]。英雄生活在人民群众之中，从群众中来、到群众中去，一切为了群众、一切依靠群众。从这一角度出发，宣传英雄人物，才能更好地践行社会主义核心价值观。

其四，把握真实性。英雄人物是具体的、真实的，英雄精神以其光辉事迹为叙述基础。有学者认为："英雄故事包含英雄人物、英雄事迹、英雄精神和英雄品格。选取什么样的英雄故事，会直接影响对英雄人物的认知认同。"[2] 以往对英雄人物的宣传存在一个误区，好像英雄人物的形象越高大，教育意义就越大。其实，伟大出自平凡，英雄人物来自人民。为此，讲好英雄故事要实事求是，客观讲述英雄人物的生命足迹和内心世界，拉近与群众的心理距离，增强其崇尚英雄的自觉性。崇尚英雄、向往崇高是一个时代精神的主流。穆青认为，从反映时代特征的高度来表现英雄人物的精神风貌是非常关键的[3]。因此，讲好英雄故事，必须把握好时代特征，深入挖掘英雄人物的时代价值，夯筑精神高地。宣传英雄人物，讲好英雄故事，要从历史事实出发，自觉抵制历史虚无主义、个人英雄主义等错误思潮。历史虚无主义通过各种方式污蔑和否定英雄人物，进而否定社会主义核心价值观；而个人英雄主义夸大英雄人物在历史进程中的作用，忽视甚至否定人民群众的力量。"有人毫无根据地质疑英雄事迹的真实性，有人对英雄人物冷嘲热讽，甚至诋毁抹

---

[1] 储成君、陈继红：《中国共产党对传统英雄观的继承与超越》，《学海》2020年第3期。
[2] 王强、张宇娜：《新时代中国共产党英雄模范观的生成与实践》，《西北工业大学学报（社会科学版）》2022年第2期。
[3] 参见穆青《穆青论新闻》，新华出版社2003年版，第151页。

黑……这些噪音杂音极大地伤害着全民族的爱国情感。"[①] 讲好英雄故事，要坚持实事求是，从客观实际出发，把握整体真实，赋予英雄人物以鲜活完整的形象，使英雄形象更加丰满、更具说服力，从根基上消除抹黑或解构英雄的行为。要牢牢把握英雄叙事的主导权和话语权，"保持越是艰险越向前的英雄气概，敢于斗争、善于斗争，逢山开道、遇水架桥，做到难不住、压不垮，推动中国特色社会主义事业航船劈波斩浪、一往无前"[②]。

三 遵循"五律相结合"原则

提升英雄人物对社会主义核心价值观传播效果，要遵循方向可控律、需要引导律、双向互动律、要素协调律、内化渐进律五个方面有机结合。

其一，遵循方向可控律。社会主义核心价值观传播效果如何，遵循方向可控律是前提。就社会主义核心价值观的本质特征来看，它既属于马克思主义的价值观，也是科学社会主义的价值观，代表着社会主义制度的精神自我，因而其传播必须始终坚持社会主义方向。英雄精神是社会主义核心价值观的重要组成，英雄人物有坚定的理想信念，对马克思主义的信仰、对共产主义和社会主义的信念，始终是激励不同时期英雄人物不懈奋斗的精神支撑和动力源泉。宣传英雄、崇尚英雄、学习英雄要始终坚持社会主义正确方向。

其二，遵循需要引导律。需要引导律强调，社会主义核心价值观传播过程中，要树立问题意识，从时代发展的需要出发，从受众的需要出发，加强宣传教育，提升英雄人物对社会主义核心价值观的传播

---

① 倪光辉、冯春梅、葛亮亮：《崇尚英雄 捍卫英雄（对话价值观（38）·（实现"中国梦"呼唤更多英雄））》，《人民日报》2015年9月7日。
② 《中共中央关于党的百年奋斗重大成就和历史经验的决议》，《人民日报》2021年11月17日。

第五章 英雄人物传播社会主义核心价值观的对策分析

效果。中国特色社会主义事业大发展有赖于德才兼备的人才涌现。进行社会主义核心价值观教育、加快其传播，是培养信念坚定、道德高尚的时代新人的关键。树立什么样的英雄人物、宣传什么样的英雄人物，怎样传播英雄人物，是时代发展的需要、是人民群众的呼声。紧跟时代步伐，将历史英雄人物、时代英雄人物与教育目的相结合，运用多种传播手段，形成人民群众学习英雄、践行社会主义核心价值观的热潮。

马克思曾经说过："问题就是时代的口号，是它表现自己精神状态的最实际的呼声。"[1] 近年来，我国意识形态领域出现历史虚无主义倾向，一些错误思潮借助网络新媒体滋生发酵，摒弃主流意识形态，通过娱乐化、碎片化、"标题党"等方式评价、消解、虚化甚至诋毁英雄人物，肆意解读历史。一些网民甚至质疑邱少云是否在烈火中坚如磐石，怀疑董存瑞是否自愿去炸碉堡，反问黄继光的胸膛如何能够堵住喷火的射口，连狼牙山五壮士、刘胡兰和江姐等都无一幸免。一座座人民心中的精神丰碑被无端抹黑[2]。毋庸讳言，网络空间泛娱乐化英雄人物的现象，不论其动机如何，都会大大弱化人们对英雄人物的尊崇和对英雄精神的崇仰，严重侵蚀培育英雄文化的心理基础和社会基础。

在此背景下，旗帜鲜明地反对、批判、抵制否定领袖、诋毁先烈、歪曲英雄人物的历史虚无主义思潮尤为重要和紧迫。习近平指出，当前在文艺创作方面存在"调侃崇高、扭曲经典、颠覆历史，丑化人民群众和英雄人物"的现象，"有些人刻意抹黑我们的英雄人物，歪曲我们的光辉历史，要引起我们高度警觉"[3] "国内外敌对势力往往拿中国革命史、新中国历史来做文章，竭尽攻击、丑化、污蔑之能事，根本目的就

---

[1] 《马克思恩格斯全集》第四十卷，人民出版社1982年版，第289—290页。
[2] 倪光辉、冯春梅、葛亮亮：《崇尚英雄 捍卫英雄（对话价值观（38）·（实现"中国梦"呼唤更多英雄））》，《人民日报》2015年9月7日。
[3] 《十八大以来重要文献选编》（中），中央文献出版社2016年版，第124、205页。

是要搞乱人心,煽动推翻中国共产党的领导和我国社会主义制度。"[1] 因此,对待历史英雄人物,不仅是一个历史问题,还是一个重大政治问题。对此,他明确提出,要警惕和抵制历史虚无主义的影响,任何时候都不能"陷入虚无主义的泥潭"[2] "对中华民族的英雄,要心怀崇敬,浓墨重彩记录英雄、塑造英雄,让英雄在文艺作品中得到传扬,引导人民树立正确的历史观、民族观、国家观、文化观,绝不做亵渎祖先、亵渎经典、亵渎英雄的事情"[3]。可以说,尊重和敬畏历史及英雄文化,客观看待历史英雄人物,抵制历史虚无主义和文化虚无主义,捍卫英雄形象,是回应时代问题和精神状态的现实要求和重要指向[4]。

其三,遵循双向互动律。双向互动律强调的是传播主体与受众共同促进、辩证统一的规律。社会主义核心价值观传播实效的提升有赖于传播主体与受众之间有效的相互作用。传播主体是社会主义核心价值观传播的组织者,发挥着主导作用。结合受众的基本情况,传播主体做好对英雄人物传播内容的甄别、传播方式的选择、传播载体的应用等工作,让受众自觉接受教育,向英雄学习并积极践行社会主义核心价值观。作为传播主体作用的对象,受众反过来又对传播主体具有能动的反作用。受众对社会主义核心价值观的理解程度如何、实际践行情况怎样等一系列反馈,能够让传播主体及时调整传播的具体对策。在两者相互作用的双向互动中,社会主义核心价值观传播实效不断得以提升。

其四,遵循要素协调律。社会主义核心价值观的传播效果是各种要素共同起作用的结果。传播内容、传播载体、传播环境等要素之间

---

[1] 习近平:《关于坚持和发展中国特色社会主义的几个问题》,《求是》2019年第7期。
[2] 习近平:《在纪念毛泽东同志诞辰120周年座谈会上的讲话》,《人民日报》2013年12月27日。
[3] 《习近平谈治国理政》第二卷,外文出版社2017年版,第351页。
[4] 苏映宇:《习近平新时代中国特色社会主义英雄观的理论传承和实践向度》,《福建医科大学学报(社会科学版)》2020年第3期。

要相互协调、相互配合。以广播、电视、报纸、杂志等为载体的传统媒体，以网络、移动电视、触摸媒体、数字报纸、数字杂志等为代表的新媒体，两种传播载体要扬长避短、发挥各自优势、融合发展。要积极将英雄人物、英雄事迹、英雄精神的宣传有机融合，让英雄人物身上承载的社会主义核心价值观"像空气一样无所不在、无时不有"①，深入人心、自觉践行，汇聚成向上向善的力量。

其五，遵循内化渐进律。内化渐进律强调，社会主义核心价值观真正做到内化于心，需要一个循序渐进的过程。内化过程是非常复杂的思想运动过程，简单来讲就是传播主体通过教育、引导、帮助受众，将社会主义核心价值观纳入自我价值体系的历程。这其中，英雄人物是很好的中介与载体。宣传英雄人物，学习英雄人物，不断深化对社会主义核心价值观的认知认同，升华到精神信仰层面，转化为自觉行动。这一内化过程是一个循序渐进的过程，绝非一日之功，需要长久引导。

第三节 英雄人物传播社会主义核心价值观要优化传播路径

提升英雄人物传播社会主义核心价值观效果，要从传播的主阵地、内容、呈现形式、场域等方面着手，不断优化传播路径。

一 强化主体效能

社会主义核心价值观的传播要抓住主要问题、主要矛盾。毛泽东指出，研究任何过程，如果是存在着两个以上矛盾的复杂过程的话，就要用全力找出这个主要矛盾。捉住了这个主要矛盾，一切问题就迎

---

① 《习近平谈治国理政》第一卷，外文出版社2018年版，第165页。

刃而解了①。社会主义核心价值观的传播，以英雄人物为主要抓手和载体，要调动党政机关、学校、新闻媒体、社会组织等各个主体的能动性，强化主体效能。在传播过程中，要坚持"两手抓"，不断巩固社会主义核心价值观传播的主阵地、积极拓展新阵地。例如，国民教育中开设有关英雄人物的课程、中央到地方的各级宣讲团开展英雄人物事迹宣讲、新闻媒体加大对英雄人物的宣传报道。传播主体要顺势而为、有所作为，坚守主阵地。在网络信息时代，网络已成为传播社会主义核心价值观的主战场。截至 2023 年 12 月，我国网民规模达 10.92 亿人，较 2022 年 12 月新增网民 2480 万人，互联网普及率达 77.5%②。随着网民人数的不断增加，能否不断拓展、充分利用互联网阵地，直接关系着传播的实效。要增强新型主流媒体的主导功能，构建社会主义核心价值观大众化传播的融合媒体矩阵③。要筑牢传播主阵地，激活大众主体意识，打破传播受众之间的多重壁垒，搭建主体间的交流渠道。

利用好高校主阵地，将英雄精神融入思想政治理论课教育教学。思想政治理论课教师要善用新媒体、新载体，积极主动占领网络传播的新阵地。在教学内容方面，依托思想政治理论课，开展"四史"教育。引导大学生熟知历史、崇尚英雄。在教学方法方面，运用大学生喜闻乐见的方式，如案例教学、实践教学、沉浸式教学、翻转课堂等方式方法。在教育技术方面，要紧跟时代运用新技术，如多媒体、AR（增强现实）、VR（虚拟现实）等技术，依托新平台，如超星学习通、蓝墨云班课、雨课堂等，在课程中融入英雄精神，增强课程的实效性。思想政治理论课

---

① 《毛泽东选集》第一卷，人民出版社 1991 年版，第 322 页。
② 中国互联网络信息中心：《第 53 次〈中国互联网络发展状况统计报告〉》，2024 年 3 月 22 日。
③ 柏路、包崇庆：《运用全媒体优化社会主义核心价值观大众化传播论析》，《思想教育研究》2020 年第 9 期。

教师是传播的主体力量，其良好的思想政治素质、师德师风对高校社会主义核心价值观传播阵地构建具有重要意义。

二 创新内容生产

其一，聚合优质内容，挖掘英雄故事。聚合优质内容，深入挖掘英雄人物的鲜活故事，并在故事中融入社会主义核心价值观的"符号意义"，使人民群众真实了解英雄事迹，切身感受英雄精神，体悟英雄文化。对新民主主义革命时期涌现的英雄人物的革命精神展开全面搜集、整理和提炼。例如，中国共产党的主创人之一的李大钊面对民族危亡投身革命，被捕后英勇就义，体现了共产党人的楚囊之情；狼牙山五壮士弹尽粮绝、英勇跳崖，体现了战士们宁死不屈的民族气节；等等。对中华人民共和国成立以来我们党和国家在社会主义革命、建设、改革过程中涌现出的英雄人物的时代精神进行有效整合，对英雄人物故事进行总结梳理。"中国航天之父"钱学森辗转回国、献身中国航天事业的故事；"宁可少活二十年，拼命拿下大油田"的铁人王进喜的故事；"只要小岗能繁荣，村民们能得到实惠，就是献出生命也无怨无悔"的小岗村书记沈浩的故事；排雷作业中喊出"你退后，让我来"的英雄战士杜富国的故事……为传播社会主义核心价值观提供了精良内容和鲜活案例。

其二，注重内容创新，提升内容品质。提升英雄人物传播社会主义核心价值观实效，要准确把握精髓要义，注重内容创新，引入受众感兴趣的新题材和新观点。党的十八大以来，社会主义核心价值观内涵的广度与深度不断延展。在国家层面，由"四个文明"拓展到"五个文明"，并将生态文明提升到关系中华民族永续发展的千年大计的高度。在宣传文明理念时，立足于生态文明这一新内涵，大力宣传生态文明保护的英雄环保卫士，如滇池卫士张正祥、植树英雄马永顺、民间环保大使田桂荣、塞罕坝英雄群体等，以他们的感人事迹，激励民众自觉为我国环保事业、美丽中国建设作出自己的贡献，更好践行社会主义核心价值观。在社会层面，关于平等的内涵，在强调经济平等、政治平等、法律平等的同时，还要强调教育、性别等方面的平等。为教育平等、性别平等作出突出贡献的"七一勋章"获得者张桂梅，帮助2000名左右贫困家庭的女孩完成高中学习，考取理想大学。她的事迹写入中华人民共和国史，被拍成影片展播。在个人层面，关于爱国、敬业的内涵不断扩展。奋战在各条战线的工作人员用实际行动书写爱国、敬业的新篇章。

其三，调动情感逻辑，故事化叙事。加强故事叙事，调动情感逻辑，增强人文关怀，打造具有"调查性""解释性""故事性"的内容链条，通过故事化的叙事方式，加强社会主义核心价值观传播的精准化和感染性。英雄人物是生活在我们周围平凡又伟大的人。讲好英雄故事，是指从"人、物、事、魂"四维度出发，借助故事内容充分施展其影响力。"人"是指在革命战争时期和中华人民共和国成立以来各领域涌现出来的英雄人物、模范人物。"物"是指革命战争遗址、纪念馆、博物馆、英雄人物故居及生前所用之物。"事"是指对中国革命史、中国共产党史、中华人民共和国史、中国改革开放史有重大影响的历史事件或革命英雄事迹。"魂"是指在长期革命斗争中形成的革命精神和气节、在中华人民共和国成立初期和改革开放以来形成的时代精神等。凭借这四维度的陈说，使大众深感幸福生活的难能可贵，从而坚定理想信念，提高民族向心力和凝聚力[①]。讲好英雄故事，鞭策民众居安思危，深化爱国主义。凭借英雄故事，生动地呈现"四史"，使人们深刻感受到党的初心与使命。

---

① 田海舰、李慧娟：《河北红色革命文化传播体系构建》，《河北大学学报（哲学社会科学版）》2021年第4期。

三　丰富呈现形式

大力学习宣传先进典型，充分发挥先进典型的示范引领作用对于推进社会主义核心价值观建设，具有十分重要的意义。要改进学习宣传方式，注重故事化讲述、全媒体传播、多渠道展示、互动式学习，使先进典型承载的价值观力量有效发散出去、传播开来。

宣传社会主义核心价值观，要从民众的具体生活实践出发，强化对其喜爱偏好以及群体特征的分析研判，直面其生活图景以提炼出共识性议题。以家国情怀、勤政为民、无私奉献、爱岗敬业、诚信友善等为主题，开展英雄人物的宣传教育，定期开展"英雄宣讲"，创办"英雄大课堂"等主题活动，使社会主义核心价值观以群众感兴趣的形式展现，让英雄人物的引导作用充分彰显，让宣传更具针对性、更有实效性。

充分利用各种图像资源与现代化的视觉手段激发大众兴趣。"两微一端"可随时随地、完整立体地呈现、宣传英雄人物，使其深入人心。公众账号适时推送介绍英雄人物的文章、音频资料、视频影像，营造隐性教育环境，让大众在潜移默化中受到教育，自觉学习英雄、践行社会主义核心价值观[1]。博物馆、纪念馆、爱国主义教育基地等设置VR智能体验，大力打造科技型场景应用技术，发展能够带动人民积极性的技术场景，为受众营造"共同在场"的真实感受，提升传播的感染力与亲和力[2]。

进行多种形式的英雄人物宣传、社会主义核心价值观传播的主题活动和文艺展演。开展红歌赛、英雄人物经典影片展播、征文比赛等。

---

[1] 田海舰、李慧娟：《河北红色革命文化传播体系构建》，《河北大学学报（哲学社会科学版）》2021年第4期。
[2] 柏路、包崇庆：《运用全媒体优化社会主义核心价值观大众化传播论析》，《思想教育研究》2020年第9期。

大力借鉴艺术手段,通过雕塑、影视、舞蹈等多样的艺术形式,将英雄形象生动再现出来,激发对英雄人物的自豪感以及捍卫英雄形象的责任感①。

四 活化场域联动

加强爱国主义、集体主义、社会主义教育,加强革命传统、理想信念教育。加强革命传统教育,旨在让广大干部群众传承革命精神。习近平把理想信念教育提升到关系党和国家事业发展全局的高度。我们党百年奋斗之所以能取得历史性成就、历史性变革,依赖于理想信念。英雄人物具有无比坚定的理想信念。加强理想信念教育就是宣传英雄人物,为社会主义核心价值观传播奠定思想根基。

加强"四史"教育,宣传英雄人物、弘扬英雄精神。"四史"既有重合,又各有侧重②。我们党成立以来的各个历史阶段,英雄人物始终是先进代表、时代先锋,影响着人们的价值选择,引领着社会的发展进步。社会主义核心价值观作为社会的思想道德基础、民族的精神纽带,激励和指引着广大群众向着共同的价值目标前进。要真正理解和把握社会主义核心价值观,必须坚持唯物史观和正确历史观,了解历史发展,洞察社会变迁,紧扣时代脉搏。正如习近平所指出的:"必须坚持正确历史观、加强规划和力量整合、加强史料收集和整理、加强舆论宣传工作",用史实发言。"要坚持用唯物史观来认识和记述历史,把历史结论建立在翔实准确的史料支撑和深入细致的研

---

① 杜玥:《习近平关于捍卫英雄形象的重要论述探析》,《思想教育研究》2020年第12期。
② "党史"主要讲述中国共产党成立以来带领广大人民群众进行革命斗争、进行社会主义建设、推进改革开放的历史;"新中国史"主要讲述中华人民共和国成立以来,党团结和带领全国各族人民开展社会主义建设探索与实践,实现由站起来到富起来再到强起来的历史;"改革开放史"主要讲述十一届三中全会以来,党团结和带领全国各族人民对内进行改革、对外进行开放并取得辉煌成就的历史;"社会主义发展史"主要讲述社会主义五百年从空想到科学、从理论到实践、从一国实践到多国实践的发展历史。

第五章 英雄人物传播社会主义核心价值观的对策分析

究分析的基础之上。"①

有机有效融入新时代公民道德建设。英雄是新时代公民道德建设的重要资源，英雄精神是宝贵"富矿"。在《新时代公民道德建设实施纲要》中有7次之多提到英雄。英雄的高尚品格与崇高精神，激扬着共产主义远大理想和中国特色社会主义共同理想，反映着新时代"四德"的要求，彰显着社会主义核心价值观的内涵，是中华民族稳固的思想支柱与雄厚的伦理基础。新时代公民道德建设，应"从英雄人物和时代楷模的身上感受道德风范，从自身内容提升道德修为，明大德、守人德、严私德，自觉抵制拜金主义、享乐主义、极端个人主义、历史虚无主义等错误思想，追求更有高度、更有境界、更有品位的人生，让清风正气、蓬勃朝气遍布全社会"②。

在中国共产党的坚强领导下，实现中华民族伟大复兴进入了不可逆转的历史进程。在新的伟大征程上，社会主义核心价值观凝聚人心、汇聚民力，引领全体人民不断推进共同富裕，向着全面建设社会主义现代化强国奋勇前行。

第四节　英雄人物传播社会主义核心价值观要创新传播方式

英雄人物对社会主义核心价值观的传播要正确引导，树立典型，普及推广。同时，要进一步解放思想，守正创新，积极探索新的传播方式和手段。

---

① 《让历史说话用史实发言　深入开展中国人民抗日战争研究》，《人民日报》2015年8月1日。

② 习近平：《在纪念五四运动100周年大会上的讲话》，《人民日报》2019年5月1日。

一　找准传播着力点

传播社会主义核心价值观，需要学校、家庭、社会的密切配合。在逐步渗透中进行自我教育，在启发引导中进行自我约束，在潜移默化中进行熏陶感染。

其一，重视家庭教育。中华民族历来注重家庭、家教、家风建设。党的十八大以来，习近平高度重视，发表过多次重要讲话。新时代要大力加强家庭教育，让优良家风不断传承，帮助孩子树立正确的"三观"。这其中，父母的引领示范非常关键。习近平指出，"要在家庭中培育和践行社会主义核心价值观"①，引导下一代热爱党、热爱祖国、热爱人民、热爱中华民族。事实证明，只有建设好家庭，传承好家风，才能形成向上向善的家庭合力，进而培育好社会主义核心价值观。

其二，重视学校教育。教师是教育过程的组织者与引领者，处于主导地位。教师身负教书育人的时代重任。教育者要先受教育。教师要加强理论学习，提高政治素质，做社会主义核心价值观的坚定信仰者、积极传播者，潜移默化地影响学生。要结合专业知识、阅历经验，利用自身主场优势，以课堂、校园为主阵地和主渠道，采取多种教学模式，开展显性与隐性教育。学生是学校教育客体，在教育中要充分发挥学生的主动性。青少年正处在"拔节孕穗"期，对其开展社会主义核心价值观教育极为关键。对此，习近平提出"记住要求、心有榜样、从小做起、接受帮助"②的要求。青年学生要志存高远，自觉践行，坚定价值观自信。

---

① 《习近平谈治国理政》第二卷，外文出版社2017年版，第355页。
② 中共中央文献研究室编：《习近平关于社会主义文化建设论述摘编》，中央文献出版社2017年版，第120页。

第五章　英雄人物传播社会主义核心价值观的对策分析

其三，重视社会宣传。要充分利用各种宣传阵地和传播载体，加大英雄人物生平和事迹以及英雄精神的宣传报道，以此为依托让社会主义核心价值观的宣传教育成为常态化内容。做好社会宣传工作，必须坚持中央与基层、主流与非主流媒体、国内与国外宣传相结合的原则。

二　丰富传播载体

传播载体是英雄人物传播社会主义核心价值观的关键介质，这一载体将传播主体、内容与受众有机连接。增强英雄人物对社会主义核心价值观传播效果，大力运用互联网、大数据、云计算，发挥好大众传媒载体、活动载体、典型载体的作用。

信息化时代，为社会主义核心价值观传播带来更新的技术、更多的载体。以大数据作为支撑，开展民众对英雄人物、英雄精神了解程度、了解方式途径、获取信息的媒体平台等问题调研，对调研信息进行分析整理，找到传播的薄弱环节和领域，使接续性的传播更具针对性，传播实效不断增强。如今，物联网可以实现智能化识别、定位、跟踪、监控和管理。智能手机、智能机器人、车载电视等作为物联网的终端，可以将加载关于英雄人物的文字、音频、视频等资料在适宜的场所、时间进行定期、循环播放，使传播更为实时快捷。

全媒体时代为加快推进社会主义核心价值观传播创造了新的机遇。习近平指出："全媒体不断发展，出现了全程媒体、全息媒体、全员媒体、全效媒体，信息无处不在、无所不及、无人不用。"[①] 推动社会主义核心价值观传播，讲好英雄人物故事，应紧随时代潮流，

[①] 《习近平谈治国理政》第三卷，外文出版社2020年版，第317页。

追随媒体传播技术变革的脚步，积极探索传播新载体，尽最大努力实现传统媒体与新媒体的融合发展。可以说，善于运用新媒体传播，英雄事迹辅以现代化的呈现方式，实现"由点状线性传播到面状立体传播"①，能够最大限度地唱响正气歌，使社会主义核心价值观成为人们的情感寄托和行动指南。

三 注重仪式教育

仪式教育是教育中不可或缺的仪式感，赋予教育新的内涵。仪式教育具有明确的教育目的、特定的教育环节、浓厚的教育氛围，因而能产生良好的教育效果。以英雄人物为支撑载体和典范，开展社会主义核心价值观的仪式教育，能够大大提升传播效果。

相关宣传单位应大力发挥重要节日的作用，抓准时间节点，实施各式各样的宣传公益活动、主题教育活动。如在"五四"青年节、"十一"国庆节等，开展以英雄人物为主题的公益活动，采取多种形式相结合，讲述英雄事迹，传播英雄精神。开展进机关、进企业、进学校、进社区、进农村、进军营、进网络等活动，通过理论宣讲、英雄人物影片展播等形式让社会主义核心价值观深入人心。

在学校，通过入队仪式、入团仪式、入党仪式开展社会主义核心价值观教育，体会英雄人物为革命事业、社会主义建设事业、改革开放事业作出的巨大贡献和牺牲。在小学阶段举行入队仪式，让学生了解少先队史、队歌，产生对革命英雄的崇敬之情，感受自己的神圣使命。在初高中阶段举行入团仪式，奏唱国歌、团歌，进行入团宣誓、佩戴团徽，让学生在庄严肃穆的氛围中感悟责任和使命。在大学阶段的入党仪式上，高举右拳，宣读入党誓词，心中会充满

---

① 柳刚、高立英：《全媒体语境下典型人物报道的立体化传播》，《新闻战线》2021年第6期。

激昂的力量，革命英雄人物历历在目，时代英雄形象浮现眼前。经由仪式教育，体会英雄人物的爱国情怀，使社会主义核心价值观深入人心。

四 重视榜样教育

习近平指出，培育社会主义核心价值观一定要做到"心有榜样"①。榜样，是一种矫正弓弩的工具。榜样的作用是示范、比照、修正。榜样教育源远流长。在我国，春秋时的孔子以上古时期的贤能志士为楷模，教导学生"择善而从"，强调在学习榜样的过程中内修、自省。宋代的朱熹教育弟子要"学习圣贤"。英国哲学家洛克认为，没有什么事情能像榜样这样能够温和而又深刻地打进人们的心里②。捷克教育家夸美纽斯强调"要用良好的榜样教育学生"。郑永廷指出："好典型、好榜样对广大群众来说，是非常现实、十分直观的教育和引导，是激励鞭策人们努力进取的直接动力。"③ 可以说，英雄人物是最鲜活的价值观，树立了社会主义核心价值观教育引导和舆论宣传最出众的旗帜和标杆。英雄的人格魅力，能增强传播的亲和力、感召力和凝聚力，使人相信支撑人格的那些核心价值理念。英雄榜样教育的要义，是以英雄榜样的优秀品质去影响受教育者的思想、感情和行为，是通过英雄榜样这一价值载体，激励、引导人们内化英雄榜样所承载的崇高精神与先进的价值理念，以英雄榜样的价值引导人、以英雄榜样的品质培育人、以英雄榜样的人格塑造人。要从正确有效选择好典型、准确扎实采访好典型、鲜活生动报道好典型等方面着手，深入基层、挖掘平凡中的感动，讲述身边人的故事。在宣传报道英雄人物时，要

---

① 《习近平谈治国理政》第一卷，外文出版社 2018 年版，第 182 页。
② 参见王柳映、应荣球《科学发展观指导下的大学生党员榜样教育模式创新研究》，《中国校外教育》2010 年（S1）。
③ 郑永廷主编：《思想政治教育方法论》，高等教育出版社 1999 年版，第 142 页。

注意其产生的时代背景、真实情况、内心世界、道德境界，真正展现出英雄的人格力量，引导人民自觉学习。

五 推进话语范式转换

推进话语范式转换是提升传播效果的重要方式。转化话语形式，从主体角度来讲，要推进从单一主体灌输向双主体对话转换；从表达方式和语境的角度来讲，要推进从政治话语向大众话语等转换，提升话语表述能力，提高话语实效。

其一，推进单一主体灌输向双主体对话转换。在以往社会主义核心价值观的传播过程中，更多强调传播主体的"单向灌输"。"单向灌输"指的是传播主体以权威性语气和命令式的措辞向受众主体灌输。政府机关、宣传部门、学校等传播主体往往强调传播的目的与任务，忽略传播的效果与反馈。"单向灌输"侧重于将英雄人物的故事等通过讲解、视频等形式进行，直接将传播内容"灌输"给受众。这种"自说自话"的话语范式，很难获得受众主体的情感共鸣。双主体对话强调传播主体和受众主体在传播过程中地位平等，针对社会主义核心价值观这一主题，双方开展对话、协商、辩论等，从而借助英雄人物这一抓手，增进价值认同，提升传播实效。

其二，推进话语转换。主流话语、精英话语、文本话语、学术话语等带有共性的话语特征，话语内容权威性、理论性、规范性、逻辑性较强，是对社会实践的高度概括总结，表现为抽象的概念、原理等，适宜于政治宣讲、学术交流、学理研究。宣传英雄人物、介绍英雄事迹、报道新闻事件，创新英雄人物对社会主义核心价值观的传播方式，要使用老百姓通俗易懂的话语体系，推进政治话语、主流话语、显性话语、精英话语、文本话语、学术话语向大众话语、生活话语、通俗话语、情感话语转换。让宣传报道、理论宣讲、学校教育的话语更加贴近发展实际、贴近社会生活、贴近人民群众，让受众学得深、记得牢、做得好，让受众听得懂、理解透、能践行，让抽象的理论与生动的现实生活有机结合。

第五节 英雄人物传播社会主义核心价值观要完善传播机制

英雄人物传播社会主义核心价值观，需要构建党政领导、资源协调、反馈评估系统传播机制；完善宣传机制，拓展宣传手段，利用好大数据传播；强化法律建设，提供法治保障。

一 完善传播机制

坚持"党管媒体"原则，政府做好"把关人"，掌控好传播的"议程设置"和"拟态环境"。坚持党性原则，坚持"党管宣传""党管意识形态""党管媒体"，发挥好党在传播中的领导核心作用。政府部门是国家行政部门，也是组织传播社会主义核心价值观的主体部门，要做好"把关人"，统领好社会主义核心价值观传播的各项工作。政府部门要从"两个大局"出发谋篇布局，做好顶层设计，谋划英雄人物对社会主义核心价值观传播效果，提升总体设计以及实施方案。政府部门要立足中国国情，整合各地资源，协调各个部门。组织相关单位开展对英雄人物、社会主义核心价值观的学理研究。在政府主导下制定相关政策、制度法规，为社会主义核心价值观保驾护航，形成真实有效的传播方案。

持续构建与调整社会主义核心价值观传播实效考评机制。社会主义核心价值观传播实效如何，重点在于方案是否真正实施。政府应制定考评机制，使传播方案落到实处。同时，制定反馈与监督机制，使传播取得实效。要围绕传播力、引导力、影响力、公信力建构评价指标体系，使传播主体的个人评价功能、群众的价值评价功能、专业机构的事实评价功能充分发挥，建立健全"群众监督、主体评价、自我反馈、党政监管、政府矫正"的评价链条[①]，从而使社会主义核心价值观的传播真正做到党政有力领导、资源相互协调、方案落实到位、传播效果有效反馈。

二 拓展宣传手段

大数据时代的到来、人工智能分析技术的发展，正逐渐改变人们的学习方式、评价方式。大数据时代，包括社交媒体、电子踪迹、数字文本等在内的大规模数据的广泛应用，给社会主义核心价值观传播实效的增强，提供重要的技术支撑。大数据可以为受众精准"画像"，准确定位。根据受众的年龄、性别、职业、受教育程度、地域、兴趣爱好等系列信息的整合，让英雄人物的宣讲内容、方式、途径等更具有针对性、精准性。应用大数据技术对社会主义核心价值观传播的过程加以记录、存储，运用人工智能提炼有价值的信息，对传播实效开展分析。评估分析传播实效，是为了发现问题、解决问题。在此基础上，为接续的传播工作献策献计，提供更为精准、个性的传播方案，形成传播的良性循环。通过数据的量化分析和人工智能的质化分析，检视传播的覆盖率、送达率、亲和力和有效性。

三 强化法治保障

完善社会主义核心价值观传播机制，强化法治建设是保障。中国特色社会主义进入新时代，全面依法治国深入推进，出台了《中华人

---

① 柏路、包崇庆：《运用全媒体优化社会主义核心价值观大众化传播论析》，《思想教育研究》2020年第9期。

民共和国国家勋章和国家荣誉称号法》《中华人民共和国英雄烈士保护法》《军人勋表管理规定》等相关法规，为社会主义核心价值观传播的法制化提供了重要的法治保障。

第一，从立法层面来看，制定社会主义核心价值观传播的相关法律，明确规定监督监管的原则、内容、程序、责任等。加强社会主义核心价值观传播的法治建设，必须建立健全相关法律法规，完善奖惩机制。《公共文化服务保障法》《电影产业促进法》《国歌法》等六部文化法律和《未成年人节目管理规定》等两部部门规章，将"社会主义核心价值观"整体作为目的条款，并规定在首条。《文物保护法》等则在目的条款中对社会主义核心价值观的内容做了具体规定。《英雄烈士保护法》从立法角度界定了英雄烈士事迹和精神与社会主义核心价值观的关系，明确了国家与社会关于英雄烈士宣传、维护与学习的责任。新修订的《宪法》将"国家倡导社会主义核心价值观"写入其中，这是把社会主义核心价值观融入法治建设的最高体现。《社会主义核心价值观融入法治建设立法修法规划》强调，力求5~10年，推动社会主义核心价值观全面融入中国特色社会主义法律体系。最高人民法院发布《关于加强"红色经典"和英雄烈士合法权益司法保护弘扬社会主义核心价值观的通知》（法〔2018〕68号）、《关于贯彻落实〈关于加强新时代烈士褒扬工作的意见〉的通知》（法〔2022〕113号），会同最高人民检察院、公安部联合发布《关于依法惩治侵害英雄烈士名誉、荣誉违法犯罪的意见》（公通字〔2022〕5号）。2023年1月1日起施行的《军人勋表管理规定》，作为我军首部全面系统规范军人勋表管理工作的重要法规文件，全面构建了"内涵丰富、特色鲜明、导向明确、彰显功绩的军人勋表管理体系"，旨在进一步增强军事职业吸引力和军人使命感、荣誉感，营造珍惜荣誉、崇尚英雄、争做先锋的良好局面①。新时代新征程，必须全面推进依法治国，建设社会主义法治国家，发挥法律法规的效用，为积极传播与弘扬社会主义核心价值观提供强有力的法治保障，确保传播取得实效。

第二，从执法层面来看，提升相关工作人员的政治、法律和媒介素养。做到严格执法，有赖于一支高素质的执法队伍。相关工作人员的政治素养、法律素养和媒介素养直接决定着执法效果，执法效果又直接决定社会主义核心价值观传播效果。为此，相关工作人员要加强马克思主义理论、习近平新时代中国特色社会主义思想的学习，坚定理想信念，提高政治站位，提升政治素养；要加强法律法规培训，做好舆论引导的普法教育，同时自觉加强法律文本的学习，夯实专业功底，提升法律素养；要不断提升媒介素养，正确认知网络媒介承载的信息内容、环境和传播方式，掌握传播规律。

第三，从司法层面来看，坚决严惩公然侮辱英雄的行为、诋毁英雄的言论。对不法分子"零容忍"，视情节严重程度依法予以惩罚。2021年3月1日起施行的刑法修正案（十一）增加了"侵害英雄烈士名誉、荣誉"罪，第二百九十九条之一明确规定了侵害英雄烈士名誉、荣誉行为的量刑标准。2021年，一名旅游博主在中印边境戍边英雄陈祥榕墓碑旁摆出不雅Pose拍照，因其行为涉嫌侵害英雄烈士名誉、荣誉罪，新疆皮山公安局进行立案②。"董存瑞、黄继光英烈名誉权纠纷案""淮安谢勇消防烈士名誉权纠纷公益诉讼案"的裁判结果，有力地传承了爱国精神，从英烈保护方面体现和弘扬了社会主义核心价值观的目标、导向和准则，对打击利用互联网侵害英雄烈士权益不法行为、对推动民众确立正确的价值观发挥了重要作用。2022年12月，最高人民法院发布涉英烈权益保护十大典型案例，其中，大力弘扬社会主

---

① 刘济美、吴旭：《发布〈军人勋表管理规定〉》，《人民日报》2023年1月29日。
② 邵卫军：《勿为"博出位"而失敬畏》，《中国国防报》2021年7月20日。

核心价值观是四个方面重点内容之一。英雄人物为守卫国家安全、推动社会发展进步、创造人民幸福生活作出重大贡献，甚至牺牲自己的生命，其英雄精神、品格风范是社会主义核心价值观的集中体现。维护英雄人物的名誉、荣誉等合法权益，就是为传播社会主义核心价值观保驾护航。

第六章 英雄人物传播社会主义核心价值观的典型案例和做法经验

英雄人物是民族精神和时代精神的集中体现,在社会主义核心价值观传播过程中起着榜样示范和价值引领作用。"共和国的脊梁"、"震撼中国的100位英雄模范人物"、"100位为新中国成立作出突出贡献的英雄模范人物"、"100位新中国成立以来感动中国人物"、"全国道德模范"、"感动中国"年度人物以及"最美现象"等,这些在不同历史时期涌现出的英雄人物,在爱国奉献、爱岗敬业、助人为乐、见义勇为、诚实守信等方面生动诠释了社会主义核心价值观的精神实质。充分发挥英雄人物对传播社会主义核心价值观的最大社会效应,总结其中的典型案例和做法经验,不仅能在整个社会中广泛形成崇尚英雄、捍卫英雄、学习英雄、关爱英雄的浓厚氛围,更能以此促进社会主义核心价值观落地生根、开花结果。

第一节 英雄人物传播社会主义核心价值观的典型案例

每一位英雄人物都是其所处时代的产物,不同历史时期所传递的

第六章 英雄人物传播社会主义核心价值观的典型案例和做法经验

英雄精神必然与国家和社会所面临的时代主题紧密相联。我们党和国家评选表彰的各类英雄人物,来自不同时期各条战线,他们不仅是国家栋梁、行业精英,也是我们身边可爱可敬、可亲可感的榜样典型。

一 爱国奉献方面的典型案例

爱国奉献精神是中华民族生生不息、薪火相传的精神血脉。自古以来,中华民族之所以能够历经磨难而不衰、饱尝艰辛而不屈,正是因为爱国奉献的传统已深深根植于我们的民族意识和血脉中。特别是近代以来中华民族遭遇的危机与磨难前所未有,越是在艰难时刻爱国奉献精神愈加迸发出耀眼的光芒。回首建党一百多年来,时代主题更迭,但爱国奉献精神却因岁月洗礼历久弥新传承至今。不同历史时期英雄人物所展现的爱国奉献精神是传播社会主义核心价值观最好的鲜活素材。

新民主主义革命时期,面对帝国主义、封建主义和官僚资本主义"三座大山"的压迫,这一时期革命成为时代的主题,无数仁人志士从伤痛中觉醒,寻求救国救民的真理,开启艰辛的救国探索之路,找寻中华民族的前进方向。在革命战争中献出生命的英雄人物深刻诠释了爱国奉献精神的时代内涵。

近代以来,中国社会的各个阶级都进行了救国爱国的尝试。从太平天国运动到辛亥革命,每一次探索都历尽了艰难险阻,推动历史的车轮滚滚向前。道路曲折前进的步伐虽然缓慢,但同时在血与痛的教训中也逐渐使世人深谙一个真理,倘若不触动封建社会的根基就不可能改变现状、不可能完成中华民族救亡图存的历史使命。十月革命一声炮响,给我们送来了马克思列宁主义。毛泽东指出:"我看俄国式的革命,是无可如何的山穷水尽诸路皆走不通了的一个变计。"[①] "中国

---

① 《毛泽东书信选集》,人民出版社1983年版,第5—6页。

共产主义运动的先驱"李大钊,最早宣传马克思主义,坚信将来的环球必是赤旗的世界。"以身殉志"的方志敏、夏明翰、陈树湘等一大批英雄人物为了民族独立、人民解放而坚持真理、坚守理想,浴血奋战、百折不挠,为中华人民共和国的成立作出了不可磨灭的贡献。他们身上体现出的时刻牵挂国家兴亡、时刻不忘人民疾苦并为之奋斗的精神和风范,永远值得世人敬仰和提倡。

日本发动侵华战争,中华民族到了危难关头。抗日救亡运动掀起了争取民族独立的浪潮,爱国奉献精神成为广大爱国人士凝聚革命热情的精神纽带。"我国家我民族已处在千钧一发的生死关头。抗日则生,不抗日则死,抗日救国,已成为每个同胞的神圣天职。"[①] 这一时期涌现出的英雄人物积极投身到抗日救亡运动中,杨靖宇、赵一曼、左权、"八女投江"、"狼牙山五壮士"、"白刃格斗英雄连"、"刘老庄连"等无数英雄烈士和群体用鲜血与生命写就了爱国奉献的壮歌,表现了中华民族同侵略者血战到底的英雄气概。正是在这些英雄人物的感召之下,全民族的爱国主义意识被激发出来,爱国热情被唤醒。

解放战争时期,爱国奉献精神体现为保卫人民权利和抗战果实。在推翻"三座大山"、建立中华人民共和国的艰难曲折历程中,刘胡兰、江姐等革命先辈用生命诠释了爱国奉献的真谛。正是因为有这样一大批英雄人物的默默付出、牺牲奉献,才有了中华人民共和国的成立。中国共产党人在革命的风暴中力挽狂澜,让人民翻身作了国家、社会和自己命运的主人,彻底结束了悲惨的命运。

中华人民共和国成立后,百废待兴、百业待举。国际上,西方反华势力虎视眈眈,对我国实施封锁和包围。在我们党的带领下,全国各族人民自力更生、艰苦奋斗,突破了帝国主义的封锁,完成了"三

---

① 《中共中央文件选集》第10册,中共中央党校出版社1991年版,第519页。

第六章 英雄人物传播社会主义核心价值观的典型案例和做法经验

大改造"①,建立了社会主义制度,实现了中国历史上最伟大、最深刻的社会变革。中华人民共和国的成立,使一大批在国外工作、学习的知识分子激动不已。他们不计个人得失,不顾个人安危,不远万里,冲破重重阻挠,毅然回国,义无反顾地投身到建设祖国这一神圣而伟大的事业中来,谱写了一首首爱国奉献的壮丽史诗。"中国的爱因斯坦"华罗庚、"中国航天之父"钱学森、"两弹一星"先进群体等就是其中的典型。社会主义制度确立后,我们党带领人民克服重重困难,以苏为鉴,探索适合本国国情的社会主义道路,以敢想敢干的精神创造了一个又一个奇迹,为日后进行现代化建设奠定了重要的物质基础。这一时期涌现出的英雄人物,如"铁人"王进喜、"毛泽东号"机车组,艰苦创业、攻坚克难,深深影响和感染着后人。

改革开放和社会主义现代化建设新时期,爱国奉献精神主要体现在坚持党的"一个中心、两个基本点"的基本路线不动摇。一方面,社会主义现代化建设需要有更加宽广的视野和包容的心态,多向他人学习经验和长处;另一方面,全球化的趋势和浪潮势不可挡,西方错误思潮包裹着迷惑人心的外衣趁机涌入国内,西方国家刻意进行意识形态渗透、和平演变、"颜色革命",面对这些冲击和挑战,需要大力弘扬爱国奉献精神。在这一历史时期,无数英雄人物和群体,如"新时期领导干部的楷模"孔繁森、取得"五连冠"的中国女排、"抗洪抢险"英雄群体,所锻造和展现出来的爱国奉献精神是对社会主义核心价值观的最好诠释和表达。

进入新时代,习近平多次发表重要讲话,加大对英雄人物的宣传和表彰,以此在全社会弘扬社会主义核心价值观。爱国奉献成为新时代奋斗者的价值追求。爱国主义是对待祖国的一种真挚、热忱的情感,

---

① "三大改造",即对农业、手工业和资本主义工商业进行社会主义改造。

它不仅仅体现在思想情感上,更重要的是要落实在实践行动上。当今世界,文化交流交融交锋深度发展,价值观也更具多元性、多样性、多变性的特点。发挥社会主义核心价值观的引导功能,克服错误价值观给人们带来的不良影响,是意识形态工作的重中之重。党的十八大以来,习近平多次强调以爱国主义为核心的民族精神是当代中国公民最基本也是最核心的价值诉求,是作为中国公民最基本的道德准则。作为新时代的奋斗者,要充分激发爱国主义的情感意志,自觉投入实际行动,汇聚成磅礴的爱国力量。这一时期涌现出的英雄人物,如"共和国勋章"获得者钟南山、"卫国戍边英雄"群体,对爱国奉献的核心价值做出了榜样示范和引领作用。

无私奉献是新时代爱国奉献精神的实践表达。爱国奉献不是喊两句漂亮的口号,而是要见微知著落实在点滴的实践行动中。无私奉献是新时代爱国奉献精神的具体体现,这种表达把为了国家而付出当作自己义不容辞的责任和义务。一个人的能力有大小,但爱国奉献的精神是无限的。立足于自己的岗位,把爱国报国之心融入现实之中,了解国家之需、社会之需,贡献自己的力量,就是爱国奉献精神最质朴的表达。"守岛英雄"王继才等英雄人物来自普通的平凡人,但正是对平凡的坚守让这些名字在生活中闪闪发光。

通过对不同时期、不同类型的英雄人物身上所体现的爱国奉献精神的梳理,不难发现,不论时代的主题如何变换,爱国、爱党和爱社会主义高度统一始终是爱国奉献精神本质的集中体现。爱国与爱党之间具有高度的内在契合性。纵观中国共产党一百多年的奋斗历程,爱国奉献精神的发挥始终是与不同时期所面临的主要任务相联系的。爱国主义蕴含着对国家的高度认同与归属,社会主义的方向是引领前进的动力和源泉。不论是李大钊、方志敏、江竹筠等早期的共产主义组织者、参与爱国救亡运动的革命者,还是钱学森、王进喜等为祖国建设不遗余力的英雄人物,亦或是钟南山、陈祥榕、王继才等投身于社会主义现代化建设与新时代奋斗的英雄人物,他们都是爱国奉献精神最忠诚的坚守者与实践者。

爱国奉献精神历经几代人用心血淬炼铸造,折射出时代主题的不断转换,为传播社会主义核心价值观提供了认同基础和根本立场。离开了爱国奉献,社会主义核心价值观将成为无源之水、无本之木。回顾百年奋斗历程,一个个英雄人物用鲜血写就了爱国奉献的不朽绝唱,传播了社会主义核心价值观的精神实质,是当代中国全体奋斗者尊敬和学习的模范。

二 爱岗敬业方面的典型案例

爱岗敬业是中华民族的传统美德。孔子所说的"敬事而信",就是讲对待工作要尽职尽责、严肃恭谨。"忠",除了对国家的忠诚,也包括对自身岗位和事业的忠诚。不同历史时期的英雄人物身上所展现出的爱岗敬业精神,与对国家、民族和个人的责任紧密相联。这些英雄人物也成为传播社会主义核心价值观中爱岗敬业精神的重要载体。

新民主主义革命时期,爱岗敬业精神直接体现为爱国与爱岗密不可分。这一时期涌现出的大批英雄人物,如"为人民服务的楷模"张思德等,对国家与民族的情感浑然天成,他们把对国家的忠诚和对民族的热爱融汇在自己的实际行动中,在平凡的岗位上无私奉献。

中华人民共和国成立后,为祖国建设敢于拼搏、辛勤劳动,是这一时期爱岗敬业精神的真实写照。广大人民群众纷纷响应党和国家的号召,自力更生、奋发图强,用实际行动践行"社会主义是干出来的",在拼搏奋斗的过程中涌现出一大批具有爱岗敬业精神的英雄人物。摘掉"中国贫油"帽子的李四光、"甘当人民勤务员"的掏粪英雄时传祥、"县委书记的榜样"焦裕禄、"乌兰牧骑"红色文艺轻骑兵等,就是其中的典型。

改革开放以来,我国步入发展的快车道,经济腾飞,缔造了国家发展的新奇迹。爱岗敬业精神在这一时期成为敢闯敢干、引领风尚的巨大引擎。英雄人物勇立时代潮头、锐意进取,积极投身改革开放和社会主义现代化建设,"世界杂交水稻之父"袁隆平、"人民的公仆"孔繁森、"金牌工人"窦铁成等就是其中的优秀代表。

进入新时代,实现第二个百年奋斗目标,更需要发挥爱岗敬业精神。新的时代呼唤全社会的从业者将自己的"天职"牢记于心,立足本职、忠于职守、无私奉献、践行使命。英雄出自平凡,"深藏功名"的张富清、让越来越多贫困山区女孩圆了大学梦的张桂梅、"特别能奉献"载人航天英雄群体等,用淡泊名利、默默奉献,展现出强烈的责任心和特殊的使命感,凝聚起万众一心奋斗新时代的强大力量。

爱岗敬业是职业道德的基本要求,更是对待职业时所表现出的忠于职守的精神。爱岗要求热爱本职工作,恪尽职守,绵绵用力,久久为功;敬业则是尊崇本职,有强烈的事业心和责任感,具有职业自豪感、荣誉感和满足感。热爱工作、安心工作、献身工作,这些看似平凡、简单,但真正做起来并不容易,也正是在平凡之处见伟大。无论是张思德、焦裕禄、窦铁成、张富清,还是其他不同历史时期的爱岗敬业英雄人物,都用行动和付出为社会主义革命和建设注入了强大的动力源泉。在这些英雄人物身上,爱岗敬业精神表现在对自己的岗位认真对待、负责到底,无论何时何地都无怨无悔、发光发热,对社会主义核心价值观的传播作出重大贡献。

三 助人为乐方面的典型案例

中华民族向来有乐善好施、助人为乐的传统美德。助人为乐,既是公民高尚品德的体现,也是现代社会文明进步的重要标志。不同时

第六章 英雄人物传播社会主义核心价值观的典型案例和做法经验

期涌现出的英雄人物所体现出的助人为乐精神，是传播社会主义核心价值观的生动表现。

新民主主义革命时期，助人为乐体现的是一种始终以国家、集体、人民利益为重，以天下为己任的高尚情操和精神境界。如朱德"总司令"给红军战士补草鞋的故事，让战士们深受教育和鼓舞。从此，行军途中只要稍有空闲，战士们便互相帮着修鞋、补鞋。捡草鞋、补草鞋成为红一方面军官兵之间艰苦朴素、互帮互助的光荣传统。

社会主义革命和建设时期，刚刚诞生的中华人民共和国百废待兴。这一时期涌现出的英雄人物大公无私，毫不吝惜为社会和他人牺牲付出，宁可放弃个人正当利益也要积极给予他人帮助。在"南京路上好八连"、"共产主义战士"雷锋等英雄人物和群体的精神感召下，全社会如涟漪般产生巨大的追随效应。

改革开放和社会主义现代化建设新时期，市场经济的发展给人们带来更多物质利益，同时受多元价值观的影响，助人为乐精神遭遇现实挑战。社会主义现代化建设，不仅需要经济上发展、物质上富足，人的精神层面更需要正确价值观的引导，需要传承助人为乐的精神。以英雄人物为榜样来宣传社会主义核心价值观，意义就显得非同寻常。"当代雷锋"郭明义把走雷锋道路作为自己的人生选择，甘当矿石，善小而为，追求纯粹，时时处处发挥共产党员先锋模范作用，矢志不渝地传承雷锋精神。一方有难，八方支援。唐山"十三义士"千里奔波，出手相援，用淳朴、善良和倔强的行动，告诉了我们"兄弟"的含义。"辛苦我一人，方便千万家"的徐虎，尊老爱幼的林秀贞，致力于公益事业的优秀青年志愿者丛飞，等等，都是这方面的表率。

进入新时代，开启第二个百年奋斗目标新征程，更需要积极提倡助人为乐精神，使之成为弘扬社会新风尚的重要抓手。对每个人来说，当看到他人陷入困境时，无论如何都不应该冷漠观望，而应该积极主动付诸行动，成为爱心传递的倡导者、参与者，自觉做传播社会主义核心价值观的推动者和践行者。

古往今来，时易世变，时代主题流转变换，助人为乐精神的核心要义却从未改变，那就是把帮助他人当作一种快乐，在帮助他人的过程中获得内心的快乐与满足。这也充分体现了人与人之间需要相互尊重、相互关心、相互关爱的美德。

以上，梳理了不同时期英雄人物身上所体现的助人为乐精神。无论是朱德、雷锋、还是郭明义，还有更多其他的英雄模范，在他们的身上都体现出了重义轻利的精神实质，这与他们所处的职位、社会地位甚至是个人能力大小都无关。他们把帮助他人作为一件快乐的事情，视为一件幸福的事，作为崇高的精神追求，通过点滴小事，共同构建起良好的公共秩序，为社会增添了正能量，创造了极大的精神财富。

四 见义勇为方面的典型案例

"义"，本义指公正的道理、正直的行为，强调的是行为的正当性和合理性。"勇"，是勇敢，敢于面对灾难和死神，敢于流血和牺牲。"见义勇为"是中华民族的传统美德。古往今来，侠肝义胆、义薄云天成为了中华民族见义勇为精神气质的典型代名词。它不仅在过去是人们心中的一种隐在规范，在今天同样也诠释着社会主义核心价值观的精神实质。面对国家、集体和人民的利益受到侵害，不同历史时期所涌现出的英雄人物把个人的生死安危置之度外，在关键时刻英勇无畏挺身而出，用行动践行见义勇为的精神气节，弘扬了社会正气。他们崇高的精神境界与道德风貌，值得全社会颂扬和学习。

新民主主义革命时期，见义勇为直接体现在面对民族大义抛头颅、洒热血的精神气节和革命精神。这些英雄人物，如"保卫太行"叶成焕，始终心系国家和人民，为了民族大义顽强拼搏、义无反顾，鞠躬

第六章 英雄人物传播社会主义核心价值观的典型案例和做法经验

尽瘁、死而后已,生动诠释了"随时准备为党和人民牺牲一切"的铿锵誓言。

中华人民共和国成立后,面对内外交困,我们党肩负起执政兴国的历史使命,紧紧依靠人民,抗美援朝、保家卫国,创造性完成社会主义改造任务,积极带领人民掀起社会主义建设热潮。这一时期涌现出众多英雄人物,"国际主义战士"罗盛教等,展现出了为建设中华人民共和国牺牲奉献、不计较个人得失的大义精神。

改革开放和社会主义现代化建设新时期,我国各项事业蓬勃发展,精神文明建设不断进步。同时,由于处于社会转型期,受多元价值观的侵蚀,一度发生老人倒了没人扶、见死不救、见义不为、"英雄流血又流泪"的现象,拷问着社会的良知,深深刺激着国民的神经。因此,用英雄人物传播社会主义核心价值观,弘扬主旋律、传播正能量,显得尤为重要。如"救人英雄"孟祥斌托举生命和希望,自己却沉入水中。这样的例子不胜枚举。

进入新时代,更需要充分发挥见义勇为精神,形成社会新风尚。面对百年变局,影响社会安定的因素交织叠加,当突发情况发生时,就需要危难之中有人间大爱,激发全社会见义勇为的内生动力。一人兴善,万人可激。新时代新征程上更需要榜样的引领与激励。这一时期涌现出的大批英雄人物用他们的具体行动践行着见义勇为精神。如"不穿军装的边防战士"拉齐尼·巴依卡,为救落入冰窟的儿童,不幸英勇牺牲,模范践行了共产党人的初心使命和为人民服务的炽热情怀。以英雄人物影响身边的人、感召身边的人从而带动更多的人,是培育和践行社会主义核心价值观的重要举措,也促成了善行义举普撒大地的生动局面。

通过对不同时期见义勇为英雄人物典型案例的梳理和总结,不难发现,在他人遇到危难之时,他们无私无畏,敢于担当,勇于伸出援助之手。人类社会始终处于不断发展变化中,尤其是在经济繁荣、竞争激烈的当下,极端事件、突发事件难以预测,当危难降临之时,人们都希望有人能施以援手,需要有人挺身而出,主持社会正义。英雄人物所展现出来的见义勇为精神,对其他社会成员发挥了带头示范作用,正是在这种精神的感召下,埋藏在人们心中潜在的正义感被唤醒,当面对不正义行为时产生出手相助的勇气,积极加入到伸张社会正义的洪流中。

五 诚实守信方面的典型案例

作为被社会普遍认可和适用的道德规范和行为准则,诚实守信是中华民族的优良传统。"查道摘枣留钱""范式千里赴约"无不体现诚信的重要价值。诚实守信作为立身之本、立业之道、立政之基,无论何时都具有不可磨灭的价值。用英雄人物的典型案例来传播社会主义核心价值观,激励感染广大人民群众,使诚实守信与时俱进迸发出更加璀璨的光芒。

新民主主义革命时期,英雄人物在革命斗争中创造了惊天地、泣鬼神的历史业绩。中国共产党人始终有着忠诚于人民的政治本色,以实际行动落实对人民群众的庄严承诺,赢得了民心。这一时期也流传着很多共产党人诚实守信的动人故事。如高捷成致叔父的"红色家书",铮铮誓言,感天动地,反映出中华儿女誓死不当亡国奴的强烈民族自尊,代表了共产党人挺身而出、勇赴国难的崇高革命精神,同时也深刻体现了中国共产党人抱诚守真的高贵品质。

中华人民共和国成立之初,很多人对刚刚诞生的人民政府缺乏了解,同时国内的反革命活动还未得到平息,社会秩序还未实现平稳过渡,人民群众的生命安全还处于威胁之下,再加上堕落腐化的不良思潮影响,亟需树立与新制度相适应的社会秩序,重建政府诚信和社会诚信。这一时期党和国家用英雄人物为诚实守信价值观的培育提供榜

第六章 英雄人物传播社会主义核心价值观的典型案例和做法经验

样示范作用,重建经济诚信、政治诚信,开展思想道德教育,经过坚持不懈的探索,取得了明显成效,也积累了诸多成功经验。

改革开放和社会主义现代化建设新时期,市场经济的发展更加需要诚实守信价值观。倘若没有诚实守信作为维系人与人之间信任的纽带,在相互交往中失去信任,就会导致人际交往中正常的情感越来越淡薄。因此,一诺千金、有诺必行是衡量个体诚信品质的重要标尺,是个人高尚品格的体现,也构成了社会公德的重要内容。这一时期涌现出的英雄人物,如"信义兄弟"孙东林等,所展现的诚实守信价值观,不仅是个人所追求的静态道德目标,也是一种动态的行为实践,一种发自内心、遵从自愿的自觉行为习惯。

进入新时代,诚实守信更能反映一个民族道德素养的高低,彰显一个国家的文化软实力。诚实守信是国民道德素养的基石,是人民群众美好生活的道德支撑。作为社会主义核心价值观的重要内容,诚信是对"四德"建设提出的根本要求。大力提倡和培育诚实守信的价值观念,不仅是应对我国在社会转型时期所表现出来的"信用"赤字问题的有效办法,也是一条将道德准则与社会主流价值观念体系连接起来、形成社会共识的重要途径。甘肃省武威市古浪县八步沙林场场长、"治沙英雄"郭万刚就是其中的优秀代表。

诚信的缺失必将导致德性的缺失和文明的匮乏。社会主义核心价值观所提倡的诚实守信根植于社会生活之中,存在于人和人交往的每个环节,既表现为个人品行之德,是个人安身立命的根本,也表现为社会道德,是社会存续发展的基础,还表现为政府和国家治国理政的重要标准。对于个人来说,诚实守信不仅仅是一种道德素养,也是一种道德责任的体现;对于社会来说,它是一种形象和信用的体认;对于一个国家来说,诚实守信反映一个国家的精神品质。诚实守信是维系日常道德活动最根本的因素,也正是因为这种精神的存在让相互信任成为人与人、人与社会、国家与国家之间相处的基础和保障。无论时代如何变迁,只有做到信守承诺、言行一致,社会道德建设才能取得进步。

通过梳理和总结不同时期英雄人物的典型案例,不难看出,只有坚守以诚待人、守信践诺,才能不断收获信赖和尊重,同时,也唯有做到诚实守信,身体力行道德规范,整个社会的文明程度才能得到质的提升,国家软实力的发展才能注入源源不断的精神能量。

第二节 英雄人物传播社会主义核心价值观的做法经验

英雄人物传播社会主义核心价值观的方式方法灵活多样,归结起来,主要做法和经验有:深化宣传教育,坚持思想引领,讲好英雄故事;引导全民实践,感召全民参与,抓"关键少数",从"娃娃"抓起,推动实践养成;吸收优秀传统文化营养,打造文化IP;建立科学的宣传方式,搭建受众反馈与互动平台,增强宣传的时代感与实效性;完善多维保障体系,建立关爱英雄的长效机制。

一 深化宣传普及

环境特别是社会环境在一定程度上影响和制约着社会成员的思想观念及道德品质的形成和发展[①]。马克思、恩格斯指出:"人创造环境,同样,环境也创造人。"[②] 英雄人物传播社会主义核心价值观,要在增强认知认同上下功夫,努力做到知行合一。

坚持思想引领。抓好英雄人物事迹宣传教育始终是一项基础性工

[①] 曹宣明:《英雄精神的时代价值及其弘扬路径》,《温州大学学报(社会科学版)》2020年第6期。

[②] 《马克思恩格斯选集》第一卷,人民出版社2012年版,第172—173页。

第六章 英雄人物传播社会主义核心价值观的典型案例和做法经验

作,是一项铸魂工程。将英雄人物自强不息的思想通过大力宣传深植在人们心田,将生动感人的故事铭刻于心间,促使社会整体学习英雄、崇尚英雄蔚然成风。这就需要切实把握住宣传教育与人们思想道德情感的共情点,用现代的方式,结合接地气又普遍受人们欢迎的形式来讲述英雄故事、宣传英雄事迹、传承英雄精神。

加强教育引导。用我们身边令人敬仰又耳熟能详的群众英雄给广大群众树模范、作榜样,把价值观教育摆在突出位置,坚持立德树人根本理念,将英雄精神教育贯彻到国民教育的全过程,覆盖到家庭、学校、社会。具体而言,要以家庭的言传身教,打好崇尚英雄的人生底色;要以学校的系统灌输构筑学生的英雄情结,健全崇尚英雄的教育体系;要以社会成员的通力协作,将传统传播方式与新兴短视频结合,以讲故事、播影视、立传记等丰富多彩的形式,在个人、家庭、学校乃至社会中使英雄主义价值观得到有效传播,形成崇尚英雄的社会影响力[1]。要构建家庭教育、学校教育、社会教育多位一体的育人平台,用英雄文化、英雄精神指引成长。要特别注重选树典型,多讲一讲各条战线优秀干部的模范事迹,多请一些先进模范人物来现身说法。同时,坚持正面典型教育与反面警示教育相结合,涵养捍卫英雄形象的社会共识。

讲好英雄故事。有观点认为:"故事是一种叙事性文学,塑造的是人物形象,叙述的是故事情节,展示的是因果关系。特点是通俗易懂,喜闻乐见,贴近生活,更具吸引力、说服力、感染力。"[2] 习近平曾就中国梦的宣传做过重要批示:"讲好故事,事半功倍。"[3]

---

[1] 古琳晖、徐立佳、苏梁波:《营造崇尚英雄学习英雄捍卫英雄关爱英雄的浓厚氛围》,《解放军报》2018年9月28日。

[2] 陈荣吉:《讲好故事是培育和践行社会主义核心价值观的有效载体》,《黑龙江日报》2014年8月5日。

[3] 本书编写组:《习近平新闻思想讲义(2018年版)》,人民出版社、学习出版社2018年版,第103页。

英雄故事与社会主义核心价值观内在关联，在理论层面，二者在文化底蕴、精神特质和价值追求上具有内在一致性；在实践层面，讲好英雄故事是培育社会主义核心价值观的重要途径①。习近平指出，红军后代、革命烈士家属传承革命精神具有说服力和感染力，要给大家讲先辈们的英雄故事，特别是讲给年青一代听，鼓舞大家倍加珍惜先辈用鲜血换来的幸福生活，激励人们听党的话跟党走，不断为实现美好生活而奋斗。一大批顽强奋斗的英雄人物涌现，形成了井冈山精神、长征精神等伟大精神，构筑了"中国共产党人的精神谱系"②，要"着力讲好党的故事、革命的故事、英雄的故事"③。

习近平关于"把先辈们的英雄故事讲给大家听"的重要论述，从方法论层面为我们弘扬英雄精神提供了切实可行的有效途径。讲英雄故事，要让英雄回归正常人的生活中，不能神化、虚化、浮化。同时，讲英雄故事，既要关注英雄的时代特征，更应发掘其永恒的精神光彩，正确把握、多方开掘英雄身上蕴含的人类共性、民族特性、时代特征等精神财富，促进他们的高尚精神真正注入民族的文化血脉④。要联系现实生活，精心选取英雄故事，根据教育对象进行再整合、再创造、再提炼，深入浅出、生动灵活地传递英雄故事中蕴含的文化实质、价值导向、红色基因、精神内涵⑤。除此之外，讲好英雄故事，还需要从生动的现实生活出发，以身边的英雄作为典型，捕捉鲜活的素材，深挖背后的故事，用接地气受欢迎的方式方法引发共情，引起情感共鸣。

---

① 田旭明、吕小玉：《论高校思政课如何讲好英雄故事》，《学校党建与思想教育》2021年第21期。
② 习近平：《在党史学习教育动员大会上的讲话》，《求是》2021年第7期。
③ 习近平：《在党史学习教育动员大会上的讲话》，《求是》2021年第7期。
④ 倪光辉、冯春梅、葛亮亮：《崇尚英雄 捍卫英雄（对话价值观（38）·（实现"中国梦"呼唤更多英雄））》，《人民日报》2015年9月7日。
⑤ 田旭明、吕小玉：《论高校思政课如何讲好英雄故事》，《学校党建与思想教育》2021年第21期。

第六章 英雄人物传播社会主义核心价值观的典型案例和做法经验

二 引导全民实践

社会是由个人组成的集合体，因此，弘扬社会主义核心价值观是生活在这个集体中每个人的责任。

抓"关键少数"。践行社会主义核心价值观，党员干部要始终走在前列，做好表率。党的各级领导干部是人民群众中的先进分子，具有引导、感召、凝聚、组织协调和带头示范等作用。党的先进性最终要靠党员的先进性来体现。党员领导干部是党和政府在培育社会主义核心价值观中的行为主体。"政者，正也。子帅以正，孰敢不正？"(《论语·颜渊》)党员领导干部要加强思想道德修养和党性修养，时刻牢记作为一名党员的初心，强化宗旨意识和服务意识，明辨是非曲直，时刻谨记党和人民的利益高于一切，始终坚守共产党人的精神高地，争做践行社会主义核心价值观的模范。

从"娃娃"抓起。青少年时期是价值观形成的重要阶段，把握住青少年这一关键时期能起到事半功倍的效果。习近平指出："革命传统教育要从娃娃抓起。"① 一方面，要高度重视进行知识上的传授，另一方面，要配合情感培育，这样双管齐下，才能让红色基因真正厚植于广大青年血脉之中。调查表明，青年学生对社会主义核心价值观的认同，具有片面性（部分方面、一定程度的认同）、不平衡性（不同个体、不同方面内容的认同程度不同）、不一致性（认知、情感与行为认同不一致）、过程性（接受—服从—内化—外化）、流动性（不稳定性、变易性）和层次性等特征，待认同的情况值得重视，认同动力不足，行为认同有待进一步强化②。培育社会主义核心价值观要从"娃

---

① 《全面落实"十三五"规划纲要 加强改革创新开创发展新局面》，《人民日报》2016年4月28日。
② 田海舰：《河北省大学生社会主义核心价值体系认同调查及对策研究》，《保定学院学报》2010年第5期。

· 239 ·

娃"抓起,通过各种英雄故事对孩子言传身教。要注重因材施教,分年龄、分学段对学生辅以相应的教育手段和举措,形成学校、家庭、社会的教育合力,帮助扣好人生的"第一粒扣子"。

坚持不懈推动实践养成。要注重养成教育。实践养成是一个润物无声的渐进过程,需要经过一系列中间环节。在认知层面上,要深刻理解学习英雄的重要性,对英雄精神的丰富内涵进行准确把握;在情感层面上,要体悟学习英雄带来的成就感和使命感,促进积极情感的积累与升华;在意志层面上,要养成自律意识,在内心深处强化对英雄人物的追求和坚守;在行动层面上,要植根生活、贴近实际,通过真实细致的身体力行,将学习英雄的普遍号召变成真正的自觉行动[①]。为此,要在全社会广泛开展学习英雄、志愿践行英雄精神活动。要加强活动建构,推进英雄精神纪念活动普及化。充分利用重大节日、重大活动,开展相应的主题活动。利用国家公祭仪式、烈士纪念日活动和革命历史博物馆、革命红色基地等承载英雄文化的仪式活动和实践场所,让公众在英雄文化的熏陶中实现对英雄精神的深刻感悟,自觉成为英雄形象的捍卫者。习近平反复强调:"我们一定要铭记烈士们的遗愿,永志不忘他们为之流血牺牲的伟大理想。"[②] 自觉学习英雄的精神品格,传承英雄的高尚气节,在全社会营造良好氛围。《英雄烈士保护法》规定:机关、团体、乡村、社区、学校、企业事业单位和军队有关单位在清明节和重要纪念日,根据具体实际情况,可组织开展英雄烈士纪念活动。在国家层面有效开展相关重大活动,可让人们铭记英雄人物的感人事迹,赞颂英雄精神的永垂不朽,在无形中把社会主义核心价值观内化于心。

[①] 王强、张宇娜:《新时代中国共产党英雄模范观的生成与实践》,《西北工业大学学报(社会科学版)》2022年第2期。

[②] 习近平:《在庆祝中国共产党成立95周年大会上的讲话》,《人民日报》2016年7月2日。

第六章 英雄人物传播社会主义核心价值观的典型案例和做法经验

此外，英雄人物传播社会主义核心价值观还要注意有重点、有选择、有方向。要突出英雄人物的正能量效应，以正压邪。同时，要充分运用法律管理、规章制度，集中力量对那些伤风败俗的丑恶行为、激起公愤的道德缺失行为及时遏制、加强惩戒，决不能放任自流。对社会主义核心价值观的传播是具体的、历史的统一，要积极倡导人民群众向英雄学习，从自我做起、从身边小事做起、从点滴做起。

三　吸收优秀传统文化养分

中华优秀传统文化绵延不绝、博大精深，承载着千百年来中华民族孜孜以求的内心精神追求，赋予了中华文明传承发展的丰厚源泉动力，同时也是中华文明屹立不倒的终极密码。其中蕴含的"天下为公、民为邦本、为政以德、革故鼎新、任人唯贤、天人合一、自强不息、厚德载物、讲信修睦、亲仁善邻等，是中国人民在长期生产生活中积累的宇宙观、天下观、社会观、道德观的重要体现，同科学社会主义价值观主张具有高度契合性"[1]。习近平在文化传承发展座谈会上强调，中华文明具有突出的连续性、创新性、统一性、包容性、和平性[2]。英雄人物传播社会主义核心价值观，不仅要从中华优秀传统文化中充分汲取思想精华和道德养分，更要结合实际并契合时代所需加以阐释。

"不忘本来才能开辟未来，善于继承才能更好创新。"[3] 在中华民族灿烂辉煌的历史文化长河之中，中华优秀传统文化对于英雄的塑造具有不可或缺的作用。英雄人物对社会主义核心价值观的传播，也要建立在继承优秀传统文化的基础上。没有"振叶以寻根，观澜而索源"的态度，就无法深刻认识和把握国家、社会和时代价值观的丰厚智慧

---

[1] 习近平：《高举中国特色社会主义伟大旗帜　为全面建设社会主义现代化国家而团结奋斗——在中国共产党第二十次全国代表大会上的报告》，人民出版社2022年版，第18页。
[2] 《担负起新的文化使命　努力建设中华民族现代文明》，《人民日报》2023年6月3日。
[3] 《习近平谈治国理政》第一卷，外文出版社2018年版，第164页。

底蕴。因此，传播社会主义核心价值观，在全社会内化价值引领，凝心聚力，就要把其根植于优秀传统文化，从而深化英雄人物特质，彰显文化内涵，凸显文化关照。在这一过程中，"要讲清楚中华优秀传统文化的历史渊源、发展脉络、基本走向，讲清楚中华文化的独特创造、价值理念、鲜明特色"[1]。注重深入挖掘其时代价值，把握时代脉搏，不断推进中华优秀传统文化实现创造性转化、创新性发展，增进文化自信和价值观自信。

文化传承不仅要有内容还要有载体。因此，要大力推进以英雄人物为核心元素的文化活动，实现文化产品衔接融合，形成文化符号，打造文化 IP。一些地方举办的读经诵典、文化论坛等活动，都是弘扬中华优秀传统文化的积极因素。例如，近年来开展的"我和我的祖国""我和我的家乡""我和我的父辈"等文化 IP 已成为传承英雄精神、弘扬英雄事迹、建设社会主义精神文明的"现象级"表现形式。要推进中华文化传承工程，以英雄人物为实现民族复兴而不懈奋斗作为价值导向，不断推出精品力作。要明确制定建设规划、重点加强扶持。值得注意的是，所有精神文化 IP 都应当有一股"精气神"，饱含中国人的志气、骨气和底气，引导人们践行社会主义核心价值观。

四 增强宣传的时代感与实效性

增强英雄人物宣传的时代感和实效性，必须对英雄精神进行话语转换。中国特色社会主义新时代，革命英雄及其精神赖以存在的原初环境不复存在，需要对英雄精神进行重新诠释和话语转换[2]。弘扬英雄精神，并不是机械僵化地让人们流血牺牲，也并非都要有惊天动地的

---

[1] 《习近平谈治国理政》第一卷，外文出版社 2018 年版，第 164 页。
[2] 罗会德：《和平年代，英雄没有过时》，《解放日报》2018 年 10 月 9 日。

壮举，而是要以甘于奉献的精神努力工作、顽强拼搏，用实干托起中国梦。

增强英雄人物宣传的时代感和实效性，必须建立科学的宣传方式。要选取具有典型性和代表性的案例。要多层次、多维度选择典型榜样，最大限度避免因为宣传的同质化造成受众的审美疲劳，得到适得其反的效果。此外，时代不断进步发展，英雄精神历久弥新，要注意把英雄的榜样示范和时代主旋律相结合，双重发力才能收获实效，使广大受众随之效仿。

增强英雄人物宣传的时代感和实效性，必须搭建受众反馈与互动平台①。要及时发现宣传过程中的问题，对宣传活动作出效果评估。榜样教育要符合大众的心理特点，打破刻板印象，还原人性视角，增强亲和力和吸引力，并通过互联网、多媒体等渠道和方法，让人们感到英雄的可敬、可信、可学。

增强英雄人物宣传的时代感和实效性，必须坚持宣传的持续性。对英雄人物"逢节则宣""无节不宣"，这种宣传方式往往流于形式，效果和功能都大打折扣。鉴于此，要将长期宣传落到实处，延长宣传周期，针对典型示范进行追踪宣传和分期宣传。在这方面，必须摒弃形式主义的思维方式和行为方式。

五　建立完善多维保障体系

田旭明认为，精神文化要在实践中发挥"以文化人"的作用，需要借力制度文化的刚性力量。缺乏了合理的制度文化支撑，精神文化的内力往往显得疲软②。的确，没有制度文化作为保障，精神文化的

---

① 赵巍、白云、李亚虹：《榜样宣传的传播策略探究——以弘扬社会主义核心价值观为例》，《新闻研究导刊》2017年第22期。
② 田旭明：《全面从严治党实践中党内非制度化行为治理研究》，天津人民出版社2021年版，第176页。

发展必将无所依附，最终走向坍塌。英雄人物是一种社会符号，首先是作为"鲜活而真实的生命个体"①而存在的，这就必然需要维持正常生活的物质生活资料作为基础。习近平指出，要把基本的政策保障落实到位，不能让英雄流血又流泪。"我们要在全社会树立崇尚英雄、缅怀先烈的良好风尚。对为国牺牲、为民牺牲的英雄烈士，我们要永远怀念他们，给予他们极大的荣誉和敬仰，不然谁愿意为国家和人民牺牲呢？"②所以，他提出要给英雄模范人物赋予物质奖励、崇高荣誉、人文关怀以及精神鼓舞，让全社会形成人人崇尚英雄、人人争做英雄的良好风尚。他在党的二十大报告中提出："发挥党和国家功勋荣誉表彰的精神引领、典型示范作用，推动全社会见贤思齐、崇尚英雄、争做先锋。"③

如今，当务之急是加快完善包含褒扬宣讲、抚恤补助、医疗减免、社会优待等在内的保障体系，形成关爱英雄的长效机制④。例如，在物质层面，为英雄人物及其家属提供基本生活保障，使他们的生活高于当地普通群众的一般水平。优抚英雄家属，尤其是对殉职英雄的家属要充分做好后勤生活保障工作，使他们无生活之忧。对于生活困难的英雄及其家庭，设立困难援助机制。在精神层面，加大优抚工作宣传力度，加强优抚文化建设，在完善以"五章一簿"为主体内容的功勋荣誉表彰制度体系基础上，推进国家功勋荣誉表彰的制度化、常态化，在全社会弘扬英雄精神和英雄文化。

---

① 王懂礼：《习近平关于英雄模范人物重要论述的理论意涵及时代价值》，《思想教育研究》2022年第4期。
② 《十八大以来重要文献选编》（中），中央文献出版社2016年版，第205页。
③ 习近平：《高举中国特色社会主义伟大旗帜 为全面建设社会主义现代化国家而团结奋斗——在中国共产党第二十次全国代表大会上的报告》，人民出版社2022年版，第45页。
④ 王强、张宇娜：《新时代中国共产党英雄模范观的生成与实践》，《西北工业大学学报（社会科学版）》2022年第2期。

参考文献

一　经典文献

《马克思恩格斯文集》第一卷，人民出版社2009年版。
《马克思恩格斯文集》第二卷，人民出版社2009年版。
《马克思恩格斯文集》第四卷，人民出版社2009年版。
《马克思恩格斯文集》第八卷，人民出版社2009年版。
《马克思恩格斯文集》第十卷，人民出版社2009年版。
《马克思恩格斯选集》第一卷，人民出版社2012年版。
《马克思恩格斯选集》第二卷，人民出版社2012年版。
《马克思恩格斯选集》第三卷，人民出版社2012年版。
《马克思恩格斯选集》第四卷，人民出版社2012年版。
《马克思恩格斯全集》第一卷，人民出版社1995年版。
《马克思恩格斯全集》第二卷，人民出版社1957年版。
《马克思恩格斯全集》第三卷，人民出版社1960年版。
《马克思恩格斯全集》第十三卷，人民出版社1962年版。
《马克思恩格斯全集》第二十六卷，人民出版社2014年版。
《马克思恩格斯全集》第二十九卷，人民出版社1972年版。
《马克思恩格斯全集》第四十卷，人民出版社1982年版。

《列宁选集》第一卷，人民出版社2012年版。

《列宁选集》第三卷，人民出版社2012年版。

《列宁选集》第四卷，人民出版社2012年版。

《列宁全集》第三卷，人民出版社1984年版。

《列宁全集》第十一卷，人民出版社1987年版。

《列宁全集》第十三卷，人民出版社1987年版。

《毛泽东选集》第二卷，人民出版社1991年版。

《毛泽东选集》第三卷，人民出版社1991年版。

《毛泽东文集》第一卷，人民出版社1993年版。

《毛泽东文集》第三卷，人民出版社1996年版。

《毛泽东文集》第五卷，人民出版社1996年版。

《毛泽东文集》第六卷，人民出版社1999年版。

《毛泽东文集》第七卷，人民出版社1999年版。

《邓小平文选》第二卷，人民出版社1994年版。

《邓小平年谱（一九〇四——一九七四）》（下卷），中央文献出版社2009年版。

《习近平谈治国理政》第一卷，外文出版社2018年版。

《习近平谈治国理政》第二卷，外文出版社2017年版。

《习近平谈治国理政》第三卷，外文出版社2020年版。

《习近平谈治国理政》第四卷，外文出版社2022年版。

《习近平著作选读》第一卷，人民出版社2023年版。

《习近平著作选读》第二卷，人民出版社2023年版。

习近平：《在第十三届全国人民代表大会第一次会议上的讲话》，人民出版社2018年版。

习近平：《论坚持推动构建人类命运共同体》，中央文献出版社2018年版。

习近平：《在北京大学师生座谈会上的讲话》，人民出版社2018年版。

习近平：《在纪念五四运动 100 周年大会上的讲话》，人民出版社 2019 年版。

习近平：《论坚持全面依法治国》，中央文献出版社 2021 年版。

习近平：《论中国共产党历史》，中央文献出版社 2021 年版。

中共中央党史研究室：《中国共产党历史》第 2 卷，中共党史出版社 2002 年版。

中共中央文献研究室编：《习近平关于社会主义文化建设论述摘编》，中央文献出版社 2017 年版。

中共中央宣传部：《习近平新时代中国特色社会主义思想学习纲要》，学习出版社、人民出版社 2019 年版。

中共中央宣传部：《习近平总书记系列重要讲话读本》，学习出版社、人民出版社 2014 年版。

中共中央党史和文献研究院、中央学习贯彻习近平新时代中国特色社会主义思想主题教育领导小组办公室编：《习近平新时代中国特色社会主义思想专题摘编》，中央文献出版社、党建读物出版社 2023 年版。

二 中文专著

陈秉公主编：《思想政治教育学》，延边大学出版社 1997 年版。

陈颖：《中国英雄侠义小说通史》，江苏教育出版社 1998 年版。

戴木才：《中国特色核心价值观的传统、现实与前景》，广西人民出版社 2011 年版。

韩延明：《红色文化与社会主义核心价值体系建设研究》，人民出版社 2013 年版。

韩震：《社会主义核心价值观与中国文化国际传播》，中国人民大学出版社 2017 年版。

韩震:《中国的价值观》,中国社会科学出版社2016年版。

瞿秋白:《瞿秋白文集(政治理论编第二卷)》,人民出版社1988年版。

田海舰、邹卫:《社会主义核心价值观论纲》,人民出版社2010年版。

田海舰:《互联网的意识形态属性与我国社会主义意识形态建设研究》,人民出版社2019年版。

田海舰:《培育和践行社会主义核心价值观多维研究》,人民出版社2015年版。

田海舰:《社会主义核心价值观研究》,河北大学出版社2008年版。

田海舰:《社会主义核心价值体系培育纲要》,人民出版社2012年版。

田海舰:《中国传统价值观研究》,人民出版社2021年版。

田旭明:《全面从严治党实践中党内非制度化行为治理研究》,天津人民出版社2021年版。

郑萌萌:《基于新媒体的社会主义核心价值观传播研究》,中国矿业大学出版社2016年版。

郑永廷主编:《思想政治教育方法论》,高等教育出版社1999年版。

三 中文译著

[德] 弗·梅林:《马克思传》,樊集译,人民出版社1965年版。

[德] 黑格尔:《法哲学原理》,范扬、张企泰译,商务印书馆2011年版。

[德] 黑格尔:《历史哲学》,王造时译,上海书店出版社2001年版。

[德] 黑格尔:《美学》第三卷(下册),朱光潜译,商务印书馆2011年版。

[德] 马蒂亚斯·霍尔茨:《未来宣言:我们如何为二十一世纪做准

备》，王滨滨译，云南人民出版社2001年版。

［俄］普列汉诺夫：《论个人在历史上的作用问题》，王荫庭译，商务印书馆2010年版。

［俄］普列汉诺夫：《普列汉诺夫哲学著作选集》第二卷，生活·读书·新知三联书店1961年版。

［法］魏明德：《全球化与中国——一位法国学者谈当代文化交流》，商务印书馆2002年版。

［美］阿尔伯特·班杜拉：《社会学习心理学》，郭占基译，吉林教育出版社1988年版。

［美］尼尔·波兹曼：《娱乐至死》，章艳译，广西师范大学出版社2011年版。

［美］塞缪尔·P. 亨廷顿：《变化社会中的政治秩序》，王冠华、刘为等译，上海人民出版社2008年版。

［美］塞缪尔·亨廷顿：《文明的冲突与世界秩序的重建》，周琪等译，新华出版社1999年版。

［美］悉尼·胡克：《历史中的英雄》，王清彬等译，上海人民出版社2006年版。

［瑞士］荣格：《心理学与文学》，冯川、苏克译，生活·读书·新知三联书店1987年版。

［英］托马斯·卡莱尔：《论历史上的英雄、英雄崇拜和英雄业绩》，周祖达译，商务印书馆2010年版。

［英］托马斯·卡莱尔：《文明的忧思》，宁小银译，中国档案出版社1999年版。

［英］托马斯·卡莱尔：《英雄和英雄崇拜——卡莱尔讲演集》，张峰、吕霞译，上海三联书店1988年版。

四　中文期刊

曹薇：《以"好人现象"报道传播社会主义核心价值观》，《新闻传播》2017年第11期。

曹宣明：《英雄精神的时代价值及其弘扬路径》，《温州大学学报（社会科学版）》2020年第6期。

程东旺、彭伟兵：《习近平新时代英雄观的理论渊源、基本要旨与重大意义》，《红色文化学刊》2020年第4期。

程雄飞、王先亮：《红色资源概念再分析》，《西部学刊》2017年第9期。

储成君、陈继红：《中国共产党对传统英雄观的继承与超越》，《学海》2020年第3期。

崔丽君、谭乾权：《习近平关于英雄精神重要论述的三重维度析论》，《探求》2021年第3期。

崔萍、佟庆恩、吴月冬：《英雄模范精神与建设核心价值体系》，《新长征》2007年第10期。

代金平、卢成观：《新时代英雄精神的文化底蕴、实践基础和理论价值》，《探索》2020年第2期。

戴韶华：《历史记忆中的民族英雄与社会主义核心价值观建设》，《渭南师范学院学报》2015年第9期。

邓薇、陈向芳：《四化：大学生践行社会主义核心价值观的新视角》，《周口师范学院学报》2016年第1期。

董朝霞：《文化自信的根本在于核心价值观自信》，《北京师范大学学报（社会科学版）》2017年第5期。

董正敏：《论新时代捍卫和传承英雄精神的重要意义》，《辽宁省交通高等专科学校学报》2020 年第 1 期。

杜乾举：《论大学生英雄模范在社会主义核心价值体系教育中的作用》，《学理论》2011 年第 31 期。

杜玥：《习近平关于捍卫英雄形象的重要论述探析》，《思想理论教育》2020 年第 12 期。

高秀芝：《德育与青少年"英雄观"的建构》，《天津教育》2007 年第 8 期。

龚慧兰：《最美人物：社会主义核心价值观大众化传播载体研究》，《科技视界》2013 年第 26 期。

郭辉：《百年视域下中国共产党英雄观的演变与升华》，《安徽师范大学学报（人文社会科学版）》2022 年第 1 期。

郭倩：《关于福布斯国际投资环境排行榜的传播学思考》，《新闻采编》2011 年第 1 期。

韩立新、张秀丽、杨新明：《英雄淀、歌淀：白洋淀文化建设的意象隐喻——基于雄安地区英雄人物的文献分析》，《现代传播（中国传媒大学学报）》2018 年第 7 期。

韩云波：《百年来中国共产党英雄制度文化的形成与发展》，《探索》2021 年第 3 期。

韩云波：《论中国共产党百年英雄文化》，《西南大学学报（社会科学版）》2021 年第 3 期。

韩云波：《中国共产党人英雄观的形成与习近平对新时代英雄文化的创造性发展》，《探索》2020 年第 2 期。

何贝、韩苗苗：《论中国共产党英雄观的三重维度》，《长春市委党校学报》2021 年第 3 期。

贺麟：《英雄崇拜与人格教育》，《战国策》1941 年第 17 期。

侯惠勤：《伟大思想的磅礴之力：马克思主义的真理光辉和习近平新时代中国特色社会主义思想》，《思想理论教育导刊》2018 年第 6 期。

胡媛媛、易华勇、王岩：《弘扬社会主义核心价值观的时代要求与着力点》，《江淮论坛》2021年第6期。

黄倩倩：《英雄模范人物：社会主义核心价值观培育和践行的生动载体》，《山西高等学校社会科学学报》2021年第8期。

季文：《西方英雄主义与个人主义的关系》，《学术界》2015年第5期。

季文：《西方英雄主义转变与宗教改革互动历史轨迹研究》，《遵义师范学院学报》2021年第3期。

蒋雪莲：《习近平关于英雄人物定位的重要论述探析》，《思想理论教育》2020年第12期。

李晨阳：《内涵·价值·路径：对习近平关于崇尚英雄模范重要论述的三维探析》，《南京航空航天大学学报（社会科学版）》2022年第3期。

李基礼：《以先进典型引领社会主义核心价值观建设》，《社会主义核心价值观研究》2020年第6期。

李洁：《中西方影视作品中的英雄主义对比研究》，《文学教育（上）》2017年第1期。

李寿国、赵叶子、黄克勤：《新时代英烈精神的科学内涵和价值传承》，《理论导刊》2020年第8期。

李霞、曾长秋：《论红色资源的教育功能及其拓展》，《湖南师范大学社会科学学报》2011年第6期。

李晓凡：《浅析外国文学中英雄形象的演变》，《赤峰学院学报（汉文哲学社会科学版）》2014年第5期。

李英田：《大众传播规律与社会主义意识形态建设》，《思想理论教育》2008年第9期。

李忠军：《"铸魂育人"是思想政治教育本质核心内涵的探讨》，《思想理论教育导刊》2015年第10期。

李忠军：《中国梦·社会主义核心价值观·中国精神三位一体的铸魂逻

辑》，《社会科学战线》2015 年第 6 期。

林芊：《析卡莱尔历史认识中的英雄观——卡莱尔英雄史观论（上）》，《贵州大学学报（社会科学版）》2012 年第 1 期。

刘上洋：《探索建设社会主义核心价值体系的新形式》，《求是》2008 年第 4 期。

刘薇：《侠义精神在我国文学中的渊源》，《语文建设》2013 年第 26 期。

刘伟娜、崔磊：《用典型人物报道推动高校社会主义核心价值观传播》，《新闻知识》2016 年第 10 期。

刘永丽：《统编语义教科书中的英雄人物：基于数据的研究》，《基础教育课程》2022 年第 1 期（上）。

柳刚、高立英：《全媒体语境下典型人物报道的立体化传播》，《新闻战线》2021 年第 6 期。

柳礼泉、庞申伟：《英雄精神涵养核心价值观》，《思想政治工作研究》2015 年第 11 期。

柳礼泉、庞申伟：《英雄模范与先进典型人物价值示范作用研究综述》，《湖湘论坛》2013 年第 4 期。

陆士桢、李泽轩、张子航：《青少年英雄榜样教育历史经验与启示》，《人民教育》2019 年第 19 期。

陆士桢：《让孩子们从心底里喜欢、崇敬英雄》，《人民教育》2018 年第 11 期。

陆士桢：《新时代，我们需要什么样的榜样教育——再谈青少年榜样教育》，《人民教育》2021 年第 7 期。

马健永、费聿辉：《论社会主义核心价值观与中国梦的内在契合》，《学习论坛》2018 年第 3 期。

孟晗：《新时代英雄精神的鲜明特征及价值探析》，《现代商贸工业》2022 年第 11 期。

苗国厚、李净、谢霄男：《浅析网络舆情的传播途径特点规律及监测对策》，《新闻世界》2014 年第 10 期。

莫冠：《英雄文化在大学生社会主义核心价值观培育中的实践方式》，《山西青年职业学院学报》2020 年第 4 期。

潘玉腾、陈赵阳：《中国共产党先进典型教育的历史考察及经验启示——兼论增进社会主义核心价值体系认同》，《福建师范大学学报（哲学社会科学版）》2011 年第 3 期。

乔法容、马跃：《德性论视阈下的个人品德建设研究》，《中州学刊》2012 年第 3 期。

秦龙、吉瑞霞：《习近平英雄观的核心要义与时代价值》，《理论探讨》2021 年第 4 期。

秦志龙、吴波：《习近平关于新时代意识形态治理的重要论述研究》，《湖北社会科学》2018 年第 10 期。

权福军：《叙事研究与青少年社会工作理论本土化建构》，《中国青年社会科学》2017 年第 9 期。

盛芳：《消费主义语境下典型人物报道构建文化认同的困境》，《新闻爱好者》2011 年第 3 期。

石海兵、张颖：《社会主义核心价值观情感认同研究述评》，《社会主义核心价值观研究》2020 年第 6 期。

苏映宇：《习近平新时代中国特色社会主义英雄观的理论传承和实践向度》，《福建医科大学学报（社会科学版）》2020 年第 3 期。

孙辉、陈立新：《误解与澄清：马克思意识形态理论探析》，《南昌大学学报（人文社会科学版）》2020 年第 3 期。

唐勇：《捍卫与传承：英雄精神的当代价值及实现路径》，《思想教育研究》2019 年第 2 期。

唐勇：《英雄精神融入社会主义核心价值观教育略探》，《学校党建与思想教育》2019年第16期。

田海舰、李慧娟：《河北红色革命文化传播体系构建》，《河北大学学报（哲学社会科学版）》2021年第4期。

田海舰、李阁：《论英雄模范人物与事迹对社会主义核心价值观的传播作用》，《思想理论教育导刊》2021年第8期。

田海舰：《富强民主文明和谐何以成为国家层面的价值目标》，《齐鲁学刊》2015年第4期。

田海舰：《河北省大学生社会主义核心价值体系认同调查及对策研究》，《保定学院学报》2010年第5期。

田海舰：《论社会主义核心价值观的三个维度》，《河北大学学报（哲学社会科学版）》2012年第4期。

田海舰：《论新时代弘扬延安精神的重大意义》，《中华魂》2020年第1期。

田海舰：《凝练社会主义核心价值观的新尝试》，《道德与文明》2012年第3期。

田海舰：《浅论社会主义核心价值观》，《思想政治工作研究》2008年第9期。

田海舰：《社会主义核心价值体系引领社会思潮的基本原则和方法探析》，《河北软件职业技术学院学报》2012年第1期。

田海舰：《习近平互联网意识形态建设思想研究》，《社会科学家》2017年第10期。

田旭明、吕小玉：《论高校思政课如何讲好英雄故事》，《学校党建与思想教育》2021年第21期。

田旭明：《英雄是民族最闪亮的坐标——新时代培育和弘扬英雄文化的若干思考》，《马克思主义研究》2019年第8期。

王冬云：《社会主义核心价值观阐释与传播话语的价值探究》，《延边大学学报（社会科学版）》2019 年第 6 期。

王懂礼：《习近平关于英雄模范人物重要论述的理论意涵及时代价值》，《思想教育研究》2022 年第 4 期。

王柳映、应荣球：《科学发展观指导下的大学生党员榜样教育模式创新研究》，《中国校外教育》2010 年（S1）。

王强、张宇娜：《新时代中国共产党英雄模范观的生成与实践》，《西北工业大学学报（社会科学版）》2022 年第 2 期。

王文军：《浅析英雄模范人物对党史文化发展的推动作用》，《福建党史月刊》2013 年第 16 期。

王新刚：《论中华优秀传统文化与社会主义核心价值观的内在契合》，《思想理论教育导刊》2018 年第 12 期。

王雪梅、但继恩：《大学生英雄模范典型育人机制》，《当代青年研究》2007 年第 7 期。

王宇、张澍军：《论革命精神对社会主义核心价值观培育的支持力》，《思想政治教育研究》2017 年第 5 期。

王月：《英雄精神对大学生价值观塑造研究》，《现代交际》2020 年第 20 期。

王紫潇：《弘扬革命文化　建设文化强国》，《红旗文稿》2021 年第 23 期。

吴潜涛、本刊记者：《崇尚道德模范　促进社会和谐——访中国人民大学伦理学与道德建设研究中心主任吴潜涛教授》，《思想理论教育导刊》2008 年第 2 期。

习近平：《关于坚持和发展中国特色社会主义的几个问题》，《求是》2019 年第 7 期。

习近平：《在党史学习教育动员大会上的讲话》，《求是》2021 年第 7 期。

习近平：《在第十三届全国人民代表大会第一次会议上的讲话》，《求是》2020 年第 10 期。

习近平：《在全国党校工作会议上的讲话》，《求是》2016 年第 9 期。

严华勇、吴新颖：《论社会主义核心价值观情感认同的行为引导机制》，《贵州师范大学学报（社会科学版）》2021 年第 6 期。

羊森：《论英雄与英雄崇拜在当今校园的隐退》，《理论观察》2013 年第 12 期。

杨红英：《论先进典型在社会主义核心价值体系建设中的引领作用》，《湖北社会科学》2010 年第 10 期。

杨雪雁：《新媒体环境下的典型人物宣传》，《新媒体研究》2019 年第 7 期。

张国安、张紫豪：《坚定理想信念 实现伟大梦想》，《贵州社会科学》2019 年第 11 期。

张琨：《论模糊新闻学的兴起及其研究对象》，《现代传播—北京广播学院学报》1997 年第 6 期。

张雷声：《关于理论逻辑、历史逻辑、实践逻辑相统一的思考——兼论马克思主义整体性研究》，《马克思主义研究》2019 年第 9 期。

张明仓、洪超印：《捍卫英雄就是捍卫我们的价值观》，《求是》2016 年第 3 期。

张明仓：《英雄文化的反思与重构》，《南京政治学院学报》2016 年第 5 期。

张强：《习近平关于弘扬英雄精神的重要论述探析》，《思想理论教育》2020 年第 12 期。

张伟、杨明：《从"传递观"到"仪式观"：论社会主义核心价值观传播的范式转换》，《江苏行政学院学报》2018 年第 2 期。

张瑜、李俊贤：《新时代英雄观建构的三重逻辑》，《社会主义核心价值观研究》2022 年第 3 期。

张宇轩、胡宝宝：《大学生村官在社会主义核心价值观传播中的作用与实现》,《新闻世界》2015 年第 5 期。

张正江:《革命英雄故事是生命教育的重要课程资源》,《当代教育科学》2006 年第 4 期。

赵巍、白云、李亚虹:《榜样宣传的传播策略探究——以弘扬社会主义核心价值观为例》,《新闻研究导刊》2017 年第 22 期。

周康林、郝立新:《马克思"人民主体"思想的内在逻辑与当代价值》,《马克思主义研究》2019 年第 7 期。

周琪:《思想政治教育的图像化转向》,《思想理论教育》2017 年第 1 期。

祝念峰、王晓宁:《不能放任历史虚无主义攻击诋毁英雄人物》,《红旗文稿》2016 年第 21 期。

庄文城:《论英雄爱国的价值捍卫与时代传承》,《思想教育研究》2018 年第 4 期。

后　　记

本书是我 2021 年申报的国家社会科学基金项目"英雄人物对社会主义核心价值观的传播作用研究"（项目批准号：21BKS006）的最终研究成果。该成果于 2024 年 1 月予以结项（结项证书号：20240041）。本书在结项成果基础上，进行了认真的修订和润色。

英雄情结存在于每一种文化形态中。英雄是社会价值的标杆、民族精神的脊梁、革命道德的模范、民族最闪亮的坐标。一个有希望的民族不能没有英雄，一个有前途的国家不能没有先锋。中华民族是一个崇尚英雄的民族，其英雄历史源远流长、英雄文化灿烂辉煌。英雄人物是"具象"的、"行走"的社会主义核心价值观，英雄精神是社会主义核心价值观的集中体现。英雄的事迹和精神与社会主义核心价值观高度契合，都是激励我们前行的强大力量。伟大时代呼唤伟大精神，崇高事业需要榜样引领。今天，中国正在发生日新月异的变化，我们比历史上任何时期都更加接近实现中华民族伟大复兴的目标。实现我们的目标，需要英雄，需要英雄精神，需要革命理想主义和革命英雄主义。新时代新征程，全面建设社会主义现代化国家、全面推进中华民族伟大复兴，研究和发挥英雄人物对社会主义核心价值观的传播作用，对维护国家文化安全和意识形态安全、增强国家文化软实力、建设社会主义文化强国，增强对西方"普世价值"的鉴别力、抵御文化霸权主义、避免被西方道德价值釜底抽薪，具有深刻学理意义、重要现实意义和深远历史意义。

　　基于以上认识，本书以习近平关于英雄人物的重要论述为指导，在深入挖掘英雄人物与事迹所承载的英雄精神的核心内涵和时代价值的基础上，系统分析英雄人物及精神与社会主义核心价值观的亲缘契合，深刻阐析英雄人物对社会主义核心价值观的传播作用、传播过程和传播规律，构建全方位覆盖、多渠道渗透的传播对策体系，拓展社会主义核心价值观的培育路径，为营造崇尚英雄、学习英雄、捍卫英雄、关爱英雄的浓厚氛围，推动社会主义核心价值观落地生根，提供学理支撑和实践样本。当然，本书的探索还是初步的，还有大量的研究工作有待后期继续深入开展。由于水平有限，书中难免有不足甚至错误之处，恳请各位专家学者不吝赐教、批评指正。

　　需要说明的是，本书吸收和借鉴了学术界已有的研究成果，但也难免挂一漏万，在此深表歉意和谢意。在课题申报、结项以及成书过程中，课题组成员田雨晴撰写了第一章第三节和第四节、第三章、第四章。我的博士生李慧娟、李阁、连童、洪贺鹏、谷丽娜、冯艳彬、高雨、张丹琳，硕士生张璐、魏兴荣、郭洋、李涛、于安琪、马兆懿、时梦男、潘婉妮、顾明达、任艺真，参与了资料搜集、框架设计、内容撰写、文字修改、书稿校对等工作。在课题研究过程中，课题组成员围绕相关主题在《马克思主义研究》《思想理论教育导刊》《思想教育研究》《思想战线》《南开学报（哲学社会科学版）》等期刊，发表了《习近平对培育和践行社会主义核心价值观的新贡献》《习近平关于英雄精神价值的重要论述探析》《论英雄模范人物与事迹对社会主义核心价值观的传播作用》《论红色基因的生成条件、核心内容及时代价值》《英雄人物对社会主义核心价值观的传播作用及规律新探》《发挥英雄模范人物精神引

后　记

领作用　构筑中华民族共有精神家园》《中国青年红色文化认同：诉求、困境和对策》《河北红色革命文化传播体系构建》等 10 多篇论文，产生了一定学术影响。

最后，我作为课题主持人要特别感谢课题组成员在课题申报、课题研究过程中所作出的贡献；感谢此书的责任编辑中国社会科学出版社刘艳女士提出的宝贵意见与辛勤付出；感谢对本项目以及给予本书关注与鼓励的学界同仁！

是为记！

田海舰
2024 年 1 月于河北大学紫园